Über dieses Buch

Der Band ›Sozialphilosophische Studien‹ dokumentiert die Frühphase der Kritischen Theorie und die wichtigsten Themen aus Horkheimers Denken nach dem Krieg. Zentral ist der Begriff der Sozialphilosophie, wie ihn Horkheimer in seiner Institutsrede von 1931 entwickelte. Sozialphilosophie meint hier sowohl Absage an die traditionelle geisteswissenschaftliche Philosophie wie an den damals aufkommenden Logischen Positivismus. Statt dessen forderte Horkheimer ein ›Nebeneinander von philosophischer Konstruktion und Empirie in der Gesellschaftslehre‹. Auch die Texte nach 1945 zeigen, daß Horkheimer diesen Ansatz, trotz verschiedener inhaltlicher Modifikationen, immer durchgehalten hat. Von besonderer Wichtigkeit und Aktualität dürften heute die im Anhang abgedruckten Universitätsreden sein.

Der Autor

Max Horkheimer, 1895 geboren, promovierte 1922 im Hauptfach Philosophie bei Hans Cornelius, habilitierte sich 1925 mit einer Arbeit über Kants Kritik der Urteilskraft und wurde 1930 Ordinarius der Sozialphilosophie und Direktor des Instituts für Sozialforschung in Frankfurt am Main. 1933 emigrierte Max Horkheimer und errichtete Zweigstellen zunächst in Genf, später an der Ecole Supérieure in Paris, schließlich an der Columbia-Universität in New York, wohin ihm seine Frankfurter Mitarbeiter folgten. In der von ihm herausgegebenen ›Zeitschrift für Sozialforschung‹ setzte Horkheimer die Veröffentlichung seiner theoretischen Arbeiten fort.
Nach seiner Rückkehr nach Frankfurt im Jahre 1950 errichtete Max Horkheimer aufs neue das Institut. Von 1951 an war er für zwei Jahre Rektor der Johann Wolfgang Goethe-Universität. Von 1954 bis 1959 bekleidete er neben der Frankfurter noch eine Professur in Chicago. 1955 erhielt er die Goethe-Plakette, 1960 wurde er Ehrenbürger der Stadt Frankfurt. Er starb 1973.
Als Fischer Taschenbücher liegen vor: ›Traditionelle und kritische Theorie. Vier Aufsätze‹, Band 6015; ›Dialektik der Aufklärung‹ (gemeinsam mit Theodor W. Adorno), Band 6144; ›Gesellschaft im Übergang. Aufsätze, Reden und Vorträge 1942–1970‹, Band 6545.

Max Horkheimer

Sozialphilosophische Studien

Aufsätze, Reden und Vorträge 1930–1972
Mit einem Anhang über Universität und Studium

Herausgegeben von Werner Brede

Fischer Taschenbuch Verlag

1. Auflage: Athenäum Fischer Taschenbuch Verlag GmbH, Frankfurt am Main 1972
2. Auflage: Fischer Taschenbuch Verlag GmbH, Frankfurt am Main 1981
Fischer Taschenbuch Verlag
Juni 1981
Umschlagentwurf: Jan Buchholz / Reni Hinsch
Fischer Taschenbuch Verlag GmbH, Frankfurt am Main

Druck und Bindung: Clausen & Bosse, Leck
Printed in Germany
880-ISBN-3-596-26540-1

Inhaltsverzeichnis

Vorwort zur Neuausgabe

Der Band »Sozialphilosophische Studien« enthält Arbeiten Horkheimers, die neben den wenigen Buchpublikationen und neben den Aufsätzen in der »Zeitschrift für Sozialforschung« entstanden sind. Es handelt sich meist um aktualitätsbezogene und für Horkheimers geistige Position besonders charakteristische Texte. Sie entstammen einem Zeitraum von etwa vierzig Jahren und lassen sich in drei Abschnitte einteilen.

Die beiden ersten Texte aus den Jahren 1930 und 1931 bringen die wichtige Auseinandersetzung mit der Wissenssoziologie Karl Mannheims, der zwischen 1930 und 1933 Ordinarius für Soziologie an der Frankfurter Universität und damit Kollege Horkheimers war, sowie Horkheimers Antrittsrede als Direktor des Instituts für Sozialforschung. Die zweite Textgruppe beginnt 1951 und wird, zwanzig Jahre später, wieder mit einer Frankfurter Universitätsrede eröffnet. Zwischen beiden liegen Emigration, Krieg und der Wiederaufbau des Instituts in Frankfurt. In dieser zweiten Phase hat Horkheimer mit einer Vielzahl von Themen eine breite Wirkung ausgeübt, die weit über Universitätskreise hinausging. Die Schlußgruppe bilden die im Anhang abgedruckten Texte, die sich mit dem Universitätsstudium befassen, seit Schelling eine würdige philosophische Gattung. In ihnen lernt man Horkheimer als Lehrer kennen. Was er zur Situation des akademischen Unterrichts zu sagen hatte, dürfte heute sogar aktueller sein als damals, vor dreißig Jahren.

Wie schon in seiner Auseinandersetzung mit der Wissenssoziologie Karl Mannheims ging Horkheimer in seiner Antrittsrede als Direktor des Instituts für Sozialforschung davon aus, daß sich die Sozialphilosophie seiner Zeit in großer Verlegenheit befand. Vor den aufsteigenden Einzelwissenschaften, pauschal als ›Positivismus‹ bezeichnet und bekämpft, hatten sich die zahlreichen sozialphilosophischen Systeme der Zeit, die nun längst im großen Grab der Philosophiegeschichte ruhen, noch einmal in die Metaphysik geflüchtet, um einen letzten Rest von ›Sinngebung‹ herauszuschlagen. Horkheimer weist das bis zum damals avanciertesten Buch, Heideggers »Sein und Zeit«, nach. Statt dessen schlägt er für sein Institut ein weitreichendes Forschungsprogramm vor, in dem die Sozialphilosophie zwar eine deutende und zusammenfassende Funktion hat, sich ihre Materialien aber von den Einzelwissenschaften vorgeben lassen muß: »Die Behebung des angedeuteten Mangels in der Lage der Sozialphilosophie scheint uns also weder in einem Bekenntnis zu einer der mehr oder minder konstruktiven Deutungen des Kulturlebens noch in der Statuierung eines neuen Sinnes der Gesellschaft, des Staates, des Rechts usw. zu liegen. Vielmehr kommt es heute darauf an, (...) aufgrund aktueller philosophischer Fragestellungen Untersuchungen zu organisieren, zu denen Philosophen, Soziologen, Nationalökonomen, Historiker, Psychologen in dauernder Arbeitsgemeinschaft sich vereinigen und das gemeinsam tun, was (...) alle echten Forscher immer getan haben: nämlich ihre aufs Große zielenden philosophischen Fragen anhand der feinsten wissenschaftlichen Methoden zu verfolgen, die Fragen im Verlauf der Arbeit am Gegenstand umzuformen, zu präzisieren, neue Methoden zu ersinnen und doch das Allgemeine nicht aus den Augen zu verlieren.«

Bemerkenswert, gerade angesichts der in diesem Punkt noch immer diffusen heutigen Lage, ist Horkheimers Betonung der relativen Eigenständigkeit der verschiedenen Bestandteile der sozialen Wirklichkeit. Gegenüber einem dogmatischen Marxismus und einer losgelassenen ›Geisteswissenschaft‹ macht er deutlich, daß die Idee durchgängiger ›Entsprechungen‹ zwischen ideellen und materiellen Verläufen falsch ist. Dabei wird vor allem die »komplizierende Rolle der psychischen Zwischenglieder« übersehen, ein Vorwurf, der sich dann besonders gegen die sogenannte analytische Sozialpsychologie Erich Fromms richten mußte, der 1939 aus dem Institut ausschied.

Die wegweisenden Untersuchungen des Instituts für Sozialforschung sind als Resultat von Horkheimers Forschungsprogramm zu sehen. Wenn auch nicht in jedem Detail, so sind sie als Modelle unüberholt. Dies gilt vor allem für die intensive Einbeziehung psychologischer Fragestellungen. 1936 erschien in Paris der Band »Autorität und Familie«, und 1949/50 kamen in Amerika die fünf Bände der »Studies in Prejudice« heraus, von denen der Band »The Authoritarian Personality« besondere Berühmtheit erlangte.

Die zweite Textgruppe reicht von der ersten Nachkriegszeit bis zu den letzten Arbeiten Horkheimers. Von den elf Texten dieser Phase, der Anhang also nicht mitgerechnet, sind drei der Beschäftigung mit der Philosophie Arthur Schopenhauers gewidmet, einer dem Thema des Zweifels und einer der Religion. Sie zeigen eine neue, eine erweiterte Akzentsetzung in Horkheimers Denken an, die oft mißverstanden und abgelehnt wurde. Was Schopenhauer betrifft, so hätten die Kritiker freilich schon in dem Aufsatz »Schopenhauer und die Gesellschaft« von 1955 lesen können, daß der Schopenhauersche Pessimismus nicht mit irgendwelchen Rückzugsgefechten aus dem Biedermeier zu verwechseln ist, sondern dem Voltaireschen Typus der Aufklärung des 18. Jahrhunderts zugehört, der Aufklärung und Verklärung deutlich trennt. Eine Rezeptionsgeschichte der Kritischen Theorie hätte da einiges nachzuholen.

Man kann, angesichts der Nüchternheit, mit der Horkheimer die Entwicklung nach dem Krieg betrachtete, ohne von den einmal gesteckten Zielen jemals abzuweichen, sogar die Meinung vertreten, daß der ›späte‹ Horkheimer vielleicht doch interessanter ist als der ›klassische‹ der Aufsätze aus der »Zeitschrift für Sozialforschung«, die ja oft genug ›klassizistische‹ Züge tragen. Wie bei Schopenhauer, so ließe sich auch im Fall Horkheimers zeigen, daß die theoretische Integrierung der Erfahrung des Pessimismus die Theorie keineswegs schmälert, sondern sie größer macht, nämlich ehrlicher. Auch läßt sich der Pessimismus nicht als Abirrung vom Tugendpfad der Kritischen Theorie abtun, sondern das Umgekehrte gilt: Erst der Ansatz der Kritischen Theorie, die Gesellschaft als ein Ganzes zu begreifen – auf welche Schwierigkeiten das auch immer führen mag –, erst dieser Ansatz macht die Theorie stark genug, den Pessimismus nicht auszuschließen, sondern ihn als Teil der Realität zu integrieren. Dasselbe gilt für Horkheimers Rehabilitierung religiöser Motive. Auch die nichtdogmatische Religion ist fähig, das Negative in sich aufzunehmen, anstatt es zu verdrängen, Schmerz, Endlichkeit und Tod. Deshalb gehört sie nach Horkheimer gerade heute in den Kontext von Kultur überhaupt: «Gott als positives Dogma wirkt als trennendes Moment. Die Sehnsucht hingegen, daß die Wirklichkeit der Welt mit all ihrem Grauen kein Letztes sei, vereint und verbindet die Menschen, die sich mit dem Unrecht dieser Welt nicht abfinden wollen und können. Gott wird so zum Gegenstand der menschlichen Sehnsucht und Ehrung; er hört auf, Objekt des Wissens und Besitzes zu sein. Ein so verstandener Glaube gehört unabdingbar zu dem, was wir menschliche Kultur nennen.«

Auch den Pessimismus versucht Horkheimer vom bloß Weltanschaulichen und vom Etikett des philosophischen Dogmas zu befreien. Seit dem antiken Pessimismus und seit Schopenhauers Pessimismus, sagt Horkheimer in dem Vortrag »Pessimismus heute«, haben sich durch die soziale Entwicklung die realen Gründe für pessimistisches Denken eher vermehrt. Wie in dem Band »Gesellschaft im Übergang« (Fischer Taschenbuch 6545) betrachtet Horkheimer die Gegenwart als eine Zeit chaotischen Übergangs von einer individualistischen, wenn auch keineswegs idealen und nun vergehenden Kultur, die in eine neue Kulturform übergehen wird: »Wenn Kriege und andere Katastrophen den Gang zum internationalen, allumfassenden Funktionieren der Selbsterhaltung auf der Erde nicht verhindern, wird die Menschheit zur einheitlichen Gattung wie andere Lebewesen, und die Phantasie, die Religion und Sehnsucht, eigenes autonomes Denken erscheinen als überholte Einbildung der Species. Dem Grauen der Vergangenheit schließt eine regulierte Zukunft sich an. Das Chaos in der Gegenwart und absehbarer Zeit ist der Übergang.«

Die Vorstellung von Marx, daß aus diesem Übergang mit Notwendigkeit die ›richtige‹ Gesellschaft und damit die Entfaltung aller ›guten Kräfte‹ in den Menschen einmal notwendig hervorgehen müsse, bezeichnet Horkheimer als kühne Utopie. Der Pessimismus wird damit gewissermaßen denknotwendig. Schopenhauer stand vor dieser Notwendigkeit noch nicht. Für ihn war die Gesellschaft als die bloße soziale Organisation – und Verschleierung – des Immergleichen im Grunde belanglos. Er sah nur individuelle Formen der Erlösung, die sein Werk mit der religiösen Tradition verbinden, vor allem mit der des Buddhismus.

Horkheimers Konzeption des Pessimismus läßt sich am besten als Gegenposition zu den vielen Formen der Idealisierung auffassen, die Gesellschaftstheorien ja oft anhaftet. Pessimismus in Horkheimers Sinn ist die notwendige Trauerarbeit der Theorie, ein gerade heute allerdings sehr unpopuläres Programm, das sich sowohl gegen die Omnipotenzphantasien der Utopisten wie der Techniker richtet. Mit diesem theoretischen Pessimismus, sagt Horkheimer, könnte durchaus eine ›nicht unoptimistische‹ Praxis verbunden sein. Sie würde sich an das Mögliche und an die Verbesserung des Möglichen halten. Sie wäre undogmatisch, denn sie wäre sich der Relativität der eigenen Urteile über Gut und Schlecht bewußt. Gegenüber den manchmal recht starken Tönen aus der »Zeitschrift für Sozialforschung« ist das weniger. Aber, wie gesagt, vielleicht ist es auch mehr.

Die Lektion des Pessimismus ist die Leistung dieser zweiten Phase in Horkheimers Denken. Sie hebt ihn um einiges über die ästhetischen Verspinnungen der Theorie Adornos und ganz sicher über die Romantizismen von Herbert Marcuse. Sie macht wieder einen, wenn auch bescheidenen, Weg zur Praxis frei. Im Tätigsein erlischt alle Dialektik, die doch nur eine Methode der Darstellung (Marx) ist – und eben nicht das Dargestellte selbst.

Aus dem Gesagten ergibt sich ein fast organischer Übergang zum Schlußteil, in dem Horkheimer Probleme des akademischen Unterrichts bespricht. Auch hier geht es gegen die Idealisierung, in der Verantwortung und Engagement, ja die Bildung überhaupt eine schlechte Hilfe haben. In seiner letzten Vorlesung, standesgemäß war es eine über die Philosophie der Aufklärung, legte Horkheimer seinen Nachdruck weniger auf die Heroen der Geistesgeschichte, sondern auf Nebenfiguren wie z. B. Agrippa von Nettesheim, auf seinen Kampf gegen die Hexenverbrennung und auf die Psychologie des Hexenwahns, die ja mit den Hexen nicht verschwunden ist.

Horkheimer wollte das Archaische am akademischen Unterricht aufbrechen. So kritisiert er den traditionellen Vorlesungsstil als mißglückte Säkularisierung der Predigt. Bekanntlich hat diese Einsicht auch die Kritische Theorie nicht davor bewahrt, daß sie von vielen ihr zu Füßen Sitzenden als säkularisierte Predigt aufgefaßt wurde. Die heftigen Reaktionen am Ende der 60er Jahre haben gezeigt, daß ein großes und dann sehr enttäuschtes Publikum die Kritische Theorie mit einer Form des Heilswissens oder des Erlösungswissens (Max Scheler) verwechselt hat.

Wie sehr gerade Horkheimer die Gefahr des narzißtischen Mißbrauchs von Wissenschaft und Bildung gesehen hat, zeigen einige Gedanken aus seiner Rede über den Begriff der Bildung. Wie vieles bei Horkheimer sind sie angesichts des Understatements seiner Schreib- und Redeweise leicht zu übersehen. Deshalb seien sie hier abschließend zitiert: »Die sogenannte Bildung der Persönlichkeit, die Verinnerlichung, die Rückwendung des gestaltenden Willens auf sich selbst, so viel Positives sie auch gewirkt haben mögen, trugen doch zweifellos zur Verhärtung des einzelnen Menschen, zum Hochmut, zum Privilegienbewußtsein und der Verdüsterung der Welt bei. Indem unter dem Titel der Bildung der gestaltende Wille, und das heißt die Liebe, von der Realität auf das seiner eigenen Formung lebende Individuum sich zurückwandte, kündigte die Barbarisierung der Menschheit bereits im 19. Jahrhundert sich an. Es könnte – weiter – in unserem Fall so sein, daß eine der geistigen Ursachen der Bildungskrise gerade im Festhalten des aufs vereinzelte Ich bezogenen Bildungsbegriffs gelegen ist, in der Vergötzung des sich selbst genügenden Ichs (...) Wenn aber ein solcher innerer Zusammenhang zwischen dem traditionellen Kulturbegriff und der Zivilisation besteht, wäre die Aufgabe, über den alten Bildungsbegriff, der sich gegen die Hingabe ans Zivilisatorische, Gesellschaftliche, bloß absetzt, hinauszugehen.«

Werner Brede

Ein neuer Ideologiebegriff?

Bei der Eingliederung der Lehren von Karl Marx in die Geisteswissenschaft der Gegenwart wird der Sinn seiner Grundbegriffe in das Gegenteil verkehrt. Ihre Leistung sollte wesentlich in der einheitlichen Erklärung der gesellschaftlichen Bewegungen aus den durch die wirtschaftliche Entwicklung bedingten Klassenverhältnissen bestehen. Nicht die Erkenntnis einer »Totalität« oder eine totale und absolute Wahrheit, sondern die Veränderung bestimmter gesellschaftlicher Zustände war die Absicht seiner Wissenschaft. Im Zusammenhang damit wird auch die Philosophie kritisiert, aber nicht eine neue Metaphysik an die Stelle der alten gesetzt.

Im Verlauf der letzten Jahrzehnte hat die Diskussion der Marxschen Theorien in Deutschland einen breiten Raum eingenommen. Der letzte, besonders scharfsinnige Versuch, einige ihrer Grundbegriffe in eine rein geistesphilosophische Fragestellung einzubeziehen, sind die Arbeiten Karl Mannheims, vor allem sein Buch: ›Ideologie und Utopie‹[1]. Es wird mit Recht in weiten Kreisen beachtet, denn es liefert ein besonders geistreiches Beispiel dafür, wie diese brennend gewordenen Fragen gegenwärtig behandelt werden. Durch eine Analyse des M.schen Ideologiebegriffes soll hier versucht werden, einen Beitrag zur Erkenntnis dieser Bestrebungen zu liefern.

Nach Mannheim ist es die Bestimmung der Wissenssoziologie, die Ideologienlehre aus der »Kampfapparatur einer Partei« zu einer überparteilichen »soziologischen Geistesgeschichte« zu machen (32)[2]. Die bisherige Leistung des Ideologiebegriffs habe wesentlich darin bestanden, die Anschauungen des politischen Gegners durch den Hinweis auf ihre gesellschaftliche Bedingtheit zu entwerten. Jetzt aber, nachdem es sich nicht mehr umgehen lasse, auch den eigenen gedanklichen Standort als »seinsgebunden« zu erfassen, sei dieser Begriff zu einem allgemeinen Erkenntnismittel geworden, durch das die Vergangenheit neu überprüft und die krisenhafte Denklage der Gegenwart festgestellt werden könne. Die so entstehende Wissenschaft von der gesellschaftlichen Zuordnung der Ideen eröffne den einzigen Ausweg aus der geistigen Not unserer Zeit, in der das Vertrauen auf die unbedingte Gültigkeit einer der verschiedenen Weltansichten schon gründlich erschüttert sei (55).

[1] Bonn, 1929. Der Name Mannheim wird im Folgenden in der Regel mit M. abgekürzt.

[2] Eingeklammerte Seitenzahlen im Text beziehen sich auf ›Ideologie und Utopie‹.

Am Anfang dieser neuen Wissenssoziologie steht ein neuer Begriff der Ideologie, dessen Geschichte M. darzustellen versucht. Wahrscheinlich in der politischen Praxis sei eine »Seelenhaltung« entstanden, die einzelne Vorstellungen des Gegners als Verhüllungen beargwöhnt, die seinem Interesse dienen. Dieser Verdacht wird nach M. schließlich grundsätzlich. Er betrifft nicht die Form, sondern nur die Inhalte des gegnerischen Denkens, die er psychologisch aus dem Eigennutz erklärt. Wenn mit der Bezeichnung Ideologie nichts anderes getroffen werden soll, als daß »dieses oder jenes Interesse kausal zu jener Lüge oder Verhüllung zwingt«, heißt sie bei M. »partikular«. Diesem »partikularen« Ideologiebegriff gegenüber bedeute der »totale«, der »die gesamte Weltanschauung des Gegners (einschließlich der kategorialen Apparatur)« in Frage zieht, einen wichtigen Fortschritt (9 f.). Nach Kant, in dessen Bewußtseinsphilosophie dieser neue Begriff theoretisch begründet sei, wird das Ganze unserer Erfahrung durch die tätige Anwendung der Faktoren unseres Verstandes geformt und ist nicht der Spiegel einer seienden Welt. In diesem Sinne wird auch im totalen Ideologiebegriff eine Abhängigkeit der Struktur des Weltbildes vom Subjekt behauptet. Aber das Subjekt erkennt jetzt nicht mehr wie bei Kant unbedingt und allgemein, sondern hängt mit seinem ganzen Erkenntnisapparat, mit allen Kategorien und Anschauungsformen von historischen und soziologischen Bedingungen ab. Der Lage einer Gesellschaftsgruppe sollen nicht bloß bestimmte Inhalte, sondern überhaupt eine bestimmte Weise zu erkennen und demgemäß zu werten und zu handeln »entsprechen«. Es werden nicht wie beim partikularen Ideologiebegriff die wirklichen Menschen mit ihren Interessen zur Erklärung der Vorstellungen herangezogen, sondern ein »Zurechnungssubjekt«, d. h. eine ideale Erkenntnishaltung, die sinngemäß zur Stellung einer Gruppe in der jeweiligen Gesellschaft gehört (11). Verbindet sich dann die ursprünglich philosophische Tendenz des totalen Ideologiebegriffs mit der politischen des partikularen, dann werden nicht mehr bloß einzelne Vorstellungen angegriffen, sondern der Vorwurf des falschen Bewußtseins wird entschieden verallgemeinert. »Früher warf man dem Gegner als Repräsentanten einer bestimmten sozialen Position vor, daß er gerade als solcher die bewußte oder unbewußte Fälschung von Fall zu Fall begehe. Jetzt wird der Angriff dadurch vertieft, daß man ihm die Möglichkeit des richtigen Denkens nimmt, indem man seine Bewußtseinsstruktur, und zwar in ihrer Ganzheit, diskreditiert. Diese einfache Beobachtung bedeutet, auf ihren strukturellen Inhalt hin analysiert, daß man früher nur auf der psychologischen Ebene enthüllte, indem man dort sozial gebundene Täuschungsquellen aufwies, jetzt aber die Destruktion dadurch radikalisiert, daß man auch die noologisch logische Ebene in den Angriffskreis einbezieht und auch diese noologische Ebene der gegnerischen Aussagen durch soziale Funktionalisierung in ihrer Geltung destruiert« (23).

Der totale Ideologiebegriff tritt nach M. zuerst als der des Klassenbewußtseins im Marxismus auf. Doch besitze man erst in der Gegenwart den Mut, ihn folgerichtig durchzudenken. Solange das klassenmäßig gebundene falsche Denken nur beim Gegner gesucht und der eigene Standort nicht als ideologisch erkannt werde, sei das Problem der Ideologie noch nicht in seiner ganzen Tragweite gestellt, sondern unberechtigt eingeschränkt. Deshalb will M. der »speziellen« Fassung des totalen Ideologiebegriffs, über die der Marxismus nicht hinausgekommen sei, eine »allgemeine« gegenüberstellen. Da nicht nur das bürgerliche Bewußtsein, sondern das *jeder* gesellschaftlichen Gruppe überhaupt dem Inhalt und der Form nach von gesellschaftlichen Umständen abhängig sei, dürfe auch der Marxismus keinen Anspruch auf unbeschränkte Gültigkeit erheben (32).

Die Anwendung des allgemeinen totalen Ideologiebegriffs, der für die M.sche Wissenssoziologie von grundlegender Bedeutung ist, bedinge (aus später zu erörternden Gründen) keinen philosophischen Relativismus. Mit ihm solle nur behauptet werden, daß alles Denken »seinsgebunden«, d. h. in einer bestimmten gesellschaftlichen Lage »verwurzelt« sei. Es entspreche einer Gruppe jeweils ein Denkganzes, dessen Teile sich durchgehend aufeinander und auf ihre historische Grundlage beziehen. Diese grundsätzliche »Bezüglichkeit aller Sinnelemente aufeinander und ihre sich gegenseitig fundierende Sinnhaftigkeit in einem bestimmten System« (41) nennt M. Relationismus. Der Wissenssoziologe kann diese Zusammenhänge in ihrem geschichtlichen Werden und Vergehen untersuchen, ohne daß er dabei für eines der Denk- und Wertungssysteme Partei ergreifen muß. Er darf sich darauf beschränken, die Geschichte der verschiedenen sich als Wahrheiten gebärdenden Anschauungen, »die gesamte Bewußtseinsgeschichte von den Denkhaltungen bis zu den Erlebnisformen auf ihre jeweilige Seinsgebundenheit hin zu sichten und zu zeigen, wie sich stets alles im innigsten Zusammenhange wandelt« (36).

Diese »wertfreie« Anwendung des entfalteten Ideologiebegriffs treibt nach M. dialektisch über sich selbst hinaus und führt zu einer neuen Scheidung der Denksysteme im Hinblick auf ihre Wahrheit. Hatte früher die Philosophie eine bestimmte Ansicht als die wahre Theorie der gesamten Wirklichkeit schlechthin von allen anderen unterschieden, so ist M. davon überzeugt, daß infolge der fortwährenden Umwandlung der Wirklichkeit ein in der Vergangenheit gültiges System später zur verhängnisvollen Unwahrheit werden kann. In der wissenssoziologischen Forschung zeige es sich nämlich, daß Bewußtseinsformen auch dann noch weiter bestehen könnten, wenn die gesellschaftliche

Lage, der sie ursprünglich angemessen waren, sich verändert habe. Wegen dieses Mangels an Übereinstimmung zwischen den Seinsgrundlagen und der Lebensdauer der zugeordneten Gedankensysteme gibt es zur selben Zeit verschiedene Arten der Weltauslegung, von denen die einen der neuen gesellschaftlichen Wirklichkeit angepaßt sind und sich in ihr bewähren, andere veraltet sind und wieder andere ihr (als »Utopien«) vorauseilen (38 ff.). Der Grad dieser Übereinstimmung liefert dem Wissenssoziologen einen Maßstab, mit dem er »unter den Normen, Denkweisen, Orientierungsschemen *ein und derselben Zeit* wahre und unwahre, echte und unechte« unterscheidet (50).

Wahr oder echt wären demnach »im Ethischen« Forderungen, die sinngemäß genau erfüllbar sind, in »der seelischen Selbstauslegung« eine Einstellung, die »neuartiges seelisches Reagieren und neues Menschwerden« weder verdeckt noch verhindert, in der Theorie solche Ansichten, mit denen man sich in der vorhandenen Wirklichkeit zurechtfinden kann. Das *falsche* Bewußtsein läßt sich also vom richtigen im wesentlichen dadurch unterscheiden, daß seine Normen und Denkformen »überlebt« sind und »vollzogenes Handeln, inneres und äußeres Sein nicht klären, sondern vielmehr verdecken« (51). Weil gemäß dieser Lehre der Wahrheitsgehalt jedes Bewußtseins immer wieder an einer Wirklichkeit, die nie die gleiche bleibt, gemessen wird, erhält der Ideologiebegriff auf dieser Stufe das weitere Kennzeichen des Dynamischen.

Die »Krisis« der Gegenwart soll darin bestehen, daß jedes der »sich bekämpfenden aber gleichzeitig vorhandenen Lebenssysteme« als »partikular« zu durchschauen sei. Alle beanspruchten zwar das Ganze der Welt und des Lebens angemessen zu deuten, d. h. als abschließende Wahrheiten zu gelten, in Wirklichkeit aber seien sie samt und sonders »seinsbedingte« Teilansichten. Das ist nicht so zu verstehen, als ob sie es mit grundsätzlich verschiedenen Gegenständen zu tun hätten, in diesem Fall könnte man die fortgeschrittensten unter ihnen einfach zu einer Gesamtschau zusammensetzen. Nach M. kommt vielmehr die Verschiedenheit daher, daß die Tatsachen in einem »Denk- und Lebenszusammenhang« erfahren werden, der je nach dem gesellschaftlichen Standort verschieden ist. Die Art, etwas zu erleben, die Fragestellung und die Bewältigung eines Problems enthalte überall eine metaphysische Vorentscheidung, eine »vitale und intellektuelle Option« (59), die einer der vielen entgegengesetzten Seinsgrundlagen unserer zerrissenen Gegenwart entspreche. Wenn es sich aber so verhält, »daß wir kaum mehr in derselben Denkwelt leben, daß es gegeneinander sich bewegende Denksysteme gibt, die letzten Endes schon im Wirklichkeitserleben auseinandergehen« (56), so wird es fraglich, inwiefern man überhaupt noch von einer verbindlichen Wirklichkeit sprechen kann. Unsere besondere Verlegenheit bestehe darin, daß man heute über zahllose wissenschaftliche Methoden und Einzelbeobachtungen verfüge – wenn auch die Krisis schon »mitten in der Empirie faßbar« sei (59) –, aber in den »Totalitätsfragen« wegen des Offenbarwerdens der »Partikularität« aller Standpunkte die »nachtwandlerische Sicherheit ungebrochener Zeiten« völlig verloren habe. Die Wissenssoziologie will uns davor bewahren, diese Sachlage zu verkennen, ja sie strebt dahin, diese Erschütterung der »Werte und Gehalte« durch die planmäßige Anwendung ihres neuen Ideologiebegriffes auf alle vergangenen und gegenwärtigen Überzeugungen noch zu verstärken. Aber gerade in dieser Enthüllung der Verbundenheit aller »Denkstile« mit einem je veränderlichen Sein erblickt sie den Funken, »der die auf der Gegenwartsstufe wirklich nötigen Gedanken entzündet« (55). Indem sie kein sich für unbedingt haltendes Denksystem in seiner Vereinzelung gelten läßt, sondern es von seinen geschichtlichen Voraussetzungen her versteht und auf diese Weise »soziologische Zeitdiagnostik« treibt, fühlt sie sich auf dem einzig gangbaren Weg zur »Totalität«. Diese wird gemäß der philosophischen Grundansicht M.s weder als der Inbegriff des Seienden, noch als alles umschließende Theorie gefaßt. Totalität bedeutet vielmehr »Partikularsichten in sich aufnehmende, diese immer wieder sprengende Intention auf das Ganze, die sich schrittweise im natürlichen Prozeß des Erkennens erweitert und als Ziel nicht einen zeitlos geltenden Abschluß, sondern eine für uns mögliche maximale Erweiterung der Sicht ersehnt« (63). Es ist das Ziel der Wissenssoziologie, durch einen auf Geistesgeschichte gegründeten und stets neu zu prüfenden »Situationsbericht« (64) den Menschen immer mehr aus dem Verhaftetsein an vergängliche Sicherheiten zu lösen und ihm anhand der Geschichte das Werden seines eigenen Wesens zu erschließen.

Im Zusammenhang der Wissenssoziologie wird der moderne Begriff der Ideologie in den Dienst einer Aufgabe gestellt, die der Theorie, der er entstammt, zuwiderläuft. Marx wollte die Philosophie in positive Wissenschaft und Praxis verwandeln, die Wissenssoziologie verfolgt eine *philosophische* Endabsicht. Das Problem der absoluten Wahrheit, ihre Form und ihr Inhalt, beunruhigt sie; in seiner Aufhellung sieht sie ihre Sendung. Der stets vertiefte Einblick in den Wandel aller metaphysischen Entscheidungen, mit denen die Menschen das Ganze der Welt zu treffen wähnten, wird selbst zum metaphysischen Verfahren. Die Möglichkeit, durch ihre Betrachtungsart allmählich das Wesen der Dinge zu erschließen, verleiht ihr die Weihe. Der von der alten Metaphysik Enttäuschte braucht nach ihr nicht zu verzagen. Wir besitzen zwar keine letzte Fassung der für alle Zeiten und alle Menschen gültigen Wahrheit, aber die soziologische Beschäftigung mit dem Schicksal der historisch aufgetretenen Weltansichten eröffnet auf jeder höheren Stufe einen reicheren Ausblick auf »die Wirklichkeit« (60). Unter Wirklichkeit ist zunächst das »Menschwerden« zu verstehen. Es vollzieht sich und »wird erfaßbar im Wandel der Normen der Gestaltungen und der Werke, im Wandel der Institutionen und Kollektivwollungen, im Wandel der Ansatzpunkte und Standorte, von denen aus das jeweilige historische und soziale Subjekt sich selbst und seine Geschichte sieht« (47). Im Wandel der geistigen Gestaltungen offenbart sich also dem Wissenssoziologen allmählich das Wesen des Menschen.

Bei M. verbindet sich die Wissenssoziologie mit wichtigen Bestandteilen der Geschichtsphilosophie Diltheys. Auch nach Dilthey gibt es kein philosophisches System, das die Welt ihrem Wesen nach allgemein gültig erfaßt. Aber wir vermögen durch die Erforschung der geschichtlich aufgetretenen Verhaltungsweisen und Systeme auf allen Gebieten der Kultur das sich in ihnen äußernde Wesen des Menschen immer deutlicher zu erkennen. Er bezeichnet es als einen ihm »naheliegenden Standpunkt«, daß man »den unendlichen Gehalt der menschlichen Natur nur an seiner Entwicklung in der Geschichte zu studieren vermag«[3]. »Der Mensch erkennt sich nur in der Geschichte, nie durch Introspektion. Im Grunde suchen wir ihn alle in der Geschichte ... Der einzelne Mensch realisiert immer nur eine Möglichkeit seiner Entwicklung, die von den Stationen seines Willens immer eine andere Richtung nehmen konnte. Der Mensch überhaupt ist uns nur unter Bedingung verwirklichter Möglichkeiten da. Auch in den Kultursystemen suchen wir eine anthropologisch bestimmte Struktur, in welcher sich ein X realisiert. Wir nennen es das Wesen ...«[4]

Wenn auch M. sich viel unbestimmter ausdrückt als Dilthey und nur davon spricht, daß »alle jene Sinngebungsgefüge, die die jeweilige Welt ausmachen, eine geschichtliche, sich verschiebende Kulisse sind, und daß das Menschwerden entweder in ihnen oder hinter ihnen sich vollzieht« (41), so kommt doch auch bei ihm zum Ausdruck, daß der in der Geschichte zu entdeckende Sinn, der »dem Geschichtlichen und Sozialen immer wieder gleichsam den Anstoß gibt« (47), die Entfaltung »des« Menschen sei.

Bei Dilthey ist diese Geschichtsphilosophie durchaus im Einklang mit seiner sonstigen Lehre. Er ist fest davon überzeugt, daß die Entwicklung der geistigen Kulturgebiete nicht etwa bloß in der Gesellschaft, sondern ebensosehr »in dem Individuum an sich angelegt« sei[5].

[3] W. Dilthey, Das Erlebnis und die Dichtung, Leipzig und Berlin 1919, S. 307.
[4] W. Dilthey, Gesammelte Schriften, Band VII, Leipzig und Berlin 1927, S. 279.
[5] W. Dilthey, Gesammelte Schriften, Band I, S. 422.

Die Taten und Schöpfungen der Menschen aller Zeiten, Völker und Klassen entspringen nach ihm einem und demselben Menschen, dessen Wesen alle wirklichen Personen in sich tragen. Er hat ausdrücklich eine Soziologie bekämpft, welche den Grund der Geistesgebilde im gesellschaftlichen Lebensprozeß sucht; vielmehr gehen Philosophie, Kunst, Religiosität auf ein letztes schöpferisches Prinzip zurück. »Könnte man sich ein einziges auf der Erde hinschreitendes Individuum denken, so würde dieses bei einer für die Entwicklung zureichenden Lebensdauer diese Funktionen in völliger Einsamkeit aus sich entwickeln.«[6] Die zeitgenössische Psychologie hatte den Menschen nur anhand ihrer Versuchspersonen erforscht und aus den dabei aufgefundenen seelischen Elementen die ganze Kultur konstruiert; dagegen besteht Diltheys Leistung darin, daß er die Geistesgeschichte zu einem wichtigen Mittel der Erforschung des Menschen macht.

Diese philosophische Überzeugung erscheint der individualistischen Denkart Diltheys angemessen; redet der Soziologe M. vom »Wesen« Mensch, dessen Werden sich hinter oder in den Kulturgebilden vollziehe, so ist das schwer verständlich. M. kann unmöglich meinen, daß – wie nach Dilthey – in allen Menschen zu allen Zeiten dasselbe Wesen sei, daß alle Individuen dieselben Bestandteile und Funktionen enthalten. Eine solche auf den bestimmten Gegenstand »Mensch« bezogene Aussage müßte mit Sicherheit dem Urteilsspruch des »totalen, allgemeinen und dynamischen« Ideologiebegriffs verfallen. Wie unbestimmt aber auch M. selbst diese geschichtsphilosophische Ansicht ausdrücken mag, so besagt sie doch auch in seiner Fassung, daß wir bei der wissenssoziologischen Arbeit von einem durch die Geschichte nicht bedingten, wesenhaft Menschlichen erfahren. Auch für ihn soll die echte Geschichtsforschung zur Erkenntnis unseres eigenen Wesens werden. Damit erweist sich die M.sche Wissenssoziologie ebenso wie die Diltheysche Geisteswissenschaft als Nachfolgerin der klassischen idealistischen Philosophie. Diese hatte als Ergebnis der wirklichen und der geschriebenen Geschichte das sich selbst erkennende Subjekt gesetzt, das ihr das einzige wahre, sich selbst genügende Wesen und insofern die »Totalität« bedeutete. Aber der idealistische Glaubenssatz, nach dem das Subjekt, das Wesen Mensch, oder irgend etwas Reales oder Ideales im Menschen überhaupt allem anderen Seienden gegenüber den Vorzug der Absolutheit und Ausschließlichkeit haben soll, verträgt sich mit der umfassenden Ideologienlehre nicht besser als irgendeine andere »Selbsthypostasierung« sonst. Machen wir mit M.s Ideologienlehre ernst, dann gibt es weder eine zureichende Begründung dafür, warum in der durchgängig bedingten und veränderlichen Wirklichkeit das »Menschwerden« allein diese Ausnahmestellung einnehmen sollte, noch

[6] a. a. O.

wird es einsichtig, inwiefern unter allem Wissen gerade das anthropologische nicht ideologisch wäre. Auf einem Standpunkt, von dem aus man »alles und jedes als ideologiehaft zu sehen imstande ist« (40), muß der Diltheysche Glaube an »den« sich in der Geschichte entfaltenden Menschen, die fortgeschrittenste Form der idealistischen Geschichtsphilosophie, bloß als die »Absolutsetzung« eines einzelnen seinsgebundenen Erkenntnisgehaltes erscheinen.

Wenn die Kennzeichnung des »Menschwerdens« als der metaphysischen Wirklichkeit, auf die durch die Wissenssoziologie ein Ausblick eröffnet werden soll, nach ihren eigenen Voraussetzungen hinfällig wird, so bleibt noch die allgemeine Versicherung, daß es einen außergeschichtlichen Grund der Geschichte gibt, bestehen. Sie enthält sinngemäß das Bekenntnis, daß nicht die wandelbare Gesellschaft, sondern ein »Außerhalb« der Geschichte der wahre Urheber des Geschehens sei (47). Das Verneinende daran leuchtet ein. Alle Vorgänge, von denen die wirkliche Geschichte berichtet, alle Nationen und Klassen mit ihren Taten und Schicksalen, die Hungersnöte, Kriege, Wirtschaftskrisen und Revolutionen sind danach nicht das Wirkliche, auf das wir bei unseren Nachforschungen abzielen. Es wäre nach M. auch verfehlt, den wahren Grund dieser Vorgänge im Bereich des Feststellbaren oder auch nur bestimmt Ausdrückbaren zu suchen. Alles Tatsächliche ist ja bereits durch eine »Begriffsapparatur« bedingt, die selbst wieder bedingt und vergänglich ist. Die erfahrenen Zusammenhänge als das wirkliche Geschehen gelten zu lassen, soll deshalb unmöglich sein, weil unser Standort, auf dem wir diese Erfahrungen machen, infolge seiner Beschränktheit Aussagen von unendlicher Wahrheit, Aussagen über »die« Wirklichkeit verbiete. Sollten wir doch versuchen, sie zu erschließen, dann hätten wir demnach in der gewöhnlichen Geschichte höchstens die Spuren des Außergeschichtlichen zu suchen. An dies »Wesentliche«, ohne dessen Erwartung die »Geschichte ... stumm und sinnlos« ist, denkt M. bei der Aussage, daß »im Elemente des Geschichtlichen ... irgend etwas doch geschieht« (48). Sieht man von ihrer Metaphysik »des« Menschen ab, so bleibt als Leitgedanke dieser Soziologie der unbestimmte Glaube, daß alle »Denkstandorte und Denkgehalte ... Teile eines über sie hinausragenden sinnvollen Werdens sind«[7].

Bei aller Unbestimmtheit wird dieser Sinn der Geschichte näher umschrieben. Er ist das »Unbenennbare, aber von den Ekstatikern stets Intendierte« (48), also, verstehen wir recht, das Göttliche. Man kann es nicht »direkt« benennen und aussprechen, aber es steht »in irgendeiner Beziehung« zu dem, was vorgeht.

[7] K. Mannheim, Das Problem einer Soziologie des Wissens. Arch. f. Sozw. u. Sozp., Bd. 53, S. 635.

M. selbst spricht bei diesem Glauben von einem »letzten Endes unzweifelhaft durch ein besonderes Weltgefühl fundierten Verhältnis zur Geschichte und zum Sozialen« (48). Jedenfalls wird durch dieses Gefühl die Geschichte metaphysisch verklärt. Wie kaum ein anderer Philosoph hat M. die Möglichkeit eines ewigen, in sich ruhenden jenseitigen Wesens bestritten; aller Sinn ist nach ihm in das Geschehen einbezogen. Aber bei dieser Verweltlichung des göttlichen Gehaltes bleibt nicht nur in der Sprache der Hinweis auf metaphysische Hintergründe bewahrt; denn die umstürzende Lehre, wir dürften auf keinem Standort die Sicherheit haben, daß unser Glaube vor der Ewigkeit bestehen könne, wird durch die Beteuerung gemildert, daß die ontologischen Entscheidungen, denen gemäß wir die Tatsachen erleben und gliedern, einen übergreifenden Sinn immer mehr enthüllen.[8] Daß aber M. die Begriffe einer den Gesamtlauf der Geschichte verklärenden Metaphysik nicht verwirft, sondern sie bei aller Kritik in einer unklaren und dehnbaren Form übernimmt, ist mit seinem eigenen totalen Ideologiebegriff in keiner Weise zu vereinbaren. Die Behauptung eines einheitlichen und zugleich positiv bewertbaren Sinnes der Geschichte, die bei der Färbung der wesentlichen Begriffe M.s entscheidend mitspielt, verbindet zwar seine Ansicht mit der zeitgenössischen Philosophie, ist aber wie diese in Europa auf die christliche Gotteslehre gegründet. Darf denn aber gemäß der Soziologie M.s die Einheit vor der Vielheit, ja vor dem Chaos, das Göttliche vor dem Teuflischen, etwa vor dem blinden Weltwillen, wie ihn Schopenhauer versteht, einen höheren Grad ontologischer Wahrscheinlichkeit haben? Warum sollte, was wir auf unserem beschränkten Standort gerade als den göttlichen Sinn zu erschauen glauben, nicht eine trügerische Sage sein? Auf den Grundlagen einer theistischen oder auch pantheistischen Lehre, die eine Anwendung des Ideologiebegriffs auf ihren eigenen Inhalt natürlich verwerfen müßte, wäre diese entscheidende Frage einsichtig zu beantworten. Alle Ausdrücke M.s aber, mit denen er das »Wesen« mittelbar oder unmittelbar zu beschreiben versucht, gehören zu metaphysischen Systemen, deren Geltung seine Ideologienlehre doch gerade bestreiten will. Heißen diese Ausdrücke, durch die er es von einem bloßen X unterscheiden möchte, nun »Menschwerden« oder das »Ekstatische, das . . . direkt nicht benennbar und nicht aussprechbar ist« (48), oder das »Ganze« (63) oder »Einheit und Sinn« (47), es gelingt ihm nicht, sie mit seinen Grundgedanken zu versöhnen.

Diese grundstürzende, alles »dynamisch« auflösende Soziologie kommt also ohne den Halt einer dogmatischen Metaphysik nicht aus, vielmehr hebt sie die Zerstörung aller absoluten philosophischen Sinnforschung damit wieder auf, daß sie sich selbst als ihre

[8] a. a. O., S. 630.

fortgeschrittenste Form empfiehlt. Um den Preis der unbeirrbaren Folgerichtigkeit, die er sonst allen anderen Rücksichten gegenüber wahren will, stellt M. die Aufgabe des Metaphysikers voran. Marx hatte mit dem Ideologiebegriff das Ansehen der Metaphysik zu stürzen versucht. Indem die neue Soziologie diesen Begriff nicht bloß verwendet, sondern ihn vertieft, verallgemeinert, zu Ende denkt und beweglich macht, will sie ihn gleichzeitig mit der Denkart versöhnen, deren Wirksamkeit er brechen sollte. Marx hatte mit Recht die Überzeugung beseitigen wollen, als gebe es ein die Epochen und Gesellschaften durchwaltendes Sein, das ihnen einen Sinn verleihe. Gerade dieser Zug der Hegelschen Philosophie erschien ihm als idealistischer Wahn. Nur die Menschen selbst, und zwar nicht das »Wesen« Mensch, sondern die wirklichen voneinander und von der äußeren und inneren Natur abhängigen Menschen eines bestimmten geschichtlichen Augenblicks sind die tätigen und leidenden Subjekte der Geschichte. Die irdischen Geschöpfe und gar nichts sonst haben ein »Schicksal«; weder von einem Geist noch von irgendeinem »Wesen« kann man mit Grund sagen, daß die Schicksale des »Historischen und Sozialen ... auch irgendwie seine Schicksale sind« (48). Weil die Schicksale der Menschen zu den verschiedenen Zeiten und zu derselben Zeit, ja innerhalb eines Volkes höchst ungleich sind, auch keinen einheitlichen Sinnzusammenhang aufweisen, ist es nach der Marxschen Theorie »Ideologie«, die wirtschaftlich nicht privilegierten Klassen durch die Behauptung eines solchen Zusammenhangs über ihre wirklichen Leiden zu beruhigen.

Die Geschichte als Ganzes kann in der Tat unmöglich den Ausdruck irgendeiner sinnvollen Gestalt bedeuten. Denn die Geschichte ist die Zusammenfassung von Vorgängen, die aus den widerspruchsvollen Beziehungen in der menschlichen Gesellschaft erwachsen. Diese Vorgänge offenbaren keine seelische oder geistige Einheit, sie sind auch nicht die Wirkung von Kämpfen zwischen bloßen Gesinnungen, Haltungen, Denkstilen und Systemen, sondern bei ihrem Zustandekommen spielen ganz ungleichartige menschliche und außermenschliche Kräfte mit. Soweit die Geschichte nicht dem bewußten Sinn der sie planmäßig bestimmenden Menschen entstammt, hat sie daher auch keinen, und man kann ihre verschiedenen Bewegantriebe in einer bestimmten Epoche zwar wissenschaftlich unter Gesetze zu befassen suchen, aber die Behauptung eines verstehbaren Sinnes hinter den Begebenheiten, ob er nun wie bei Hegel wirklich ausgeführt oder wie bei M. bloß beteuert wird, beruht auf philosophischer Erdichtung. Es gehört zum Marxschen Materialismus, gerade den unbefriedigenden Zustand der Dinge in der irdischen Wirklichkeit als das wahre Sein auszusprechen und nicht zuzulassen, daß irgendwelche Gedanken der Menschen als Sein im höheren Sinn hypostasiert werden. Er ist der geschworene Feind jedes Versuchs, die Wirklichkeit aus einem Ideenhimmel oder überhaupt aus einer rein geistigen Ordnung zu verstehen. Ein solcher Trost über die Welt ist uns nach Marx versagt.

Bei M. dagegen ist eine solche tröstende idealistische Überzeugung nicht bloß der Beweggrund seiner Wissenschaft, sondern die höchste Rücksicht geistiger Bemühung überhaupt. Demgemäß sucht er auch seine Lehre immer wieder gegen die Anklage des Relativismus zu sichern. Sie ist in der gegenwärtigen Logik ursprünglich gegen diejenige Erkenntnistheorie erhoben worden, welche die logischen Grundsätze aus Einzeltatsachen ableiten wollte. Später wurde dieser Vorwurf auf jede Theorie ausgedehnt, die Urteilen auf sachhaltigen Gebieten ewige Wahrheit nicht zuerkennen will. Er ist in dieser umfassenden Form überhaupt nur von dem Vorurteil einer statischen Ontologie her verständlich und beruht auf einem überspannten Wahrheitsbegriff, der die Ewigkeit sachhaltiger Einsichten, d. h. ihre Unabhängigkeit vom erkennenden Subjekt, behauptet. Inzwischen ist diese Vorstellung in der Philosophie selbst wieder in Verruf gekommen.[9] Statische Ontologie und ewiger Wahrheitsbegriff sind unhaltbar: denn es ist ebenso gewiß, daß alle unsere Gedanken, die wahren und die falschen, von Bedingungen abhängen, die sich ändern können, wie, daß die Vorstellung einer ewigen, d. h. das Leben aller erkennenden Subjekte überdauernden Wahrheit unvollziehbar ist. Dadurch wird in keiner Weise die Gültigkeit der Wissenschaft berührt. Die Aussage z. B., nach dem Tode aller Menschen werde es noch eine bestimmt geartete Natur geben, bleibt für uns verbindlich, und ebenso wäre es falsch, diese Natur anders zu denken, als gemäß den logischen und mathematischen Gesetzen, die wir auf unserem bedingten Standort erkennen. Derartige Sätze, deren Inhalt etwas über die Dauer der Menschheit Hinausreichendes betrifft, besagen zwar aufgrund unserer Theorie der objektiven Zeit etwas über das Verhältnis der Gegenstände Mensch und Natur, aber gar nichts über die Beziehung von Wahrheit und Sein überhaupt. Sie sind also in keiner Weise mit dem Schicksal des überspannten Wahrheitsbegriffs verknüpft. Wem es in der Wissenschaft auf die Richtigkeit seiner Urteile über innerweltliche Gegenstände ankommt, ganz gleichgültig, ob es sich dabei bloß um die Zeit bis zu seinem Tode oder um einen späteren Abschnitt handelt, der hat von einer grundsätzlichen Entscheidung über das Problem der absoluten Wahrheit nichts zu hoffen und nichts zu befürchten. Aber M. sucht seine Ideologienlehre vor dem Einspruch dieses unhaltbaren Wahrheitbegriffes, der seiner eigenen Anschauung von einem die Geschichte übergreifenden Sinn innewohnt, zu retten. Er er-

[9] Vgl. Heidegger, Sein und Zeit, Halle a. S., 1927, S. 226 f.

klärt den Vorwurf des Relativismus als vor dem Richterstuhl der ewigen Wahrheit selbst relativ und daher unzutreffend. Auch jene Erkenntnistheorie, die es als Relativismus erkläre, alle Standorte als »partikular« zu bezeichnen, sei selbst bloß partikular.

Der Begriff der Partikularität, der bei M. eine Hauptrolle spielt, bezeichnet nichts anderes als das Verhältnis jedes Standortes zur ewigen Wahrheit. Er behauptet, daß infolge der Bedingtheit des Sprechenden jede Aussage ihr unangemessen sei. Daß aber die Tatsache der »Seinsgebundenheit« Einfluß auf den Wahrheitsgehalt eines Urteils haben soll, ist gar nicht zu verstehen – warum sollte die Einsicht nicht gerade so gut seinsgebunden sein wie der Irrtum? Aber die Wissenssoziologie kennzeichnet – wie jede Metaphysik – alle Denkstandorte sub specie aeternitatis, nur daß sie die ewige Wahrheit noch nicht in Besitz genommen zu haben behauptet, sondern sich erst auf dem Wege zu ihrer Eroberung fühlt.

Wenn M. die Überzeugungen außerdem nach ihrer praktischen Anwendbarkeit bewertet, so steht das mit diesem überspannten Begriff der Wahrheit nur in losem Zusammenhang. Auch durch diesen Hinweis auf eine pragmatische Bewertung soll dem Vorwurf des Relativismus begegnet werden. Daß aber eine solche Beurteilung der Wahrheit, die sich selbst für bedingt hält, einer Philosophie, für die der Relativismus im dargelegten Sinn einen Vorwurf bedeutet, nicht zu genügen vermöchte, leuchtet ohne weiteres ein. Diese pragmatische Fassung, die den Gegensatz von wahr und falsch mit dem von echt und unecht zusammenwirft (50), erinnert an die Theorien der Lebensphilosophie; diese teilt allerdings »jene Angst, die das gegenwärtige Denken dem Relativismus gegenüber bekundet«[10], viel weniger als M. selbst.

Die wichtigsten Stufen der Verwandlung des M.schen Ideologiebegriffs, wie sie oben geschildert worden sind, werden von M. als Abschnitte einer Entwicklung behandelt, die zur Vertiefung und Radikalisierung des Begriffes geführt habe, und in der Tat besteht kein Zweifel darüber, daß er ihn »zu Ende gedacht« hat. Der Begriff ist so verallgemeinert worden, daß er zwar die Befugnis zur Behandlung von »Totalitätsfragen« im M.schen Sinn gewonnen haben mag, aber dafür seinen bestimmten Inhalt eingebüßt hat. Das Weiterdenken eines Begriffs führt nicht notwendig dazu, ein schärfer geschliffenes Erkenntnismittel aus ihm zu machen, sonst müßte der bei vielen Einzelforschern lebendige Trieb, aus Begriffen, die sich auf einem Teilgebiet als fruchtbar erwiesen, eine weltumspannende Lehre zu bilden, größere Erfolge gezeitigt haben.

Schon beim ersten Schritt, mit dem der Ideologiebegriff aus dem Bereich der politischen Kritik entfernt wird, leidet sein bestimmter

[10] Mannheim, Das Problem einer Soziologie des Wissens, a. a. O., S. 581.

Sinn. Er führt, wie wir gesehen haben, von der »partikularen« zur »totalen« Ideologie. Wie es sich mit der Bekämpfung von Ansichten verhält, die vom »partikularen« Ideologiebegriff aus erfolgt, ist leicht verständlich. Wo immer in der Geschichte Nationen oder Klassen ihren Bestand außer mit der blanken Waffe durch moralische, metaphysische, religiöse Ideen gesichert haben, da waren diese Vorstellungen schließlich dem Angriff der Beherrschten ausgesetzt. Der Kampf gegen die kulturellen Stützen gesellschaftlicher Zustände pflegt die politische Auflehnung einzuleiten und zu begleiten, und zwar so, daß die Verteilung der Parteien bei dem geistigen Kampf im großen der Interessenlage in Beziehung auf den Ausgang des Politisch-Wirtschaftlichen entspricht. Daher ist die Entwertung bestimmter Ideen, durch die ein verhaßter Zustand begründet, gestützt und verklärt wird, so alt wie diese Kämpfe selbst. Weniger das von M. angeführte Sprichwort aus der Renaissance, daß man anders in piazza als in palazzo denke, kennzeichnet einen solchen Angriff, als jene Rede, die Macchiavelli in seiner Geschichte von Florenz den Anführer bei einem Aufstand der unteren Massen halten läßt: »Betrachtet die Handlungsweise der Menschen«, heißt es dort, »ihr werdet sehen, daß alle, die zu großem Reichtum und zu großer Macht gelangen, es der Gewalt oder dem Betrug verdanken. Was sie aber durch Hinterlist oder Gewalttat an sich gerissen haben, das beschönigen sie, um die Verwerflichkeit der Erwerbung zu verbergen, mit dem falschen Titel Eroberung und Gewinn.«[11]

Der totale Ideologiebegriff betrifft nicht mehr einzelne Theorien und Wertungen der Gegenpartei, sondern gleich das gesamte Bewußtsein »einschließlich der kategorialen Apparatur« (9). Unser ganzer Lebenskreis, alles, von dem wir überhaupt in irgendeiner Form etwas wissen, auch wenn es als »Option« unerkannt unser Denken beeinflußt, die kleinsten Bruchstücke so gut wie die großen Züge des Zusammenhangs, eben das erkennende Subjekt in seiner »Totalität«, sein gesamtes »Weltwollen«, wie M. sich auch ausdrückt, soll als »ideologisch« erklärt werden. Es wird behauptet, jedes Bewußtsein »entspreche« einer bestimmten Lage in der Geschichte und der Gesellschaft, und deshalb sei seine Wahrheit zu bezweifeln. M. versichert, der Angriff werde dadurch »radikalisiert«, denn man bestreite dem Gegner »die Möglichkeit des richtigen Denkens«. In Wirklichkeit wird er dabei aus einer bestimmten Anklage zur uneinsichtigen Rede eines dogmatischen Philosophen. Weder das Interesse noch überhaupt empirische Tatbestände sollen als Erklärung für die Entstehung und Verfestigung der Gesamtanschauung dienen, sondern es wird eine bloße, unvermittelte »Entsprechung« behauptet. Daher muß der Umstand,

[11] Vgl. Gesammelte Schriften, München 1925, Bd. IV, S. 177.

daß eine Gesamtanschauung ein falsches Bewußtsein darstellt, als schicksalhafte Fügung, als mystisches Verhängnis erscheinen.

M. muß hierbei nicht bloß die Interessenpsychologie alten Stils, sondern offenbar auch die Psychologie der Gegenwart verwerfen, soweit sie als ihre Erbin die geistigen Vorgänge in letzter Linie aus äußerer Lebensnot zu erklären unternimmt. Er will die psychologischen Befunde »durch strukturanalytische oder morphologische Formentsprechungen, die zwischen Seinslage und erkenntnismäßiger Formung bestehen, ersetzen« (10 f.). Was er sich dabei denkt, wird nirgends mit klaren Ausdrücken bezeichnet.[12] Soweit wir ihn verstehen, sollen die Weltanschauungssysteme, d. h. die geistigen Totalitäten sich nicht etwa aus der wirklichen Lebenslage der Menschen entwickeln, sondern mit bestimmten sozialen Schichten verbunden sein. Zu diesen Weltanschauungssystemen gehört auch ein jeweils bestimmtes »Wirtschaftswollen« ebenso wie ein Kunststil, Denkstil usw. Es wäre nach M. unrichtig, die geistige Totalität oder einzelne ihrer Teile erforschen zu wollen, indem man die gesellschaftliche Lage ihrer Träger als Bedingung heranzieht. Er sucht vielmehr nach »Formentsprechungen« zwischen der sozialen Lage und der etwa im Sinne eines »Idealtypus« ausgedachten Weltanschauungstotalität. Aufgrund gewisser Stileigentümlichkeiten des Denkens oder Wertens wird dann zunächst das Bewußtsein eines Menschen einer der idealtypischen »Weltwollungen« zugeordnet und schließlich, wiederum aufgrund sehr unbestimmter Überlegungen, seine Zugehörigkeit zu einer gesellschaftlichen Lage »rekonstruiert«. Auch bei M. hat doch der Ideologiebegriff etwas mit dem Problem der Wahrheit zu tun; was können solche »Konstruktionen« über die Wahrheit oder Falschheit oder Fraglichkeit eines Bewußtseins ausmachen?

Ob mit diesem »totalen« Ideologiebegriff der erkennende Mensch oder die zweifelhafte ideale »Weltwollung« getroffen werden soll, in jedem Fall erweist er sich als eine idealistische Überspanntheit, nicht unähnlich wie die ewige Wahrheit und der »Sinn« der Geschichte. Diese Überspanntheit liegt in dem Gedanken eines »Ganzen« des Bewußtseins. Wenn beim totalen Ideologiebegriff vom Ganzen gesprochen wird, so ist nicht irgendeine Summe, sondern das Ganze im Sinn eines oberflächlichen Gestaltbegriffs gemeint. Wie es etwa heißt, daß im Organismus alle Teile die Prägung der lebendigen Einheit an sich tragen, so sollen auch die Teile des Bewußtseins jeweils die Züge der Totalität enthalten, der sie sinnmäßig angehören. Aufgrund solcher formalen Momente, also etwa des »Stils« des Denkens und Wertens, sollen wir ein ideales Ganzes entwerfen können, mit dem er nach

[12] Vgl. für das Folgende ›Das Problem einer Soziologie des Wissens‹, a. a. O., S. 644 ff.

innerer Notwendigkeit verbunden ist. Aber die Vorstellung des Bewußtseins als einer einheitlichen Gestalt widerspricht seiner Eigenart ganz und gar. Der Begriff des Ganzen in einem außerhalb der strengen Gestaltforschung regelmäßig mißverstandenen Sinn hat in der neuesten Biologie, vor allem in der »Gestaltpsychologie«, fruchtbare Ergebnisse gezeitigt. Hier ist es gelungen, wirkliches von Gestaltgesetzen beherrschtes Geschehen nachzuweisen. Aber das Bewußtsein eines einzelnen Menschen und die »Weltanschauungssysteme« der Geschichte haben eine solche Beschaffenheit nicht. Eine einfache Wahrnehmung so wie die verschlungene wissenschaftliche Theorie, ein Affekt so gut wie die dauernde Einstellung zu den Mitmenschen sind in die besonderen Verhältnisse verflochten, unter denen sie auftreten. Zu ihnen gehört nicht bloß die triebliche Struktur der Person, sondern ebensosehr die Gestaltung der toten und lebendigen Umwelt. Weil die Veränderungen in der Umgebung eines bestimmten Menschen nicht aufgrund der gleichen Bedingungen erfolgen, wie seine persönliche Entwicklung, die freilich wiederum durch jene Veränderungen beeinflußt wird, so ist zwar das Auftreten des bewußten Erlebnisses in der gegebenen Situation notwendig, aber zugleich Ergebnis ganz verschiedenartiger Bedingungsreihen. Wir können sehr wohl anhand psychologischer Erfahrung, d. h. der Kenntnis, wie ein bestimmt geartetes Wesen in bestimmten Situationen zu reagieren pflegt, begründete Erwartungen darüber hegen, was sich bei diesem oder jenem Fall in seinem Bewußtsein ereignen wird. Aber es ist unmöglich, ohne die Verhältnisse der nichtgeistigen Wirklichkeit im besonderen zu berücksichtigen, auf Grund der Kenntnis irgendwelcher Teile des Bewußtseins ein einheitliches »Weltwollen« zu konstruieren, aus dem man diese Teile als aus einem gestaltenden Prinzip zu begreifen vermöchte. Der Glaube, man könne ohne Heranziehung der materiellen Entstehungs- und Daseinsbedingungen, also durch lediglich innergeistige Untersuchungen geistiger Gebilde eine Weltanschauung verstehen, ist idealistischer Wahn. Gewiß fällt es nicht schwer, erfahrungsmäßig einen Gedanken als Teil der Anschauungen wiederzuerkennen, in deren Zusammenhang er zu stehen pflegt, gewiß hat es die Forschung auf den verschiedensten Gebieten so weit gebracht, auf Grund scheinbar unbedeutender Züge die Gesellschaft und den Zeitabschnitt festzustellen, denen ein geistiges Gebilde entstammt, gewiß finden sich in den Gedanken und überhaupt in den Lebensäußerungen der einzelnen, der gesellschaftlichen Gruppen, der Zeitalter, zwischen vielen Bruchstellen Strecken rein geistiger »Affinität«, aber der Sprung aus solchem gleichsam handwerklichen Wissen des Geschichtsforschers in die Behauptung eines »gesamten geistig-seelischen Strukturzusammenhanges, der zu einer gesellschaftlich-historischen Wirklichkeit in der bestimmten Epoche gehört« [13], ist der

Sprung von der empirischen Wissenschaft zur Hegelschen Lehre von den Volksgeistern, die als »Weltwollungen« oder »objektive Strukturzusammenhänge« wieder auferstehen.

Trotz der wiederholten Versicherungen M.s, wie eng diese geistigen Einheiten mit dem Schicksal der an ihrem Bestehen »engagierten« Klassen verbunden seien, ist doch sein idealistisches Bestreben, die geistigen Vorgänge von den groben Machtkämpfen der wirklichen Menschen ungetrübt zu denken, so stark, daß jene unbestimmte Verbindung von Sein und Bewußtsein tatsächlich als ein bloß äußeres Beieinander, eben als schicksalhafte Fügung erscheint. Für ihn gibt es die gemeinen Kämpfe des geschichtlichen Alltags und *daneben auch* die Gegensätze der »Weltanschauungssysteme«. Merkwürdig freilich ist, daß dabei jede der kämpfenden Gruppen eines dieser Systeme – man weiß nicht warum – ergriffen hat und an ihm festhält: »... so findet man in einem jeweiligen Stadium der Geschichte nicht nur mehrere sich bekämpfende, sozial verschieden interessierte Schichten, sondern *mit ihnen zugleich auch* den Kampf verschiedener Weltwollungen gegeben.« Wie über den Scharen der streitenden Griechen und Trojaner die mit ihnen verbündeten Götter sich bekriegten, so glaubt man nach dieser modernen Soziologie über den gesellschaftlichen Klassen »Welten ... gegen Welten« kämpfen zu sehen.[14]

Hat die Verwandlung des partikularen in den totalen Ideologiebegriff den Blick tatsächlich von den wirklichen Händeln hinauf in die Nebelgefilde sich bekämpfender »Weltwollungen« gelenkt, so wird uns mit seiner Weiterbildung und Entfaltung der Boden unter den Füßen weggezogen. Denn auf der Stufe des totalen Ideologiebegriffs, auf der angeblich Marx gestanden sein soll, wurde die »Ideologiehaftigkeit« einer Gesamtanschauung wenigstens noch von einer als unideologisch gedachten Theorie aus beurteilt. Mit der Aufhebung dieser Beschränkung des totalen Ideologiebegriffs, d. h. seiner Umwandlung in den allgemeinen, fällt diese Unterscheidung weg, und »das menschliche Denken bei allen Parteien und in sämtlichen Epochen« wird zur »Ideologie« gestempelt (32). Hierbei wird der Ideologiebegriff gründlich von den Resten seiner anklägerischen Bedeutung gesäubert und seine Einbürgerung in die Geistesphilosophie vollendet. Wenn überhaupt jedes Denken als ideologisch gekennzeichnet werden soll, wird es offenbar, daß Ideologie ebenso wie »Partikularität« nichts anderes bedeutet als die Unangemessenheit an die ewige Wahrheit. Es mag zwar gewisse Unterschiede in der jeweiligen Echtheit oder Überlebtheit von Gedanken geben; aber »ideologisch« sind sie grundsätzlich alle, denn sie sind »seinsgebunden«.

[13] K. Mannheim, »Das konservative Denken«. Arch. f. Sozw. u. Sozp., Bd. 57, S. 76.
[14] Das Problem ..., a. a. O., S. 645. Kursivierungen vom Autor.

Bei folgerichtiger Anwendung des allgemeinen Ideologiebegriffs müssen auch die eigenen Theorien über das »Sein«, über die Struktur der Weltanschauungen und über die Verbundenheit zwischen beiden in Frage gezogen werden, wenn anders von den Ideen, von ihrer »Entsprechung« und vom »Sein« bisher in einem bestimmten Sinne die Rede gewesen sein sollte. Bei der »speziellen« Fassung des Ideologiebegriffs schien es, als ob gerade über das »Sein« eine bestimmte Theorie, nämlich die marxistische Einteilung der Gesellschaft in einander bekämpfende Klassen als verbindlich angesehen würde; in den stofflichen Teilen seiner Wissenssoziologie wird dieses Sein unter anderem als »klassenmäßig geschichtete Gesellschaft«, als Adel, Bürokratie, Bürgerliche gekennzeichnet.[15] Jetzt, wo versichert wird, daß sein »eigenes Haus brennt« (62), jetzt, wo ausdrücklich verlangt wird, daß der Marxismus in sich gehe und seine auch ihn treffende Ideologiehaftigkeit erkenne, muß auch dieser Grundbestandteil der Marxschen Lehre als anrüchig gelten. Was soll aber den soziologischen Leitfaden bei der Zuordnung der verschiedenen Denkarten bilden, wenn nicht eben diese oder auch eine andere bestimmte Lehre von der Gliederung der Gesellschaft? Der Ausdruck »Seinsgebunden« bleibt ohne eine solche Theorie ganz inhaltslos und rückt in bedenkliche Nähe zu dem Begriff des Seins im Anfang der Hegelschen Logik, wo er die dialektische Neigung hat, in den des Nichts umzuschlagen. Es wird uns tatsächlich der Boden weggezogen. Das »Sein«, von dem alle Gedanken abhängig sein sollen, bewahrt zwar in M.s Sprache eine gewisse Kennzeichnung im Sinne gesellschaftlicher Gruppen, aber weil die Theorie, welche diese Gruppen zu bestimmen hätte, im Grunde nur angeführt wird, um sie in Frage zu ziehen, bleiben wir über die tatsächliche Bedeutung der Seinsgebundenheit völlig im unklaren. Sie kann von Marxisten als Zuordnung zu den durch die Eigentumsverhältnisse gesonderten Gesellschaftsklassen und von den erklärten Gegnern der materialistischen Geschichtsauffassung unter Zustimmung M.s als Abhängigkeit von einem »spezifischen Geist« ausgelegt werden.[16] Wenn daher in den grundlegenden Teilen dieser Wissenssoziologie in so allgemeinem Verstand von Bindung »an die jeweilige soziale Seinslage« (33) oder gar bloß von »Seinsgebundenheit« die Rede ist, so treffen auf sie die Ausführungen von Troeltsch über den Begriff des Sozialen in aller Schärfe zu: »... Von der Gesellschaft als dem Inbegriff aller großen, kleinen und kleinsten soziologischen Kreise und ihrer gegenseitigen Verschlingungen und Beeinflussungen kann man als von etwas Übersehbarem und wissenschaftlich

[15] »Das konservative Denken«, a. a. O., S. 83.
[16] Verhandlungen des VI. Deutschen Soziologentages, vom 17.–19. 9. 1928 in Zürich, Tübingen 1929, S. 93.

Brauchbarem überhaupt nicht reden; die ist in der Unendlichkeit ihrer Bildung und der für jede Betrachtungsweise beliebig vornehmbaren Verknüpfung der Phänomene etwas überhaupt Unausdenkbares, ein Abstractum, wie Kultur oder Geschichte überhaupt, von denen auch nur die Dilettanten immer im Ganzen reden ...«[17] Nach Troeltsch kann unter den Begriff des »sozialen« Seins »zunächst nur die arbeitsteilige, Klassenstände bildende, Güter produzierende und tauschende, vom wirtschaftlichen Existenzbedürfnis aus organisierte Gesellschaft samt ihren mannigfachen Komplikationen gemeint sein«[18]. Es leuchtet ein, daß so bestimmt geartete Begriffe der Gesellschaft die M.sche Lehre von der Seinsgebundenheit alles Denkens nicht bloß in die Nähe des von ihm selbst als ideologisch erklärten historischen Materialismus bringen, sondern geradezu eine Steigerung des Marxismus ins Abenteuerliche bedeuten würden. Denn es hieße weit über Marx hinausgehen, wenn man behaupten wollte, daß zu jeder bestimmten wirtschaftlichen Klassenlage je ein ganzes Weltanschauungssystem nach Form und Inhalt einschließlich aller Wertungen und »unterbewußten« metaphysischen Entscheidungen gehöre. In dieser bestimmten Fassung würde die Unhaltbarkeit des allgemeinen, totalen Ideologiebegriffs freilich ohne weiteres deutlich. Mit einem so inhaltslosen Begriff des »Seins« dagegen, wie er in den grundsätzlichen Teilen der Wissenssoziologie auftritt, kann man ruhig alle Theorien einschließlich der eigenen für Ideologie erklären und Gott und die Welt in diese Aussage einbeziehen. Sie ist wissenschaftlich nichtssagend und höchstens im Zusammenhang einer absoluten Philosophie von einem allerdings recht zweifelhaften Gewicht.

Die Frage nach der Richtigkeit oder Falschheit in bezug auf die gleichermaßen seinsverbundenen Ideologien wird nur als Beurteilung ihrer Zeitgemäßheit zugelassen. Nirgends tritt die spiritualistische Grundeinstellung dieser Art Soziologie deutlicher hervor als in einer derartigen Sichtung. Sie muß willkürlich und unzuverlässig bleiben, weil die Entscheidung darüber, was zeitgemäß und was überholt sei, nicht aufgrund einer ausgesprochenen wissenschaftlichen Theorie von der Gesellschaft erfolgt. Aber darüber hinaus treibt sie ihre Absicht, an die Stelle der Untersuchung von Bedingungszusammenhängen zwischen den wirklichen Kämpfen der Menschen und ihren Gedanken geistesgeschichtliche Betrachtungen zu setzen, auf die Spitze. Als Beispiel eines falschen, weil überlebten Bewußtseins bezeichnet es M., »wenn etwa ein Gutsbesitzer, dessen Gut bereits ein kapitalistischer Betrieb geworden ist, seine Beziehungen zu den Arbeitern und seine Funktion noch immer in patriarchalistischen Kategorien auslegt« (52).

[17] E. Troeltsch, Gesammelte Schriften, I. Band, Tübingen 1919, S. 8.
[18] a. a. O., S. 9.

In diesem Falle mißt M. die Unzeitgemäßheit an einer Theorie, die ebenso wie jede naturwissenschaftliche den Anspruch auf nicht »ideologiehafte« Richtigkeit erheben muß und aufgrund zahlreicher Beobachtungen erklärt: das Verhältnis des Gutsbesitzers zu seinen Arbeitern ist ein »kapitalistisches«, und deshalb kann es in feudalistischen Begriffen nicht angemessen erfaßt werden. Das Bekenntnis zu dieser Theorie wieder durch die Zeitgemäßheit zu begründen, die ja gerade an ihr gemessen werden soll, wäre ein Zirkel. Aber nicht diese logische Unzulänglichkeit ist das Kennzeichnende an solchen Versuchen, sondern ihre grundsätzliche Beschränkung auf den geistigen Bereich. M. beschäftigt an diesem Beispiel der Umstand, daß der Gutsbesitzer »in der Weltorientierung erkenntnismäßig versagt« (52). Ob das »Versagen« in der zwischenmenschlichen Wirklichkeit, also hier in der Gestaltung des tatsächlichen Verhältnisses zwischen Gutsbesitzer und Landarbeiter gleichfalls einen Mangel bedeutet, oder ob dieses Versagen nicht vielmehr die Gestaltung dieses Verhältnisses notwendig beeinflußt, wird nicht in Betracht gezogen. In der Tat wäre es aber gerade die wichtigste wissenssoziologische Aufgabe, zu untersuchen, inwiefern die Art solcher Verhältnisse auf das Festhalten an der alten Denkweise einwirkt und umgekehrt, welche Leistung diese dabei ausübt. Bei M. wird die Aufmerksamkeit von der gesellschaftlichen Funktion der »Ideologie« auf innergeistige Erwägungen abgelenkt.

Die soziologischen Begriffe werden bei M. durchgängig so verflüchtigt, daß sie schließlich für das Verständnis des gesellschaftlichen Lebens nicht mehr zu verwenden sind. Eine »Zeitdiagnostik«, die hauptsächlich mit den unklaren idealistischen Vorstellungen dieser Wissenssoziologie arbeitet, muß ein höchst einseitiges Bild geben. Sie erhebt zwar den Anspruch, daß von ihr »unsere gesamte Seins- und Denklage im Querschnitt erfaßt« werde (49), aber dieser Querschnitt läßt die wichtigsten Teile der gesellschaftlichen Wirklichkeit unberührt. In ihrem »Situationsbericht« über die Gegenwart erscheint unter dem Kennwort der Not und der Krise kein wirkliches Elend, die »unheimliche Wendung der Neuzeit« (43) betrifft wesentlich das Schicksal der »Kategorie des Absoluten«, das »radikal Beunruhigende unserer geistigen Gesamtlage« fließt nicht aus dem Zustande der Wirklichkeit, sondern aus dem »Gedanken der Möglichkeit eines falschen Bewußtseins überhaupt« (24). Und die »Lebensverlegenheit, aus der alle unsere Fragen aufsteigen, ist zusammenfaßbar in der einzigen Frage: Wie kann der Mensch in einer Zeit, in der das Problem der Ideologie und Utopie einmal radikal gestellt und zu Ende gedacht wird, überhaupt noch denken und leben?« (3).

Selbst in der Anwendung auf umgrenzte Stoffgebiete, wie in den Untersuchungen über das konservative Denken [19], die ausdrücklich als

»soziologische Beiträge zum Werden des politisch-historischen Denkens in Deutschland« bezeichnet sind, finden sich nur spärliche Hinweise auf die Zusammenhänge zwischen der als »konservativ« abgestempelten Gedankengruppe und der gesellschaftlichen Wirklichkeit. Die geschichtlichen Verhältnisse der Träger dieses Denkens, ihre Beziehungen zu anderen Gesellschaftsschichten und die politische Gesamtlage werden nur gelegentlich gestreift, als ob die »konservative« Vorstellungswelt ohne sorgfältigste Erörterung dieser Tatbestände überhaupt zu verstehen wäre. Die ganze Arbeit beschränkt sich fast ausschließlich auf »phänomenologisch-logische Stilanalyse«, »immanente Weltanschauungsanalyse«, Analyse des »Erlebens«, Analyse des Zusammenströmens verschiedener Denkstile und ähnlich lautende Zergliederungen geistiger Gebilde.

Die Wissenssoziologie stellt nach ihrer eigenen Überzeugung ein Denken dar, »das sich auf der Höhe der aktuellen Realproblematik bewegt und die Fähigkeit besitzt, den jeweils vorhandenen Konfliktstoff zu übersehen« (61). Sie bedient sich dabei einer höchst »radikalen« Sprache und marxistischer Denkmittel. Aber ihr Versuch, diese Denkmittel in den Dienst der Geistesphilosophie zurückzuversetzen, aus deren Hegelscher Form sie Marx gelöst hatte, führt folgerichtig auch zur idealistischen Umdeutung der bestehenden Widersprüche in die Gegensätze von Ideen, »Denkstilen« und »Weltanschauungssystemen«. Wo es Marx darauf ankam, wirkliche Erkenntnisse vom verklärenden Schein der Ideologie abzuheben, läuft bei M. alles auf die Gegensätze von endlicher und unendlicher Wahrheit hinaus. Von jenen verantwortungslosen Philosophen, deren Blindheit nach M. durch das Verharren in einem »höher gelagerten Bereich« (61) verursacht wird, unterscheidet er selbst sich grundsätzlich nur dadurch, daß er mit einigen Stücken aus der Rüstkammer des Marxismus wieder dorthin zurückkehrt.

[19] Arch. f. Sozw. und Sozp., Bd. 57, Heft 1 u. 2.

Die gegenwärtige Lage der Sozialphilosophie und die Aufgaben eines Instituts für Sozialforschung

Steht auch die Sozialphilosophie im Mittelpunkt des allgemeinen philosophischen Interesses, so ist es doch um sie nicht besser bestellt als um die meisten philosophischen, ja grundsätzlichen intellektuellen Bestrebungen der Gegenwart überhaupt. Es läßt sich für sie keine inhaltliche begriffliche Bestimmung finden, die darauf Anspruch erheben dürfte, überall als verbindlich zu gelten. Angesichts der heutigen wissenschaftlichen Lage, in der die traditionellen Grenzen zwischen den Einzelgebieten in Frage gestellt sind und wir noch nicht wissen, wie sie in absehbarer Zeit einmal gezogen werden, erscheint es als nicht zeitgemäß, endgültige Definitionen der Forschungsbereiche zu versuchen. Trotzdem lassen sich die allgemeinen Vorstellungen, die man über Sozialphilosophie hegt, auf einen kurzen Ausdruck bringen. Als ihr letztes Ziel gilt danach die philosophische Deutung des Schicksals der Menschen, insofern sie nicht bloß Individuen, sondern Glieder einer Gemeinschaft sind. Sie hat sich daher vor allem um solche Phänomene zu bekümmern, die nur im Zusammenhang mit dem gesellschaftlichen Leben der Menschen verstanden werden können: um Staat, Recht, Wirtschaft, Religion, kurz um die gesamte materielle und geistige Kultur der Menschheit überhaupt.

Sozialphilosophie, auf solche Weise verstanden, hat sich in der Geschichte des klassischen deutschen Idealismus zur entscheidenden philosophischen Aufgabe entwickelt. Ihre glänzendsten Leistungen sind zugleich die wirksamsten Teile des Hegelschen Systems. Nicht als ob die Philosophie vor Hegel nicht um das Verständnis der sozialphilosophischen Gegenstände bemüht gewesen wäre: die Hauptwerke Kants enthalten die philosophischen Theorien der Wissenschaft, des Rechts, der Kunst und der Religion. Aber diese Sozialphilosophie war in der Philosophie der Einzelpersönlichkeit begründet: jene Seinsreiche galten als Entwürfe der autonomen Person. Kant machte die geschlossene Einheit des vernünftigen Subjekts zur einzigen Quelle der konstitutiven Prinzipien jedes Kulturgebiets; aus der Dynamik der Person, aus den ursprünglichen Tätigkeitsweisen des spontanen Ichs sollte das Wesen und die Gliederung der Kultur allein verständlich werden. Wenn auch im Sinne der Kantschen Philosophie das autonome Subjekt gewiß nicht mit dem empirischen Einzelmenschen gleichgesetzt werden darf, so lassen sich doch nach ihr im Gemüt jedes einzelnen Vernunftwesens sämtliche kulturschaffenden Faktoren erforschen. Übergreifende, nur einem überpersonalen Ganzen zugehörige, nur an der gesellschaftlichen Totalität zu entdeckende Seinsstrukturen, denen wir uns zu unterwerfen hätten, existieren nicht; ihre Behauptung hätte als dogmatisch, das auf sie eingestellte Handeln als heteronom zu gelten. In den ›Metaphysischen Anfangsgründen der Rechtslehre‹ heißt es von der moralischen Persönlichkeit, daß eine Person »keinen anderen Gesetzen als denen, die sie (entweder allein oder wenigstens zugleich mit anderen) sich selbst gibt, unterworfen ist« [1].

Der an Kant anknüpfende Idealismus hat das Ineinander von autonomer Vernunft und empirischen Einzelwesen entfaltet. Die Spannung zwischen dem endlichen Menschen und dem Ich als unendlicher Forderung erschließt sich freilich auch noch in Fichtes erster Philosophie der auf das Ich selbst sich richtenden Reflexion. Das ewige Sollen, die Anweisung, unserer menschlichen Bestimmung zu genügen, entspringt in den Tiefen der Subjektivität. Das Medium der Philosophie ist noch immer die Selbstbesinnung. Aber Hegel hat diese Selbstbesinnung von der Fessel der Introspektion befreit und die Frage nach unserem eigenen Wesen, die Frage nach dem autonomen kulturschaffenden Subjekt an die Arbeit der Geschichte verwiesen, in der es sich objektive Gestalt gibt.

Für Hegel ergibt sich die Struktur des objektiven Geistes, der die Kulturgehalte des absoluten Geistes, d. h. Kunst, Religion, Philosophie in der Geschichte verwirklicht, nicht mehr aus der kritischen Analyse der Persönlichkeit, sondern aus der universalen dialektischen Logik; sein Gang und seine Werke stammen nicht aus freien Entschlüssen des Subjekts, sondern aus dem Geist der herrschenden Völker, wie sie sich in den Kämpfen der Geschichte einander ablösen. Die Bestimmung des Besonderen erfüllt sich im Schicksal des Allgemeinen; das Wesen, der substantielle Gehalt des Individuums wird nicht in seinen persönlichen Handlungen, sondern im Leben des Ganzen offenbar, dem es angehört. Damit ist der Idealismus bei Hegel in seinen wesentlichen Teilen zur Sozialphilosophie geworden: das philosophische Verständnis des kollektiven Ganzen, in dem wir leben und das den Boden abgibt für die Schöpfungen der absoluten Kultur, ist jetzt zugleich die Erkenntnis des Sinnes unseres eigenen Seins nach seinem wahren Wert und Gehalt.

Lassen Sie mich einen Augenblick bei dieser Hegelschen Anschauung verweilen! Aus ihrer Auflösung und der Unmöglichkeit, sie in Gedanken wieder herzustellen, ohne hinter den heutigen Stand der Erkenntnis zurückzutreten, läßt sich die gegenwärtige Lage der Sozialphilosophie prinzipiell verständlich machen. Hegel gab die Verwirklichung des Vernunftzwecks dem objektiven Geist, in letzter Linie dem Weltgeist anheim; die Entwicklung dieses Geistes stellt sich in der Ausein-

[1] Kant, Sämtliche Werke, Akademieausgabe, Bd. VI, S. 223.

andersetzung der »konkreten Ideen«, der »Völkergeister« dar, aus ihnen »als Zeugen und Zieraten seiner Herrlichkeit« gehen in notwendiger Folge die welthistorischen Reiche hervor.[2] Diese Entwicklung vollzieht sich unabhängig davon, ob die Individuen bei ihrem geschichtlichen Tun sie wissen und wollen; sie hat ihr eigenes Gesetz. Doch läßt Hegel wie die französische Aufklärung und der englische Liberalismus durchaus die Einzelinteressen, die Triebe und Leidenschaften der Menschen als reale Bewegungskräfte gelten. Selbst die großen Männer werden durch ihre persönlichen Zwecke zu ihren Taten bestimmt. »Zunächst befriedigen diese Individuen sich; sie handeln gar nicht, um andere zu befriedigen.«[3] Sie sind zwar »in ihrer Welt die Einsichtsvollsten und wissen am besten, um was es zu tun ist; und was sie tun, ist das Rechte«[4]. Aber nichts ist in der Geschichte »ohne das Interesse derer, deren Tätigkeit mitwirkte, zustande gekommen«[5]. Der Interessen der großen Männer wie der Masse bedient sich freilich jenes vernünftige Entwicklungsgesetz »listig«, um sich durchzusetzen. Und wie Hegel die vergangene Geschichte nur mittelbar aus diesem Gesetz, unmittelbar aber aus dem Interessenkampf erklärt, so auch den Lebensprozeß der gegenwärtigen Gesellschaft. Indem er selbst auf die liberalistischen Ökonomen Smith, Say und Ricardo verweist, führt er aus, wie aus dem »Wimmeln von Willkür«[6], das durch das Streben der einzelnen nach Befriedigung ihrer Bedürfnisse zustande kommt, das Ganze erhalten wird. »In der bürgerlichen Gesellschaft – so heißt es in der Rechtsphilosophie – ist jeder sich Zweck, alles andere ist ihm nichts. Aber ohne Beziehung auf andere kann er den Umfang seiner Zwecke nicht erreichen: diese anderen sind daher Mittel zum Zweck des Besonderen. Aber der besondere Zweck gibt sich durch die Beziehung auf andere die Form der Allgemeinheit und befriedigt sich, indem er zugleich das Wohl des anderen mitbefriedigt.«[7] So und nicht anders kann nach Hegel der Staat bestehen: er ist durch den Interessenkampf der Gesellschaft unmittelbar bedingt.

Aber wenn Geschichte und Staat in ihrem äußeren Werden aus dem »Wimmeln von Willkür« zustandekommen, wenn der empirische Geschichtsforscher sich mit einer Kette von Leiden und Tod, von Dummheit und Niedertracht abzugeben hat, wenn das endliche Dasein unter unbeschreiblichen Qualen zugrunde geht und die Geschichte nach Hegels Wort als die »Schlachtbank« betrachtet werden

[2] Hegel, Grundlinien der Philosophie des Rechts, § 352.
[3] Hegel, Philosophie der Weltgeschichte, ed. Lasson, Leipzig 1920, Bd. I, S. 77.
[4] a. a. O., S. 76.
[5] a. a. O.
[6] Hegel, Grundlinien der Philosophie des Rechts, § 189 Zusatz.
[7] a. a. O., § 182 Zusatz.

kann, »auf welcher das Glück der Völker, die Weisheit der Staaten und die Tugend der Individuen zum Opfer gebracht werden« (Philosophie der Weltgeschichte l. c. 58), so erhebt uns die Philosophie über diesen Standpunkt des empirischen Betrachters. Denn »was sonst Wirklichkeit heißt« – so lehrt er in den Vorlesungen zur Philosophie der Weltgeschichte – »wird von der Philosophie als ein Faules betrachtet, das wohl scheinen kann, aber nicht an und für sich wirklich ist. Diese Einsicht enthält, man kann es den Trost nennen gegen die Vorstellung von dem absoluten Unglück, der Verrücktheit dessen, was geschehen ist. Trost ist indessen nur der Ersatz für ein Übel, das nicht hätte geschehen sollen, und ist im Endlichen zu Hause. Die Philosophie ist also nicht ein Trost; sie ist mehr, sie versöhnt, sie verklärt das Wirkliche, das unrecht scheint, zu dem Vernünftigen, zeigt es als solches auf, das in der Idee selbst begründet ist und womit die Vernunft befriedigt werden soll« (l. c. 55). Die »Verklärung«, von der Hegel spricht, geschieht also durch eben jene Lehre, nach der das wahre Wesen des Menschen nicht in der bloßen Innerlichkeit und dem tatsächlichen Schicksal der endlichen Einzelnen existiert, sondern im Leben der Völker sich durchsetzt und sich im Staat verwirklicht. Vor dem Gedanken, daß in der Weltgeschichte dieses substantielle Wesen, die Idee, sich erhält, erscheint der Untergang des einzelnen ohne philosophisches Gewicht, vielmehr darf der Philosoph erklären: »Das Partikuläre ist meistens zu gering gegen das Allgemeine; die Individuen werden aufgeopfert und preisgegeben. Die Idee bezahlt den Tribut des Daseins und der Vergänglichkeit nicht aus sich, sondern durch die Leidenschaften der Individuen« (l. c. 83). Nur soweit das Individuum am Ganzen teil hat, in dem es lebt – oder vielmehr: nur soweit das Ganze im Individuum lebt, hat das Individuum Wirklichkeit; denn das Leben des Ganzen ist das Leben des Geistes. Das Ganze im ausgezeichneten Sinn ist der Staat. Er »ist nicht um der Bürger willen da; man könnte sagen, er ist der Zweck, und sie sind seine Werkzeuge« (l. c. 91).

Das endliche Einzelwesen kann nach Hegel zum begrifflichen Bewußtsein seiner Freiheit im Staat nur durch die idealistische Spekulation gelangen. In dieser Vermittlungsfunktion sah er wesentlich die Leistung seiner Philosophie und damit der Philosophie überhaupt. Sie ist ihm identisch mit der Verklärung des Wirklichen, »das unrecht scheint«. Als das Ansehen seines Systems um die Mitte des letzten Jahrhunderts in Deutschland verschwand, wurde in der zukunftsfrohen individualistischen Gesellschaft die Metaphysik des objektiven Geistes von dem unmittelbaren Glauben an die prästabilierte Harmonie der Einzelinteressen abgelöst. Es hatte den Anschein, als bedürfe es zur Vermittlung zwischen der empirischen Existenz des einzelnen und dem

Bewußtsein seiner Freiheit im gesellschaftlichen Ganzen keiner Philosophie, sondern bloß des geradlinigen Fortschritts in der positiven Wissenschaft, der Technik und der Industrie. Aber mit der fortschreitenden Enttäuschung dieses Glaubens hat sich die verschmähte Metaphysik gerächt. Verlassen von der philosophischen Überzeugung, an der im Ganzen existierenden göttlichen Idee seine wahre Wirklichkeit zu haben, erfuhr das Individuum die Welt als »Wimmeln von Willkür« und sich selbst bloß als »Tribut des Daseins und der Vergänglichkeit«. Der nüchterne, auf das Einzelne und Nächste gerichtete Blick vermochte hinter der Oberfläche der sich bekämpfenden Einzelwillen, in dem stets wiederkehrenden Mangel, in der Schmach des Alltags und dem Schrecken der Geschichte keine List mehr zu entdecken, deren die Vernunft sich bediente, und der größte Gegner Hegels, Schopenhauer, erlebte die Morgenröte seiner geschichtsfeindlichen, pessimistischen und gütigen Philosophie.

Die Überzeugung, daß jeder kraft seiner Zugehörigkeit zu einer der eigengesetzlichen historischen Einheiten, deren Dialektik die Weltgeschichte bildet, am ewigen Leben des Geistes teil hat, diese den einzelnen aus der infamen Kette des Werdens und Vergehens errettende Vorstellung war mit dem objektiven Idealismus verschwunden. Das Leiden und der Tod der Individuen drohten in ihrer nackten Sinnlosigkeit zu erscheinen, letzte Tatsachen in einer tatsachengläubigen Zeit. Mit der Vertiefung des Widerspruchs zwischen dem Prinzip der individualistischen Lebensform, also zwischen dem ungebrochenen Fortschritt des Glücks der Individuen innerhalb des gegebenen gesellschaftlichen Rahmens einerseits und den Aussichten ihrer wirklichen Lage andererseits wurde die Philosophie und besonders die Sozialphilosophie immer dringlicher dazu aufgerufen, die ihr von Hegel zugedachte erhabene Rolle aufs neue auszuüben – und die Sozialphilosophie ist diesem Rufe gefolgt.

Von der behutsamen Theorie des Marburger Neukantianismus, daß der Mensch nicht bloß Individuum sei, sondern »in mancherlei Mehrheiten ... in Reih und Glied« stehe und »in der Allheit erst ... die Kreise seines Daseins« vollende[8], bis zu den philosophischen Lehren der Gegenwart, nach denen – wie bei Hegel – der Sinn des menschlichen Daseins sich nur in den überpersonalen Einheiten der Geschichte erfüllt, sei es in Klasse, Staat oder Nation, von Hermann Cohen bis zu Othmar Spann hat die Philosophie in den letzten Jahrzehnten die verschiedensten Schattierungen sozialphilosophischer Systeme hervorgebracht. Auch die neueren philosophischen Versuche, Moral- und Rechtsphilosophie im Gegensatz zum Positivismus neu zu begründen,

[8] Hermann Cohen, Ethik des reinen Willens, 3. Aufl., Berlin 1921, S. 8.

sind fast ausschließlich in dem Streben miteinander einig, über dem Boden der festzustellenden tatsächlichen Begebenheiten ein höheres eigengesetzliches Seins-, zum mindesten ein Geltungs- oder Sollensreich aufzuweisen, an dem die vergänglichen Menschen Anteil haben, das selbst aber nicht auf natürliche Begebnisse zurückzuführen ist. Auch sie leiten damit zu einer neuen Philosophie des objektiven Geistes über. Trägt selbst die individualistische und relativistische Rechtslehre Kelsens solche Züge an sich, so trifft das in noch höherem Maße auf die formalistische Wertphilosophie der südwestdeutschen Schule und gar auf Adolf Reinachs phänomenologische Theorie zu, daß das Wesen der »Rechtsgebilde«, also z. B. des Eigentums, des Versprechens, des Rechtsanspruchs usf. je als eigener »Gegenstand« erschaubar sei. Die Schelersche materiale Wertethik, seine Lehre vom An-sich-Sein der Werte hat in ihrem bedeutendsten Vertreter Nicolai Hartmann neuerdings den bewußten Anschluß an die Philosophie des objektiven Geistes gefunden. Die Lehre von den Volksgeistern hatte Scheler schon vor dem Erscheinen der Hartmannschen Ethik selbst aufs neue verkündet.[9]

Allen diesen Entwürfen der gegenwärtigen Sozialphilosophie scheint es gemeinsam zu sein, dem menschlichen Einzelwesen den Blick in eine überpersonale Sphäre zu öffnen, die wesenhafter, sinnerfüllter, substantieller ist als sein Dasein. Sie leisten dem von Hegel vorgezeichneten Beruf der Verklärung Genüge. Im einzigen modernen philosophischen Werk, das es radikal ablehnt, Sozialphilosophie zu sein, und echtes Sein nur im Innern des einzelnen existierenden Menschen entdeckt, in Heideggers »Sein und Zeit« steht daher die Sorge im Mittelpunkt. Diese Philosophie der einzelmenschlichen Existenz ist nach ihrem einfachen Gehalt im Hegelschen Sinne nicht verklärend. Das menschliche Sein ist ihr nur das Sein zum Tode, die bloße Endlichkeit; sie ist eine schwermütige Philosophie. Ist es erlaubt, hier schlagwortartig zu reden, so ließe sich behaupten, die Sozialphilosophie komme heute der Sehnsucht nach einer neuen Sinngebung des in seinem individuellen Glücksstreben gehemmten Lebens entgegen. Sie erscheint als ein Teil der philosophischen und religiösen Bemühungen, die aussichtslose Einzelexistenz wieder einzusenken in den Schoß oder – um mit Sombart zu reden – in den »Goldgrund« sinnvoller Totalitäten.

Aber, meine Damen und Herren, angesichts dieser Lage der Sozialphilosophie sei es uns nun verstattet, ihren Mangel zu bezeichnen. Die heutige Sozialphilosophie, das haben wir gesehen, verhält sich vorwiegend polemisch zum Positivismus. Dieser sehe nur das Einzelne, so auf dem Gebiet der Gesellschaft nur das Individuum und die Beziehun-

[9] Max Scheler, Probleme einer Soziologie des Wissens, in: Scheler, ed., Versuche zu einer Soziologie des Wissens, München und Leipzig 1924, S. 13.

gen zwischen Individuen; alles erschöpfe sich ihm in Tatsächlichkeiten. Diese mit den Mitteln der analysierenden Wissenschaft feststellbaren Tatsächlichkeiten bezweifelt die Philosophie nicht; aber sie setzt ihnen mehr oder minder konstruktiv, mehr oder minder »philosophierend« Ideen, Wesenheiten, Totalitäten, selbständige Sphären des objektiven Geistes, Sinneinheiten, Volksgeister als ebenso ursprüngliche, ja als »echtere« Seinsbestände gegenüber. Die Entdeckung gewisser unbeweisbarer metaphysischer Voraussetzungen im Positivismus nimmt sie ohne weiteres als Rechtsgrund, ihn darin zu überbieten. So kommt es, daß etwa gegenüber der Schule Vilfredo Paretos, die aufgrund ihres positivistischen Wirklichkeitsbegriffs die Existenz von Klasse, Nation, Menschheit leugnen muß, die verschiedensten Standpunkte, auf denen eine solche Existenz behauptet wird, als eine »andere« Weltanschauung, als eine »andere« Metaphysik oder ein »anderes« Bewußtsein auftreten, ohne daß doch eine gültige Entscheidung möglich wäre. Es liegen, so wird man vielleicht sagen, verschiedene Wirklichkeitsbegriffe vor, es ist möglich zu untersuchen, welche Genesis diese verschiedenen Wirklichkeitsbegriffe haben, welchem Lebensgefühl, welcher sozialen Gruppe sie entsprechen, aber es gibt keinen sachlich begründeten Vorzug.

Nun, eben in dieser Verlegenheit der Sozialphilosophie, von ihrem Gegenstand, dem Kulturleben der Menschen, bloß weltanschaulich, thesenhaft, bekenntnishaft zu reden und zwischen den Soziallehren von Auguste Comte, Karl Marx, Max Weber und Max Scheler eher den Unterschied von Glaubensakten als von wahren, falschen oder vorerst noch problematischen Theorien zu machen, in dieser Verlegenheit sehen wir den Mangel, der überwunden werden muß. Freilich, das gleichzeitige Vorhandensein und Gelten verschiedenartiger Wirklichkeitsbegriffe ist ein Kennzeichen der gegenwärtigen geistigen Lage überhaupt, aber diese Verschiedenheit bezieht sich jeweils auf verschiedene Wissenschaftsgebiete und Lebenssphären, sie betrifft nicht ein und dieselbe Gegenstandsregion. So mögen die konstitutiven Kategorien der Philologie und die der Physik heute so sehr auseinanderstreben, daß es schwer scheinen mag, sie unter einen Hut zu bringen; aber innerhalb der Physik selbst, ja innerhalb der Wissenschaften von der anorganischen Natur überhaupt besteht bekanntlich keineswegs eine solche Tendenz, unvereinbare Wirklichkeitsbegriffe auszubilden, das Gegenteil ist der Fall. Hier bildet die konkrete Forschungsarbeit am Gegenstand das Korrektiv.

Es liegt nahe zu erwidern, die Sozialphilosophie sei keine Einzelwissenschaft, vielmehr sei es die materiale Soziologie, die es mit der Untersuchung der bestimmten Formen der Vergesellschaftung zu tun habe. Diese Disziplin erforsche die verschiedenen konkreten Weisen, in denen die Menschen zusammen leben, alle Arten der Verbände: von der Familie über die Wirtschaftsgruppen und politischen Verbände bis zum Staat und zur Menschheit. In ihr gebe es sachliche Entscheidbarkeit wie etwa auch in der Nationalökonomie; aber die Soziologie habe eben weder über den Wirklichkeitsgrad noch über den Wert dieser Phänomene etwas auszusagen. Das sei dagegen die Sache der Sozialphilosophie, und in solchen wesentlichen Fragen, wie diese sie behandle, gebe es letzte Stellungnahmen, aber keine allgemeingültige, in den Gang großer und vielfältiger Untersuchungen verflochtene Wahrheitsfindung.

Dieser Ansicht liegt ein nicht mehr haltbarer Begriff der Philosophie zugrunde. Wie man auch die Grenzen zwischen einzelwissenschaftlicher Fachsoziologie und Sozialphilosophie ziehen mag, ich glaube, ein großes Maß von Willkür wäre dabei unvermeidlich, eines ist gewiß: wenn das sozialphilosophische Denken über das Verhältnis von Individuum und Gesellschaft, über den Sinn von Kultur, über den Grund der Gemeinschaftsbildung, über die Gesamtstruktur des gesellschaftlichen Lebens, kurz über die großen und prinzipiellen Fragen gleichsam als Bodensatz in dem Reservoir der gesellschaftswissenschaftlichen Probleme zurückgeblieben sein sollte, nachdem diejenigen Fragen ausgeschüttet worden sind, die man in konkreten Untersuchungen vorwärtsbringen kann, dann mag die Sozialphilosophie zwar soziale Funktionen ausüben, z. B. eben die der Verklärung, um ihre intellektuelle Fruchtbarkeit aber wäre es geschehen. Das Verhältnis zwischen philosophischen und entsprechenden einzelwissenschaftlichen Disziplinen darf nicht in dem Sinne gefaßt werden, als ob die Philosophie die entscheidenden Probleme behandle und dabei von Erfahrungswissenschaft unangreifbare Theorien, eigene Wirklichkeitsbegriffe, die Totalität umspannende Systeme konstruiere, während im Gegensatz dazu die Tatsachenforschung ihre langen, langweiligen, sich in tausend Teilfragen aufsplitternden Einzelerhebungen anstelle, um schließlich im Chaos des Spezialistentums zu enden. Diese Auffassung, nach welcher der Einzelforscher die Philosophie als eine vielleicht schöne, aber wissenschaftlich fruchtlose, weil unkontrollierbare Übung ansehen muß, der Philosoph dagegen sich vom Einzelforscher emanzipiert, weil er auf ihn bei seinen weittragenden Entschlüssen nicht warten zu können meint, wird gegenwärtig durch den Gedanken einer fortwährenden dialektischen Durchdringung und Entwicklung von philosophischer Theorie und einzelwissenschaftlicher Praxis überwunden. Dafür bieten die Beziehungen von Naturphilosophie und Naturwissenschaft im ganzen wie auch innerhalb der einzelnen naturwissenschaftlichen Disziplinen gute Beispiele. Nicht dadurch wird die chaotische Spezialisierung überwunden, daß man schlechte Synthesen spezialistischer Forschungsergebnisse unternimmt, und nicht dadurch kommt andererseits unbefangene Empirie zustande, daß versucht wird, das theoretische Element darin auf nichts zu reduzieren: sondern indem die Philosophie als aufs Allgemeine, »Wesentliche« gerichtete theoretische Intention den besonderen Forschungen beseelende Impulse zu geben vermag und zugleich weltoffen genug ist, um sich selbst von dem Fortgang der konkreten Studien beeindrucken und verändern zu lassen.

Die Behebung des angedeuteten Mangels in der Lage der Sozialphilosophie scheint uns also weder in einem Bekenntnis zu einer der mehr oder minder konstruktiven Deutungen des Kulturlebens, noch in der Statuierung eines neuen Sinnes der Gesellschaft, des Staates, des Rechts usw. zu liegen. Vielmehr kommt es heute darauf an, und ich stehe mit dieser Ansicht gewiß nicht allein, aufgrund aktueller philosophischer Fragestellungen Untersuchungen zu organisieren, zu denen Philosophen, Soziologen, Nationalökonomen, Historiker, Psychologen in dauernder Arbeitsgemeinschaft sich vereinigen und das gemeinsam tun, was auf anderen Gebieten im Laboratorium einer allein tun kann, was alle echten Forscher immer getan haben: nämlich ihre aufs Große zielenden philosophischen Fragen anhand der feinsten wissenschaftlichen Methoden zu verfolgen, die Fragen im Verlauf der Arbeit am Gegenstand umzuformen, zu präzisieren, neue Methoden zu ersinnen und doch das Allgemeine nicht aus den Augen zu verlieren. Auf solche Weise kommen keine Antworten wie Ja und Nein auf die philosophischen Fragen zustande, sondern diese selbst werden dialektisch einbezogen in den empirisch wissenschaftlichen Prozeß, das heißt, die Antwort auf sie liegt in dem Fortschritt der sachlichen Erkenntnis, von dem ihre Gestalt selbst mitbetroffen wird. In der Lehre von der Gesellschaft vermag eine solche Verhaltungsweise nicht ein einzelner zu üben: sowohl wegen der Fülle des Stoffs als auch wegen der Verschiedenheit der unentbehrlichen Hilfswissenschaften. Selbst ein Max Scheler hat hier bei aller gigantischen Anstrengung versagt.

In dieser Lage darf es als sachlich begründet angesehen werden, daß der Lehrstuhl an unserer Universität, der mit der Leitung des Instituts für Sozialforschung verbunden ist, in einen Lehrstuhl für Sozialphilosophie umgewandelt und in die philosophische Fakultät verlegt worden ist. Carl Grünberg hatte ihn mit dem Lehrauftrag für eine Fachwissenschaft, für wirtschaftliche Staatswissenschaften, inne. Mit der neuartigen, schwierigen und bedeutsamen Aufgabe, einen großen empirischen Forschungsapparat in den Dienst sozialphilosophischer Probleme zu stellen, habe ich bei meiner Berufung den kaum zu ermessenden Abstand empfunden zwischen dem großen Gelehrten, dessen Namen überall in der Welt, wo Arbeiten seines Gebietes im Gange sind, mit höchster Achtung und Dankbarkeit genannt wird, und dem jungen und unbekannten Mann, der sein Nachfolger werden soll. Seine lange Krankheit gehört zu jenen sinnlosen Fakten des Einzellebens, an denen philosophische Verklärung zuschanden wird. Gemäß seinen in der Tradition der historischen Schule der Nationalökonomie wurzelnden und präzise bestimmten Interessen hat er selbst im Institut hauptsächlich die Geschichte der Arbeiterbewegung gepflegt. Dabei ist es seiner umfassenden Kenntnis des einschlägigen Schrifttums der ganzen Welt gelungen, neben reichem Archivmaterial eine einzigartige Spezialbibliothek von heute ungefähr 50 000 Bänden zusammenzubringen, eine Bibliothek, von der die Studierenden unserer Universität und viele Gelehrte des In- und Auslandes reichen Gebrauch zu machen pflegen. Die von ihm herausgegebene Schriftenreihe des Instituts enthält ausschließlich Werke, die maßgebende Forscher der verschiedensten Einstellung als hervorragende wissenschaftliche Leistungen anerkannt haben.

Wenn ich es nun unternehme, die Arbeiten des Instituts nach der jahrelangen Krankheit des Direktors auf neue Aufgaben zu richten, so kommen mir dabei nicht bloß die Erfahrung seiner Mitarbeiter und die gesammelten literarischen Schätze, sondern auch die wesentlich von ihm bestimmte Institutsverfassung entgegen, nach welcher der vom Minister ernannte Leiter »nach allen Seiten hin ... ebenso der Unterrichtsverwaltung wie den Stiftern« gegenüber völlig unabhängig ist und, wie Grünberg sich auszudrücken pflegte, im Gegensatz zu einer Kollegialverfassung »die Diktatur des Direktors« besteht. Dadurch wird es mir möglich werden, das von ihm Geschaffene zu benützen, um wenigstens im engsten Rahmen gemeinsam mit meinen Mitarbeitern eine Diktatur der planvollen Arbeit über das Nebeneinander von philosophischer Konstruktion und Empirie in der Gesellschaftslehre zu errichten. Im Hinblick auf diese für Philosophie und Empirie gleich wichtige Möglichkeit und nicht, um die Tatsachenforschung zur ancilla philosophiae zu machen, bin ich als Philosoph im Sinne meines Lehrers Hans Cornelius dem Ruf, dieses Forschungsinstitut zu leiten, gefolgt.

Aber jetzt wird mancher unter Ihnen Näheres darüber erfahren wollen, wie sich diese Gedanken wirklich anwenden lassen, wie man sich ihre Ausführung praktisch vorzustellen hat. Darauf kann ich freilich in der hier zur Verfügung stehenden Zeit nicht so eingehen, wie es notwendig wäre, um Ihnen einen einigermaßen orientierenden Einblick in die Arbeitspläne zu verschaffen, deren Verwirklichung sich das Institut vorgesetzt hat. Ich möchte nur am Schluß noch ein Beispiel für die Anwendungsmöglichkeit des Gesagten geben und zwar nicht ein beliebiges, für die heutige Gelegenheit ersonnenes Beispiel, sondern ein solches, das die vorgetragene methodische Überzeugung auf ein

Problem zuspitzt, das in absehbarer Zeit den Leitfaden der kollektiven Arbeit des Instituts bilden soll.

Nicht bloß innerhalb der Sozialphilosophie im engeren Sinne, sondern ebenso in den Kreisen der Soziologie wie in denen der allgemeinen Philosophie haben sich die Diskussionen über die Gesellschaft allmählich immer deutlicher um eine Frage kristallisiert, die nicht bloß gegenwärtig wirksam, sondern zugleich die aktuelle Fassung ältester und wichtigster philosophischer Probleme ist, nämlich um die Frage nach dem Zusammenhang zwischen dem wirtschaftlichen Leben der Gesellschaft, der psychischen Entwicklung der Individuen und den Veränderungen auf den Kulturgebieten im engeren Sinn, zu denen nicht nur die sogenannten geistigen Gehalte der Wissenschaft, Kunst und Religion gehören, sondern auch Recht, Sitte, Mode, öffentliche Meinung, Sport, Vergnügungsweisen, Lebensstil usf. Der Vorsatz, die Beziehungen zwischen diesen drei Verläufen zu erforschen, ist nichts als eine den zur Verfügung stehenden Methoden wie dem Stand unseres Wissens angepaßtere Formulierung der alten Frage nach dem Zusammenhang von besonderer Existenz und allgemeiner Vernunft, von Realität und Idee, von Leben und Geist, nur eben auf die neue Problemkonstellation bezogen.

Man pflegt freilich über das angezeigte Thema entweder metaphysisch zu reflektieren, ich verweise auf Schelers »Soziologie des Wissens«, oder man setzt mehr oder minder dogmatisch irgendeine allgemeine These darüber fest, das heißt, man greift gewöhnlich eine der historisch aufgetretenen Theorien in vereinfachender Weise auf und bekämpft damit, dogmatisch im Allgemeinen verweilend, alle übrigen. So wird erklärt: Wirtschaft und Geist sind jeweils Ausdruck einer und derselben Wesenheit: dies wäre schlechter Spinozismus. Oder man behauptet: Die Ideen, die »geistigen« Gehalte brechen in die Geschichte ein und bestimmen das Handeln der Menschen, sie sind das Primäre, das materielle Leben dagegen ist das Sekundäre, Abgeleitete; Welt und Geschichte gründen im Geist: dies wäre ein abstrakt und daher schlecht verstandener Hegel. Oder man glaubt umgekehrt: die Wirtschaft als das materielle Sein ist die einzig wahre Realität; die Psyche der Menschen, die Persönlichkeit sowie Recht, Kunst, Philosophie sind restlos aus der Wirtschaft abzuleiten, sind das bloße Spiegelbild der Wirtschaft; dies wäre ein abstrakt und daher ein schlecht verstandener Marx. Abgesehen davon, daß in solchen Thesen eine unkritische, veraltete und höchst problematische Scheidung von Geist und Wirklichkeit naiv absolut gesetzt, das heißt nicht dialektisch aufgehoben wird, sind solche Aussagen, sofern sie in dieser Abstraktheit ernstgenommen werden, grundsätzlich jeder Kontrolle entzogen: alle haben es unterschiedslos leicht, immer recht zu behalten. Von den besonderen wissenschaftlichen Schwierigkeiten des Problems bleiben solche dogmatischen Überzeugungen gemeinhin schon deshalb verschont, weil sie bewußt oder unbewußt die durchgängige Entsprechung zwischen den ideellen und materiellen Verläufen vorauszusetzen und die komplizierende Rolle der psychischen Zwischenglieder zu vernachlässigen oder gar zu ignorieren pflegen.

Anders verhält es sich, wenn man die Frage in folgender Weise genauer stellt: welche Zusammenhänge lassen sich bei einer bestimmten gesellschaftlichen Gruppe, in einer bestimmten Zeitspanne, in bestimmten Ländern nachweisen zwischen der Rolle dieser Gruppe im Wirtschaftsprozeß, der Veränderung in der psychischen Struktur ihrer einzelnen Mitglieder und den auf sie als Gesamtheit im Ganzen der Gesellschaft wirkenden und von ihr hervorgebrachten Gedanken und Einrichtungen. Dann tritt die Möglichkeit der Einleitung wirklicher Forschungsarbeiten in den Blick, und diese sollen im Institut in Angriff genommen werden. Zunächst wollen wir sie auf eine besonders wichtige und kennzeichnende gesellschaftliche Gruppe beziehen, nämlich auf die qualifizierten Arbeiter und die Angestellten in Deutschland, daran anschließend auch auf die entsprechenden Schichten in den anderen hochentwickelten europäischen Ländern.

Die Zeit reicht kaum noch aus, um Ihnen eine ganz summarische, ungenügende Übersicht über die wichtigsten Wege zu geben, denen die ständigen Mitarbeiter in enger Gemeinschaft folgen müssen, um zunächst einmal das empirische Material zu gewinnen, an dem sich die in Frage stehenden Beziehungen studieren lassen. An erster Stelle steht natürlich die Auswertung der veröffentlichten Statistiken, Berichte von Organisationen und politischen Verbänden, das Material der öffentlichen Körperschaften usf. Sie kann nur im Zusammenhang mit der fortlaufenden Analyse der ökonomischen Gesamtsituation geschehen. Ferner bedarf es der soziologischen und psychologischen Durchforschung von Presse und Belletristik, sowohl wegen des Wertes ihrer Aussagen über die Lage der untersuchten Gruppen selbst, als auch wegen der kategorialen Struktur jener Literatur, kraft deren sie auf die Mitglieder der Gruppen zu wirken pflegt. Besonders wichtig ist dann auch die Ausbildung der verschiedenartigsten Enquêteverfahren. Unter anderem können Fragebogenmethoden auf mannigfache Weise in unsere Untersuchungen eingegliedert werden und wertvolle Dienste leisten, wenn man nur immer weiß, daß induktive Schlüsse aus ihnen allein voreilig sind. Der wesentliche Sinn der Fragebogen liegt in unserem Fall in zwei Richtungen: Erstens sollen sie der Untersuchung Anregungen geben und sie im stetigen Zusammenhang mit dem wirklichen Leben halten, zweitens sind sie dazu da, anderweitig gewonnene Erkenntnisse an ihnen zu prüfen und auf diese Weise Irrtümer zu verhüten. Für die Ausgestaltung derartiger Fragebogen hat die amerikanische Sozialforschung wichtige Vorarbeiten geleistet, die wir aufnehmen und für unsere Ziele weiterführen wollen. Sodann werden wir uns der Methode der Sachverständigengutachten in größtem Umfang zu bedienen haben. Wo es möglich ist, bestimmte Teilfragen durch bisher nicht festgelegte Erfahrungen kompetenter Beurteiler zu fördern, muß an diese herangetreten werden, wo immer sie zu finden sein mögen. Meistens wird es sich darum handeln, die Kenntnisse von Männern der Praxis für die Wissenschaft fruchtbar zu machen. Eine besondere Arbeit besteht ferner in der Sammlung und Auswertung nicht buchmäßig vorliegender Dokumente. Zu diesem Zweck, nämlich um die an soziologisch wichtigem Material besonders reichen Archive des internationalen Arbeitsamtes in Genf wissenschaftlich auszuwerten, wird eine Zweigstelle unseres Instituts in Genf errichtet werden. Herr Thomas, der Direktor des I. A. A., hat unseren Plan begrüßt und seine Förderung in freundlichster Weise in Aussicht gestellt. Zu allen diesen Wegen kommt natürlich noch das methodische Studium der vorliegenden und neuerscheinenden wissenschaftlichen Schriften über den Gegenstand.

Jede dieser Methoden allein ist ganz unzureichend, sie alle zusammen können in Jahren geduldiger und ausgedehnter Forschungen vielleicht für die allgemeine Fragestellung fruchtbar werden, wenn anders die dauernden Mitarbeiter in ständigem Umgang mit dem Material ihre Anschauungen nicht nach ihren eigenen Wünschen, sondern nach den Sachen zu bilden verstehen, von jeder Art der Verklärung sich entschieden abwenden und wenn es gelingt, die einheitliche Intention gleichzeitig vor dogmatischer Erstarrung und vor dem Versinken ins bloß Empirisch-Technische zu bewahren.

Ich komme zum Schluß. Es ist mir nur möglich gewesen, von den Aufgaben des Instituts die kollektive Forschungsarbeit zu bezeichnen, auf deren Durchführung in den nächsten Jahren das Schwergewicht gelegt werden soll. Daneben kommt vor allem die Fortführung der selbständigen Forschungstätigkeit einzelner Mitarbeiter auf den Gebieten der theoretischen Ökonomie, der Wirtschaftsgeschichte und der Geschichte der Arbeiterbewegung in Betracht. Seiner Bestimmung, gleichzeitig Lehrzwecken der Universität zu dienen, kommt das Institut durch regelmäßige Veranstaltung von Vorlesungen, Übungen und Einzelvorträgen nach. Diese sollen insofern eine Ergänzung des Lehrbetriebs der Universität darstellen, als sie in die Arbeiten des Instituts einführen, über deren neuesten Stand berichten und eine Bildung vermitteln, die den Anforderungen einer im dargelegten Sinn philosophisch orientierten Sozialforschung entspricht.

Alle diese besonderen Aufgaben habe ich nur andeuten können.

Andererseits scheint es mir, als ob selbst mein kurzer Bericht über die Einzelheiten die Erinnerung an das Grundsätzliche abgeschwächt hätte. So ist diese Vorlesung gleichsam zum Symbol der eigentümlichen Schwierigkeit der Sozialphilosophie geworden, der Schwierigkeit, daß Allgemeines und Besonderes, theoretischer Entwurf und Einzelerfahrung sich durchdringen. Ich bin überzeugt davon, daß meine Darlegung in dieser Hinsicht nicht ausreichend war. Wenn ich aber hoffen darf, daß Sie ihr doch mit Nachsicht gefolgt sind, so erbitte ich Ihr Wohlwollen und Ihr Vertrauen auch für die Arbeit selbst. Carl Grünberg hat bei der Einweihung des Instituts davon gesprochen, daß jeder bei seiner wissenschaftlichen Arbeit von weltanschaulichen Impulsen geleitet sei. Möge der leitende weltanschauliche Impuls in diesem Institut der unwandelbare Wille sein, ohne jede Rücksicht der Wahrheit zu dienen!

Zum Begriff der Vernunft

Im Gang der europäischen Gesellschaft heben zwei Begriffe von Vernunft sich voneinander ab. Der eine war den großen philosophischen Systemen seit Platon eigen. In ihnen begriff Philosophie sich selbst als Abbild des vernünftigen Wesens der Welt, gleichsam als Sprache oder Echo des ewigen Wesens der Dinge. Das Vernehmen der Wahrheit durch den Menschen war eins mit der Manifestation der Wahrheit selbst, und die Fähigkeit zu solchem Vernehmen schloß alle Operationen des Denkens ein. Mit der Ausbildung einer eigenen Logik, mit der Verselbständigung des Subjekts, seiner Distanzierung von der Welt als bloßem Material entsteht im Widerspruch zu jener umspannenden, dem Objekt und Subjekt gleichermaßen eigenen Vernunft, die formale, ungebundene, ihrer selbst gewisse ratio. Sie wehrt sich gegen die Vermengung mit dem Sein, verweist es als bloße Natur in einen eigenen Bereich, dem sie selbst nicht unterliegt. Beide Vernunftbegriffe, besonders aber der autonome, ausschließende, sollen hier betrachtet werden. Dann läßt sich die Frage ihrer Vereinigung mit ihren sozialen Implikationen erörtern.

Der herrschende Sprachgebrauch weiß von Vernunft, vornehmlich im zuletzt genannten Sinn, als einem Instrument. Er strebt immer mehr dahin, unter vernünftig das zu verstehen, dessen Nützlichkeit sich erweisen läßt. Der vernünftige Mensch sei jener, welcher imstande ist zu erkennen, was ihm nützt. Die Kraft, die es ermöglicht, sei die Fähigkeit der Klassifizierung, des Schließens, der Induktion und Deduktion, gleichgültig, mit welchem besonderen Inhalt man es zu tun habe. Vernunft gilt im täglichen Leben, und nicht nur dort, als die abstrakte, formale Funktion des Denkmechanismus. Die Regeln, nach denen er arbeitet, sind die Gesetze der formalen und diskursiven Logik: das Prinzip der Identität, des Widerspruchs, des ausgeschlossenen Dritten, der Syllogismus; sie werden gegenüber dem Einfluß der wechselnden Erfahrung als die Form, gleichsam das Gerippe des Denkens festgehalten. Insofern dieser Vernunftbegriff, dessen Vorherrschaft von der bürgerlichen Gesellschaft gar nicht ablösbar ist und ganz besonders die Gegenwart kennzeichnet, um die Frage eines An sich, also objektiv Vernünftigen, sich nicht bekümmert, sondern ausschließlich das für den Denkenden, für das Subjekt Vernünftige im Auge hat, darf er der Begriff der subjektiven Vernunft heißen. Sie hat es vor allem mit dem Verhältnis von Zwecken und Mitteln zu tun, mit der Angemessenheit von Verfahrensweisen an Ziele, die als solche mehr oder minder hingenommen werden, ohne im allgemeinen ihrerseits der vernünftigen Rechtfertigung unterworfen zu werden. Befaßt die subjektive Vernunft sich überhaupt mit Zielen, dann entweder, um zu prüfen, ob sie auch im subjektiven Sinn vernünftig seien. Vernünftig heißt dann, daß sie dem Interesse des Subjekts, seiner wirtschaftlichen und vitalen Selbsterhaltung dienlich seien, wenn nicht des isolierten Individuums, so doch der Gruppe, mit der es sich identifiziert. Oder die Ziele werden in die vernünftige Betrachtung deshalb hineingezogen, um die Möglichkeit ihrer Verwirklichung und etwa die Angemessenheit der zu wählenden Mittel zu prüfen. Für die Einschränkung des Vernunftbegriffs auf den letzteren Gebrauch steht vor allem die Lehre von Max Weber. Ein Ziel kann nach ihm, gegenüber anderen, bei der Vernunft keinen Vorzug beanspruchen, die Macht ist so vernünftig und so unvernünftig wie die Gerechtigkeit. Für die Gleichsetzung von Vernunft und Nützlichkeit geben jene Diktatoren ein Beispiel, die schon Voltaire mit seinem hellen Auge vorhergesehen hat. Sie sagen den möglichen Gegnern im Innern: wenn ihr nicht mitmacht, seid ihr verloren, und den künftigen Satelliten draußen: wir sind mächtiger als ihr. Also: seid vernünftig! Der Gedanke an ein einsichtiges, an sich vernünftiges Ziel, ohne Rücksicht auf irgendwelche Gewinne oder Vorteile, ist dem subjektiven Vernunftbegriff fremd, selbst wenn er über den Standpunkt der persönlichen Nützlichkeit sich erhebt und weitere Zusammenhänge, etwa die eigene Familie oder sonstige Gruppen, in sich einbegreift. Ganz entsprechend gilt auch der, dem Handeln nicht aus interessierter Berechnung, sondern aus anderen Motiven fließt, der seinen Vorteil nicht rasch wahrzunehmen versteht, dessen Leben einen anderen Pulsschlag hat, nicht bloß als – anders, sondern als unvernünftig, das heißt, als dumm. Er begreift nicht, daß die Reden über eine wahre Vernunft, über ihre Verwirklichung und was damit zusammenhängt, bloße Routine sind, um seinesgleichen zu führen und zu überlisten, ein bloßes Machtmittel wie andere. Er ist noch nicht erwachsen genug, sei er auch noch so alt.

Der subjektive Vernunftbegriff war nicht stets maßgebend, wie sehr er heute vielen als natürlich erscheinen mag. Ihm opponierte die Ansicht, Vernunft walte nicht bloß im Bewußtsein der Individuen, sondern die Frage nach Vernunft und Unvernunft sei auch auf das objektive Sein anwendbar, auf die Beziehung zwischen den einzelnen Menschen wie der sozialen Klassen, auf gesellschaftliche Institutionen, ja, auf die außermenschliche Natur. Wann immer wir von Philosophie im emphatischen Sinn reden, bei Platon und Aristoteles, in der Scholastik und in den großen Systemen des deutschen Idealismus, immer finden wir uns einer objektiven Konzeption der Vernunft gegenüber. Sie ist bezogen auf das Ganze des Seienden, das auch das Individuum und seine Zwecke einschließt, ohne sich jedoch mit ihm zu decken. Der

Einklang einer Handlung, eines ganzen Lebens, ja, der Bestrebungen eines Volkes mit diesem Ganzen, ist dann das Kriterium der Vernunft. An seiner objektiven Struktur, nicht nur an den partiellen Interessen, soll Existenz gemessen werden. Solcher Gedanke der philosophischen Tradition verdammte nicht die subjektive Vernunft; sie war vielmehr verstanden als ein begrenzter Ausdruck der allgemeinen Vernünftigkeit. Der Nachdruck lag mehr auf dieser letzteren und damit, vom Individuum aus gesehen, auf den Zielen als auf den Mitteln. Solche Denkart weist auf die Idee der Versöhnung einer objektiven, von der Philosophie als vernünftig begriffenen Ordnung mit dem menschlichen Dasein und seiner Selbsterhaltung. Die Platonische Republik, der Ordo des Thomas und der seines Antipoden Spinoza, das System Hegels sind nur einige der berühmten Beispiele einer solchen europäischen Konzeption.

Allen liegt die Überzeugung zugrunde, daß Einsicht in die Natur des Seienden von Werthaftem, Richtungweisendem nicht getrennt sei. Je tiefer wir eindringen in das, was wahrhaft ist, desto sicherer wissen wir auch, was zu tun ist. Die Regeln der Tugend folgen aus der Erkenntnis dessen, was ist. Tugend und Wissen sind im Grunde eins. Für die philosophischen Entwürfe der Ordnung der Welt gilt nichts anderes als für die Erfahrung im täglichen Leben. So wie der Anblick eines ertrinkenden Kindes (ich glaube, es war der Frankfurter Psychologe Gelb, der einmal des Exempels sich bediente) dem Vorbeigehenden, der schwimmen kann, sein Handeln vorschreibt, so wie ein krasser Notstand in Land oder Gemeinde, auch ohne die Schlußfolgerungen des Referenten, eine beredte Sprache führt und andererseits die Offenbarung moralischer oder ästhetischer Schönheit zur Liebe einlädt, ohne daß erst noch eine besondere Richtschnur gegeben werden müßte, so spricht auch nach jenen philosophischen Systemen die Welt im großen ihre eigene Sprache, und der Philosoph macht sich nur zu ihrem Mund, damit sie laut werde. Das ist es, was mit objektiver Vernunft, die die subjektive in sich schließt, gemeint ist.

In den bedeutenden Werken sind beide Momente seit je gegenwärtig gewesen; selbst in der Philosophie David Humes, des Sensualisten und Skeptikers, ist der Gedanke ans Objektive und Maßgebliche fortwährend durch den Ton anwesend, in dem die Bescheidung beim Natürlichen als die letzte Auskunft des Weisen mit großer Stetigkeit noch immer verkündet wird. Trotzdem gehört seine Leistung zu jenen, die an der Verselbständigung des subjektiven Vernunftbegriffs einen wichtigen Anteil haben. Dieser bildet ein Moment der Aufklärung im traditionellen Sinn, den philosophischen Ausdruck der Entmythologisierung, der Entzauberung der Welt, wie Max Weber den Prozeß bezeichnet hat. Seit dem letzten großen Versuch der Vermittlung von subjektiver und objektiver Vernunft im deutschen Idealismus erscheinen alle Anstrengungen, die das Recht des objektiven Vernunftbegriffs geltend zu machen versuchen, selbst die von Max Scheler, als künstlich und antiquiert.

Wenn heute in einem sehr radikalen Sinn von einer Krise der Vernunft die Rede sein muß, so darum, weil entweder Denken unfähig ward, die Idee des objektiv Vernünftigen zu fassen, ohne die auch subjektive Vernunft unsicher und haltlos bleibt, oder weil das Denken jene Idee selbst als Trug, als ein Stück Mythologie, zu negieren beginnt. Die Fatalität dieser Entwicklung liegt darin, daß sie schließlich den objektiven Inhalt eines jeglichen Begriffs auflöst. Im herrschenden Geiste, ob er sich dessen in allen seinen Trägern ganz bewußt ist oder nicht, sind alle Grundbegriffe ihrer Substantialität beraubt, zu formalen Hülsen geworden, deren Inhalt von Willkür abhängt und selber keiner vernünftigen Rechtfertigung mehr fähig ist. Der Aufklärungsprozeß, den Vernunft gegen Mythologie und Aberglauben über die Jahrtausende hin führte, wendet sich zuletzt gegen die Begriffe, die noch als »natürliche«, das heißt, der subjektiven Vernunft einwohnende, stehengeblieben waren, wie den der Freiheit und des Friedens, der menschlichen Gleichheit in einem letzten Sinn, der Heiligkeit des Menschenlebens und der Gerechtigkeit, ja, gegen den Begriff des Subjekts und der Vernunft selbst. Der Fortschritt läßt sich sozusagen selbst zurück. Hatte nach der Auflösung des mittelalterlichen Weltbildes Philosophie es unternommen, aus eigenen Kräften ein verbindliches Ganzes aufzustellen, an dem der Mensch sich orientieren konnte, ohne etwas glauben zu müssen, das nicht nachprüfbar war, an dem er füglich zweifeln konnte, so war die Reduktion der Philosophie auf subjektive Vernunft gleichsam die Probe aufs Exempel. Was einzig das Prädikat vernünftig noch in Anspruch nehmen durfte, die ingeniöse Formel, die die wahrscheinliche Sukzession der Phänomene am kürzesten vorwegnahm, die geschmeidigste Anpassung des Mittels an den subjektiven Zweck, die Ausbildung des Denkens zum reinen Instrument, war bei aller Großartigkeit der Erfolge doch ein isoliertes Moment der Vernunft. Der Anspruch des Geistes, daß er menschliches Leben auf Vernunft, auf vernünftige Einsicht, auf einen Sinn begründen könne, schien durch Vernunft selbst ad absurdum geführt. Die totalitären Systeme jeder Richtung, in denen ja subjektive Vernunft, nämlich rationale Beziehung der angewandten Mittel auf Zwecke, in den Dienst nicht bloß von unmenschlichen sondern aberwitzigen Zielen tritt, die Ausdehnung der ungehemmten Selbständigkeit vom individuellen Subjekt auf den souveränen Machtstaat, und schließlich auf weltumspannende Machtblocks und die damit verbundene zunehmende Wichtigkeit der Produktion von Zerstörungsmitteln selbst bei den friedliebenden Völkern –

all dies zeigt, daß der Vernunftbegriff der Selbsterhaltung in den der Selbstzerstörung überzugehen droht.

Wenn der Übergang der Aufklärung in Positivismus am Ende den Begriff der Vernunft selbst als eine Art letzte Position der Mythologie kassierte, so gilt das nicht bloß für den alten von Platon herkommenden Begriff von der Vernunft als einem Vermögen der Seele, die schon Hume gestrichen hat. Der Vorgang bezieht sich auch nicht einzig auf die Kantsche Lehre von der ursprünglichen Apperzeption, dem einheitlichen Ich, an dem nach Kant die ganze Philosophie aufzuhängen sei. Dieses entsubstantialisierte Nachbild der Platonischen Lehre ist von der positivistischen Erkenntnistheorie längst ebenfalls als unhaltbare Metaphysik geleugnet worden. Der Vorgang ist ein höchst realer, und der Satz Ernst Machs »Das Ich ist nicht zu retten« kennzeichnet eine wirkliche Tendenz.

In der Funktionalisierung der Vernunft vollendet sich ein Prozeß, der die Neuere Geschichte durchzieht. Der Anspruch auf Rechtfertigung vor dem subjektiven Urteil ist in der Vernunft selbst begründet, und der Versuch, von außen ihn zu hemmen, muß vergeblich bleiben. Der Kampf gegen die reine Einsicht, wie Hegel einmal die subjektive formale ratio in unserem Sinn genannt hat, jeder Versuch des Rückschritts, verrät, so heißt es in der ›Phänomenologie des Geistes‹, »die geschehene Ansteckung; er ist zu spät, und jedes Mittel verschlimmert nur die Krankheit, denn sie hat das Mark des geistigen Lebens ergriffen, nämlich das Bewußtsein in seinem Begriffe oder sein reines Wesen selbst; es ... lassen sich ihre noch vereinzelten Äußerungen zurückdrängen und die oberflächlichen Symptome dämpfen. Es ist ihr dies höchst vorteilhaft, denn sie vergeudet nun nicht unnütz die Kraft ... Sondern nun ... durchschleicht sie die edlen Teile durch und durch und hat sich bald aller Eingeweide und Glieder des bewußtlosen Götzen gründlich bemächtigt, und ›an einem schönen Morgen gibt sie mit dem Ellbogen dem Kameraden einen Schub, und bauz! baradauz! der Götze liegt am Boden.‹«[1] Aber wenn Hegel dabei an die Französische Revolution dachte – das Wort klingt ja an eine Stelle bei Diderot an –, so ist seitdem das Feld der Geschichte mit zahllosen zertrümmerten Begriffsgötzen besät, und zahllose sind auferstanden. Einer der wichtigsten Gründe dafür ist die Ratlosigkeit, wie sie durch die Departementalisierung der Kultur geschaffen ist. Die subjektive Vernunft mit ihrem Sinn für Scheidung und Sauberkeit hat schon im Gefolge des Averroismus im dreizehnten Jahrhundert die Trennung von theologischem und weltlichem Wissen in jene beiden Fakultäten der Sorbonne verfestigt, eine Trennung, die zum Wesen der neueren Gesellschaft gehört. Im

[1] Hegel, Sämtl. Werke, ed. Glockner, Phänomenologie des Geistes, Stuttgart 1927, S. 418 f.

einen Schubfach ist die Religion, in einem anderen die Kunst, in einem dritten die Philosophie, in einem vierten die von all dem losgelöste Wissenschaft nach dem Vorbild der mathematischen Physik, die eigentliche Domäne der subjektiven Vernunft, von der die Trennung theoretisch ausgeht und die den Menschen ohne Richtschnur läßt. Eben deshalb war in der losgelassenen Entmythologisierung schon der Rückschlag vorbereitet. Selbst wo der subjektive Vernunftbegriff, wie im Frankreich des sechzehnten Jahrhunderts, mit der Humanität aufs engste verbunden war und wo er im Namen solcher Humanität Ideen wie die der Toleranz und religiösen Versöhnlichkeit formulierte, hat er sich den herrschenden Interessen gegenüber als anpassungsfähig erwiesen. Er war schmiegsamer als etwa die objektiven Systementwürfe eines Bruno oder Spinoza. Die Scheidung und Neutralisierung der einzelnen Kultur- und Wertsphären von der Wissenschaft und Praxis, in sich berechtigt und unwiderlegbar, bereitet die Gleichschaltung auch ans Schlechte vor. »Le Maire et Montaigne ont toujours été deux, d'une séparation bien claire.« Der Mensch in seinem Amt und der Mensch mit seinem eigenen Namen sind streng getrennt, und Montaigne zitiert Quintus Curtius: »Tantum se fortunae permittunt, etiam ut naturam dediscant.« Man soll sich dem Geschäft nicht so hingeben, daß man die eigene Natur vergißt. Aber was ist die Natur, die bei Montaigne und später bei Montesquieu mit der Vernunft zusammenfällt, wenn sie ihrer Inhalte entleert und zur wissenschaftlichen Vernunft formalisiert ist? Sie bietet keinen Halt gegen den Druck der Realität, und eben deshalb war sie nicht erst im Mythos des zwanzigsten Jahrhunderts, sondern schon in den edlen Gedanken Montaignes in Gefahr, dem Irrationalen sich zu überantworten. So offenkundig etwa die Absurdität der heutigen neo-positivistischen Philosophie, des sogenannten logischen Empirismus, ist, der jeden möglichen Sinn, jede inhaltliche Idee als ein Idol austreiben möchte, das durch die traditionelle Sprache bedingt sei, so unwiderstehlich ist doch diese Sinnlosigkeit die Konsequenz einer im Vernunftbegriff, im Willen zu klarer und deutlicher Erkenntnis selbst angelegten Entwicklung. In der Krise der subjektiven Vernunft geht es um deren eigenes Wesen, nicht bloßen Mißbrauch oder bloße Ahnungslosigkeit, so abgeschmackt auch die Plattheiten und Tautologien, in denen der Positivismus sich vollendet, einem Bewußtsein erscheinen mögen, das vor dem Zwang der Massengesellschaft und ihrem Betrieb noch nicht kapituliert hat.

Das einzige Kriterium, das die subjektive, formale, instrumentale Vernunft anerkennt, ist das, was die Sprache des Positivismus ihren operativen Wert nennt, ihre Rolle in der Beherrschung von Mensch und Natur. Die Begriffe wollen nicht mehr Qualitäten der Sache als solcher ausdrücken, sondern dienen einzig noch zur Organisation von

Wissensmaterial für die, welche geschickt darüber verfügen können. Sie werden als bloße Abbreviaturen von vielem Einzelnen angesehen, als Fiktionen, um es besser festzuhalten. Jeder Gebrauch von Begriffen, der über ihre rein instrumentale Bedeutung hinausgeht, verfällt dem Verdikt, er sei dem Aberglauben verhaftet. Der Kampf gegen Begriffsgötzen, der in der Geschichte der Menschheit so notwendige Bedeutung hat, denn sie haben ihre Opfer gefordert wie die aus Gold und Elfenbein – man denke nur an Hexenzauber und Rassenwahn –, hat jetzt gleichsam durch eine Extrapolation gesiegt. Die Begriffe werden nicht mehr in harter theoretischer und politischer Arbeit konkret überwunden, sondern abstrakt und summarisch gleichsam durch philosophisches Dekret, dabei aber im Einklang mit dem Zeitgeist zu bloßen Symbolen erklärt. Sie gelten als arbeitsparende Kunstgriffe, als wäre Denken selber aufs Niveau industrieller Verfahrensweisen gebracht und zu einem Stück der Produktion geworden. Je mehr die Ideen der Automatisierung und Instrumentalisierung verfallen, je weniger sie in sich selber bedeuten, um so mehr unterliegen sie zugleich der Verdinglichung, als wären sie eine Art von Maschinen. Das Prinzip der Denkökonomie von Avenarius und Ostwald ist nicht bloß in der Erkenntnistheorie, sondern zum Beispiel in jenen bewundernswerten Maschinen inkarniert, die bei den kompliziertesten mathematischen Operationen zuweilen selbst die menschliche Leistungsfähigkeit übertreffen. Hegel sah im Kalkül, dessen Primat schon Leibniz vorschwebte, die Gefahr einer Mechanisierung der gesamten Logik, ja, das Schlimmste, was der logischen Wissenschaft und damit der Philosophie widerfahren könnte. Mittlerweile hat dieser Prozeß zu einem Tabu über jede nicht in Berechnung umsetzbare und den universalen Kontrollen sich unterordnende geistige Regung geführt. Was einmal gegen den antiquierten Autoritätsglauben im Namen der Humanität mit Recht gefordert wurde: die Preisgabe nicht nachprüfbarer Vorstellungen von Mensch und Natur, verwandelte sich in Unterdrückung jedweden Sinns überhaupt.

Die Sprache wird dabei zu einem bloßen Werkzeug in der allmächtigen Produktionsapparatur der modernen Gesellschaft. Jedes Wort, das nicht als Rezept für ein Verfahren, als Mittel, andere Menschen in Bewegung zu setzen, als Anweisung, Erinnerungsstütze oder Propaganda dient, sondern als eigener Sinn, als Reflex des Seins, als dessen eigene Regung verstanden sein will, gilt als mythisch und sinnlos, und die Menschen erfahren auch schon Sprache ganz so, wie der Positivismus und Pragmatismus sie ausdeuten. Wenn einer etwas sagt, kommt es nicht so sehr auf die eigene Bedeutung der Worte, auf das, was sie selbst meinen, an, sondern auf das, was er damit – bezweckt. Reines Sagen, Geste und Ausdruck, die nichts veranlassen wollen, erscheinen als Geschwätz. Und eben weil die Menschen sich immer bloß auf andere beziehen, mit ihnen etwas erreichen wollen, und es gar nicht aufs Wort, sondern auf seine Wirkung absehen, ist jeder so isoliert und einsam wie in dieser Welt, in der keiner mehr allein sein kann. Je mehr die Wege der Mitteilung und des Verkehrs das Leben einnehmen, je näher die Menschen zusammenrücken, je mehr sie sprechen, oder vielmehr für sie gesprochen wird, desto stummer werden sie.

Daß der Sinn der Sprache durch ihre Funktion oder Wirkung in der verdinglichten Welt ersetzt wird, kann nicht schwer genug genommen werden. Die Begriffe, die einmal der Vernunft eigen oder von ihr sanktioniert waren, sind noch im Umlauf, aber abgegriffen, neutralisiert und ohne verpflichtenden rationalen Ausweis. Sie verdanken ihren Fortbestand einer Überlieferung, die der Zeitgenosse je nach Geschmack ehrwürdig oder Schlamperei nennen kann. Für den Typus des Bewußtseins, der in der aufgeklärten Welt sich immer mehr durchsetzt, gibt es nur eine Autorität: die in Fakten und Zahlen sich erschöpfende Wissenschaft, und die Behauptung, Gerechtigkeit und Freiheit seien an sich besser als Ungerechtigkeit und Unterdrückung, läßt sich in den Kategorien solcher Wissenschaft nicht verifizieren. Nach dem Verdikt der wissenschaftlichen Erkenntniskritik ist es durch nichts gerechtfertigt, eine besondere Art der Lebensführung, eine Philosophie oder Religion als besser oder höher oder wahrer als irgendeine andere anzusehen. Sobald einmal Vernunft der Besinnung über die Ziele als des Maßes ihrer selbst sich entschlagen hat, ist es unmöglich zu sagen, ein ökonomisches oder politisches System, wie grausam und despotisch es auch sein mag, sei unvernünftig, solange es nur funktioniert; und nicht alle grausamen und despotischen Systeme haben bekanntlich eine relativ so kurze Dauer wie das, welches sich tausend Jahre gegeben hatte. Als Begriffe wie Menschenwürde einmal das Volk in Bewegung setzten, suchten sie nicht Zuflucht bei der Tradition oder beriefen sich auf ein von wissenschaftlicher Vernunft getrenntes Wertreich, sondern legten sich als objektiv wahr aus. Sobald jedoch eine Tradition oder ein Wert sich auf sich selber, das heißt, auf diese abstrakte, von verbindlicher Erkenntnis getrennte Qualität, auf die Tradition, berufen muß, weil sie nichts anderes für sich anführen kann, hat sie schon ihre Kraft verloren.

Die entzauberte Welt, die von jenen unerschrockenen Kämpfern gegen den tyrannischen Aberglauben im siebzehnten Jahrhundert aufs Panier erhoben war, lebt heute, lange nach dem Sieg, kulturell insgeheim von den Residuen ihres mythischen Erbes, zu dem längst auch die metaphysische Philosophie sich rechnen muß. Unterirdisch, ohne Wissen von sich selbst, existiert noch etwas von jener Kraft. Sonst zerginge jedes Glück vor der Scheidekunst der Subjektivität. Was in der späten Gegenwart überhaupt noch das Leben lebenswürdig macht, zehrt von der Wärme, die jeder Lust, jeder Liebe zu einem Ding einmal innewohnte: Glück selbst hat archaische Züge, und die Folgerichtigkeit, mit der sie beseitigt werden, zieht das Unglück und die seelische Leere nach sich. In der Freude an einem Garten zittert noch das kultische Element nach, das den Gärten zukam, als sie den Göttern gehörten und für sie gepflegt wurden. Sind jene Fäden einmal durchschnitten, dann mag von der Freude und dem Glück noch ein Nachbild übrig bleiben, aber ihr inneres Leben ist ausgelöscht, und das Nachbild kann nicht lange dauern. Wir können unsere Freude an einer Blume oder an der Atmosphäre eines Raumes nicht einem sogenannten ästhetischen Instinkt eigenen Wesens zuschreiben: der ist eine bloße Ausrede der ratlosen Philosophen. Die ästhetische Empfänglichkeit des Menschen hat ihre Vorgeschichte in der Idolatrie: der Glaube an die Güte oder Heiligkeit eines Dinges geht geschichtlich der Freude an seiner Schönheit notwendig voraus. Ähnliches gilt auch für so entscheidende Kategorien wie die der Menschenwürde. Ohne den Schauer, der einmal die Menschen vor ihren Herrschern und Göttern ergriff, würde die Achtung, die auf alles, was Menschenantlitz trägt, heute sich ausdehnen soll, nicht wirklich erfahren; sie sänke zur hohlen Phrase herab. In dem Respekt vor dem Leben des Nächsten zittert mit der Liebe des Neuen auch die Angst vor den Sanktionen des Alten Testaments nach, mit denen der Dekalog einmal gesichert war. Die unterirdische Beziehung zu einer nicht ganz vergessenen Erfahrung, zu einer tief eingegrabenen Erkenntnis, die dem statistischen Kriterium nicht genügt und doch den Anspruch auf Wahrheit behält, verleiht solchen Ideen, die unsere Zivilisation umreißen, noch Leben und Legitimation. Zu dieser Erfahrung gehören die mythischen Erlebnisse der fernen Vergangenheit, aber auch die großen geschichtlichen Ereignisse, soweit die Menschen sie selbst hervorgerufen haben: zugleich auch der Widerstand gegen die Begrenzung der Würde auf einen und einige, gegen Ungerechtigkeit und Ungleichheit, die historischen Ausbrüche gegen Verhärtung und Einschränkung. Ohne solche Residuen im kollektiven Unbewußten sinken die Begriffe, um mit Hegel zu reden, zur faden Erbaulichkeit herab.

Um das zu verhindern, genügt nicht der fromme Wunsch. Daß es um die Welt besser stünde, wenn die Ideen Macht hätten über die Menschen, verleiht ihnen an sich noch keine Wahrheit, und ohne Wahrheit vermögen sie zwar, wie die anderen heute empfohlenen Allheilmittel, Anhänger zu werben, aber nicht die Menschen zu ergreifen. Die Anhängerschaft selbst bleibt dann Sache der subjektiven Zweckmäßigkeit und ist dem Wandel ausgesetzt, sobald mit anderen Idealen sich besser fortkommen läßt. Als bloßes Auskunftsmittel der subjektiven Vernunft verfällt die objektive, an der Begriffe wie Freiheit und Humanität haften, der gleichen Relativität, vor der sie schützen will. Aus der Aporie hilft nicht der Appell an Ewigkeitswerte, die vor der Vernunft sich nicht ausweisen können. Es hilft aber auch kein Mittelweg, wie der, den der späte Scheler gegangen ist. Er hat für den technischen und wirtschaftlichen Bereich die subjektive Vernunft, das herrschaftliche Denken installiert und als Korrektiv dann das davon abgelöste Bildungs- und Heilswissen angerufen. Dadurch geriete man in einen Pluralismus, der sein Dasein nur so weit fristen kann, als er sich die Reflexion auf seine eigenen Gedanken, die philosophische Besinnung auf solche Philosophie versagt. Kultur, das heißt, die außerökonomischen Bezirke, läuft dabei Gefahr, als feiertägliche Abteilung zu gelten, als ob es bei ihr nicht auf die strenge Arbeit des Begriffs, auf seine kritische, verändernde soziale Funktion ankomme. Die Abspaltung und Neutralisierung der Kultur hilft nicht gegen das Zerstörungswerk der subjektiven Vernunft. Es gilt, den Gegensatz zwischen subjektiver und objektiver Vernunft nicht durch die Entscheidung für eine Alternative, auch nicht von außen her durch Milderung der Gegensätze oder Hypostasierung von Ideen zu überwinden, sondern durch Versenkung in die widersprüchliche Sache selbst.

Der Begriff der Vernunft, der heute seine Krisis erreicht hat, ist nicht das Substrat der geschichtlichen Entwicklung, sondern eines ihrer Elemente. Alle Urteile über Vernunft bleiben falsch, solange sie an ihrem herausgelösten, isolierten Charakter festhält, den sie selber freilich in ihren neuzeitlichen Systemen seit Descartes hervorkehrt. Die Subjektivierung der Vernunft, ja, das philosophische Denken selbst, ist aus dem gesamten Lebensprozeß der Menschheit zu entwickeln als ein bloß partielles, als die endliche beschränkte Reflexion, die der Kritik unterliegt. Abgespalten von den materiellen Momenten der Existenz, hat Denken sich zum metaphysischen Prinzip verklärt und als Grundlage des geschichtlichen Prozesses ausgelegt, von dem Geist und Denken doch vielmehr abhängen. Nur auf ihn bezogen hat aber Vernunft ihren Sinn und ihr eigenes Sein. In der Tat war es notwendig, daß die Vernunft sich von den gegenständlichen Momenten ablöste und selbständig machte, um dem blinden Naturzwang sich zu entwinden und die Natur in jenem Maße zu beherrschen, das uns freilich heute selbst in Schrecken setzt. Vernunft ist aber dieser Loslösung als einer notwendigen und zugleich scheinhaften sich nicht bewußt geworden. Sie hat Mythologie und Aberglauben zusammengeworfen mit allem, was auf den beschränkten subjektiven Geist sich nicht reduzieren läßt. Nicht in dem, was die Vernunft vollbringt, sondern in ihrer Selbstinthronisierung lag das Unheil, das die Selbstzerstörung nach sich zog. Subjektive Vernunft hat sich einmal mit dem Hochmut, der aller Verblendung innewohnt, dagegen gewehrt zuzugestehen, daß sie nicht sich selbst, sondern in sehr hohem Maß der

Teilung der Arbeit, dem Prozeß der Auseinandersetzung von Mensch und Natur ihr unabhängiges Dasein verdankt. Je geflissentlicher sie das verleugnet, um so nachdrücklicher muß sie sich vor sich selbst und vor anderen als absolutes Wesen ausgeben, schließlich aber auch sich selbst, ihrem eigenen Prinzip der Prüfung und des Zweifels folgend, als qualitas occulta ins Reich der Gespenster verbannen. Sie wird zu einem Element des Nihilismus, wie ihn Nietzsche verstanden hat. Nur indem sie sich selbst und jeden ihrer Schritte seinem Sinn nach als Moment der geschichtlichen Auseinandersetzung zwischen den Individuen, zwischen den gesellschaftlichen Klassen, zwischen den Völkern und Kontinenten begreift, gewinnt sie die Beziehung auf jene Totalität, die ihr zugleich gegenübersteht und sie selber umfaßt, und in der ihre isolierten Konsequenzen als Unvernunft immer wieder sich erweisen können. Dieser gleichsam von der Hybris des sich emanzipierenden Subjekts vergessene Zusammenhang war, wie sehr auch in unreflektierter, naiver Form, in der Lehre einer objektiven, nicht in der reinen Zweck-Mittel-Funktion sich erschöpfenden Vernunft festgehalten. Die subjektive, formale Vernunft, der alles zum Mittel wird, ist die des Menschen, der den anderen und der Natur bloß entgegensteht, weil ohne Durchgang durch die Entzweiung die Versöhnung sich nicht ereignen kann. Die Aufhebung der Entzweiung aber ist nicht einzig ein theoretischer Prozeß. Erst wenn die Beziehung von Mensch zu Mensch und damit auch die von Mensch zu Natur anders gestaltet ist als in der Periode der Herrschaft und Vereinzelung, wird die Spaltung von subjektiver und objektiver Vernunft in einer Einheit aufgehen. Dazu aber bedarf es der Arbeit am gesellschaftlichen Ganzen, der geschichtlichen Aktivität. Die Herstellung eines gesellschaftlichen Zustandes, in dem der eine dem anderen nicht zum Mittel wird, ist zugleich die Erfüllung des Begriffs der Vernunft, der in der Spaltung von objektiver Wahrheit und funktionellem Denken jetzt verloren zu gehen droht.

Die Welt heute spricht, für den theoretisch Denkenden, für alle, die mit sozialem Gehör ausgestattet sind, eine deutliche Sprache. Sie zu vernehmen und unermüdlich zu formulieren, ist die Aufgabe des mit Soziologie sich verbindenden philosophischen Denkens. Und je mehr es sich beim genauen Aussprechen bescheidet und der Ratschläge enthält, um so gewisser wird es durch die Lernenden und Handelnden in der Praxis sich auswirken. Aus der treuen Hingabe der Wissenschaft an das, was ist, wird verstanden werden, was nottut, und, ohne daß von Zielen die Rede zu sein brauchte, werden sie in jedem Schritt echter Theorie mit enthalten sein, denn in allem Erkennen steckt ein kritisches, ins Wirkliche treibendes Moment. Es verschwindet nur, wenn das Erkennen sich zu Rezept und Propaganda verzerrt. Solange es aber seinem eigenen Element die Treue hält, verliert es den Charakter des bloßen Mittels und vermag zur geschichtlichen Kraft zu werden. Daher ist Philosophie seit Platon von Politik nicht zu lösen, und wir dürfen bei allem Pessimismus, den uns die Weltlage aufnötigt, der engen Verbindung beider, ja ihrer Einheit auch heute gewiß sein.

Ideologie und Handeln

Unter dem Namen »Ideologie« wird heute nur selten ein prägnanter Begriff gedacht. Das Wort ist wie viele andere, etwa »Entwicklung«, »Lebensform«, »Unbewußtes« aus der philosophischen und wissenschaftlichen Literatur in den alltäglichen Sprachgebrauch eingedrungen. Man könnte sagen, das theoretische Profil sei verloren gegangen, denn hinter der allgemeinen Vorstellung schwingt nur noch eine vage Erinnerung an die theoretischen Gebilde mit, in denen der heute entleerte Begriff seinen Sinn gewonnen hat. Unter Ideologie versteht man sehr häufig nichts anderes als jede Art gedanklicher Zusammenhänge, eine Theorie, eine Vorstellung im einzelnen oder Geistiges überhaupt. Es gibt kaum eine Gruppe oder Partei, die sich des Wortes nicht bedient hätte, auch zum Idiom der Nationalsozialisten hat es gehört. Seine Geschichte hat nur insofern ihre Spuren hinterlassen, als man dabei nicht an Unabhängiges, aus sich selbst Bestehendes zu denken pflegt, sondern an Geistiges in seiner Abhängigkeit von Außergeistigem, Materiellem. Wenngleich das Wort Ideologie heute in einem verschwommenen und universalen Sinn gebraucht wird, enthält es doch immer noch ein Element, das im Gegensatz zu dem Anspruch des Geistes steht, seinem Dasein oder seinem Inhalt nach für unbedingt zu gelten.

Selbst in seiner verflachten Form widerspricht der Ideologiebegriff somit der idealistischen Anschauungsweise. Geist als Ideologie ist nicht absolut. Fragen wir nach den philosophischen Ursprüngen, so hat der Begriff in der Geschichte zweimal eine unmittelbare und starke Wirkung ausgeübt. Einmal, als mit dem Ende des achtzehnten Jahrhunderts die gegen das Regierungssystem des französischen Absolutismus gerichtete Aufklärung ihre politische Funktion verlor. Damals zeigte es sich, daß die Seele der erkenntnistheoretischen und spekulativen Gedanken, wie sie sich bei Voltaire, Diderot und den Enzyklopädisten finden, in dem Interesse an einer vernünftigen Einrichtung der Welt, in dem Widerstand gegen einen sinnlos gewordenen gesellschaftlichen Druck lag. Als mit der Französischen Revolution das alte politische Gebäude des Absolutismus, vor allem das Bündnis von Klerus und Aristokratie, seine strategische Bedeutung einbüßte, gab die Aufklärung sozusagen den Geist auf. Was übrig blieb, war der Positivismus. Der Sensualismus der Aufklärung, das heißt, die von England übernommene Lehre, nach welcher die Sinnesempfindungen Quelle, Rechtsgrund und einzig legitimer Gegenstand aller Erkenntnis sind, schrumpfte in Frankreich zum Credo philosophischer Schulen zusammen. Zu ihnen gehörte auch L'Association des Idéologues, die zu Beginn des neunzehnten Jahrhunderts in Auteuil ihre Sitzungen hielt. Sie beschäftigte sich hauptsächlich mit der Erforschung der Abfolge, Verknüpfung, An- und Abstoßung, kurz den mannigfaltigen Bedingungsverhältnissen der Empfindungen. Sowohl die Abhängigkeit der Ideen voneinander als auch von den physiologischen Vorgängen im menschlichen Körper wurde untersucht. Das geistige Leben sollte als eine Mechanik der Vorstellungen erklärt und dadurch die Philosophie zum Rang einer exakten Wissenschaft erhoben werden. Wie die Physik die Mechanik stofflicher Teilchen sollte die Philosophie die Elemente des Bewußtseins experimentell erforschen. Sie wurde zu einer Spezialdisziplin, die den Geist nach dem Muster der Naturwissenschaft zu erfassen trachtete, eine Naturwissenschaft des Geistes. Es war immer noch ein Versuch der Säkularisierung, der Verweltlichung der Philosophie, ein Angriff auf herkömmliche Denkweisen, nur gleichsam verlassen von der geschichtlichen Aktualität. Während dieser physiologische Materialismus im Deutschland des neunzehnten Jahrhunderts schließlich zu der rückständigen Popularphilosophie der sogenannten Monisten herabsank, übten die Mitglieder der ursprünglichen Schule, zu denen in seiner Jugend auch der große italienische Dichter Manzoni gehörte, zunächst keinen geringen Einfluß auf das fortgeschrittene Denken aus. Das Wort Ideologie im Sinne des Geistes in seiner Abhängigkeit von grob materiellen Vorgängen – einer der Begründer der Schule, Destutt de Tracy, bezeichnete die Lehre von der Ideologie als einen Teil der Zoologie – spielt von da an in der wissenschaftlichen und politischen Terminologie eine Rolle.

Hatte das Wort ein spezifisches Element seiner Bedeutung schon in dem soeben dargestellten theoretischen Zusammenhang gewonnen, so denkt man heute, soweit auf den Ursprung zurückgegangen wird, fast ausschließlich an gesellschaftliche Lehren, vor allem an den ökonomischen Materialismus. Seine Urheber, Marx und Engels, hatten das Wort Ideologie schon in ihren Jugendschriften übernommen. Hier wird das Bewußtsein jedoch nicht bloß abhängig von den körperlichen Vorgängen im einzelnen Menschen, sondern von der grundlegenden Struktur der Gesellschaft betrachtet. Bei der alten Ideologenschule ändert sich das Vorstellungsleben je nach der körperlichen Verfassung nicht nur gemäß den verschiedenen Tierarten, sondern je nach den verschiedenen Einflüssen im Leben eines und desselben menschlichen Individuums. Beim ökonomischen Materialismus ändern sich die herrschenden Bewußtseinsformen, je nachdem das Zusammenleben der Menschen in der Gesellschaft kraft ihrer Auseinandersetzung mit der Umwelt eine andere Gestalt annimmt. Anstelle der physiologischen

Lebensprozesse des Leibes, in denen die französischen Materialisten das entscheidende Erklärungsmoment erblickten, tritt nun der Lebensprozeß der Gesellschaft. Entsprechend wird unter Ideologie auch nicht bloß das individuelle Denken, sondern die gesamte Kultursphäre: Politik, Recht, Staat, Kunst und Religion verstanden. Nicht das Denken des einzelnen, sondern das der Gattung gilt in seiner jeweiligen Verfassung als bedingt. Die gesellschaftliche Hierarchie, die nach der Art der technischen Arbeitsmittel, deren sich die Menschen in einer bestimmten Epoche zu bedienen wissen, verschieden gestaltet ist, bestimmt letzten Endes die Vorstellungen der Menschen von Gott und Welt, Gut und Böse, Schön und Häßlich. Elemente der Lehre finden sich bei Philosophen des sechzehnten, siebzehnten und achtzehnten Jahrhunderts, bei den Engländern Francis Bacon und Thomas Hobbes, dem Italiener Giambattista Vico wie bei dem Franzosen Helvétius. Erst im Zusammenhang mit der sozialen Bewegung des neunzehnten Jahrhunderts jedoch ist die Vorstellung, daß die kulturelle Totalität jeder Menschheitsepoche durch ihre kennzeichnenden Arbeitsverhältnisse bedingt wird, zum Kern einer Geschichtsphilosophie geworden.

Die moderne Soziologie hat den Begriff der Ideologie dazu benutzt, eine eigene Forschungsbranche zu eröffnen: die Wissenssoziologie. entsprechend ihrem Bestreben, sich von umfassenden Theorien lieber den Einzeltatsachen zuzuwenden, will sie nicht so sehr die herrschenden juristischen, religiösen, philosophischen Auffassungen aus der jeweiligen Arbeitsweise und dem ihr entsprechenden gesellschaftlichen Ganzen ableiten. Sie möchte sich vielmehr damit begnügen, die geistige Verfassung und Vorstellungswelt der Mitglieder einer bestimmten gesellschaftlichen Schicht darzustellen und deren gesellschaftlichem Standort zuzuordnen. Die Abhängigkeit wird dabei als kompliziert angesehen. Schon in der ökonomischen Geschichtsauffassung war es im wesentlichen nicht das materielle Interesse, das unmittelbar die Anschauungen der Mitglieder einer sozialen Schicht bestimmte, sondern die Rolle dieser Schicht im gesellschaftlichen Lebensprozeß. Die Vorstellungen waren nichts anderes als die Art, wie die Welt den entscheidenden Gruppen der Gesellschaft kraft ihres gegenseitigen Verhältnisses in der Arbeit erscheinen muß. Die Geschichte der Ideen galt als Funktion der Geschichte der wirtschaftlichen Verfassungen der Menschheit sowie der Kämpfe, die sich daraus ergaben. Die Wissenssoziologie stellt es sich nun zur Aufgabe, die jeweils herrschenden Vorstellungsweisen den für eine bestimmte Gesellschaft kennzeichnenden Schichten zuzuordnen, ohne sich dabei jedoch an einer grundlegenden geschichtsphilosophischen Theorie, wie etwa dem ökonomischen Materialismus, zu orientieren. Jedes Weltbild, so lehrt sie, ist durch die Perspektive von einem kennzeichnenden gesellschaftlichen Standpunkt aus bedingt, und jeder Faktor, der an diesem Bedingungsverhältnis mit beteiligt ist – handle es sich um geistige, psychologische oder materielle Determinanten –, hat bei den relevanten Gruppen verschiedenes Gewicht. Man denke an das bekannte Beispiel von der Landschaft, die sich je nach der Existenzweise des Betrachters als ein ganz Anderes konstituiert. Nicht bloß das Phänomen, sondern das Wesen ist verschieden für den Bauern, der die Erde bestellt, den städtischen Bürger, der Erholung sucht, den Jäger, der einem Wild auflauert, den Maler, der ein Bild entwirft, den Flieger, der eine Notlandung machen muß, den Strategen, der das Gelände abschätzt. In der Wissenssoziologie aber geht es nicht bloß um ein Einzelnes, wie die Landschaft, und um Berufsgruppen, sondern um die Welterfahrung als Ganzes und die entscheidenden Schichten der Gesellschaft. Nicht nur die Welt als ein intellektuelles Gebilde, sondern die philosophischen Interpretationen, die Ziele und moralischen Tendenzen sollen soziologisch zugeordnet werden.

Wie umfassend man sich die Abhängigkeit dachte, geht aus einer Tafel der formalen Denkarten hervor, die der Philosoph Max Scheler, einer der Begründer der Wissenssoziologie, in den zwanziger Jahren aufgestellt hat. Scheler ordnet die Denkarten entweder der Ober- oder Unterklasse zu, ohne dabei geschichtlich zu differenzieren. Die sozialen Klassen erscheinen gleichsam als natürliche, ja als ewige Wesenheiten. Nach Scheler gehört die Werdensbetrachtung zur Unterklasse, die Seinsbetrachtung zur Oberklasse, die mechanische Weltbetrachtung zur Unterklasse, die teleologische zur Oberklasse, der Realismus, das heißt die Erfahrung der Welt als Widerstand, zur Unterklasse, der Idealismus, das heißt die Welt als Ideenreich, zur Oberklasse. Es wird der Materialismus der Unterklasse, der Spiritualismus der Oberklasse zugerechnet, Induktion und Empirismus der Unterklasse, Wissen a priori und Rationalismus der Oberklasse. Die optimistische Zukunftsansicht und pessimistische Beurteilung der Vergangenheit seien Denkarten der Unterklasse; dagegen neige die Oberklasse zu pessimistischer Zukunftsaussicht und optimistischer, romantischer Rückschau, zum Bilde von der »guten alten Zeit«. Scheler besteht darauf, daß man es bei all diesen Ansichten keineswegs mit Theorien zu tun habe, welche die Angehörigen dieser Klasse etwa zur Verschleierung oder Beförderung ihrer Interessen absichtlich konstruierten, sondern um lebendige Denkarten und Anschauungsformen. Es handele sich um klassenbedingte, unbewußte Tendenzen, die Welt vorwiegend in der einen oder der anderen Form aufzufassen, also nicht um Klassenvorurteile, sondern um etwas Tieferes als Vorurteile, nämlich um unentrinnbare Neigungen, die nur und allein in der Klassenlage wurzeln – ganz abgesehen von der Individualität, vom

Beruf und dem Maß des Wissens des Menschen, auch seiner Rasse, Nationalität. Die systematische Erforschung dieser Abhängigkeitsverhältnisse wollte er zu einer durchgeführten soziologischen Idolenlehre ausbauen.

Von den vielfältigen Problemen, die sich aus der Annahme ergeben, das Geistige sei in so tiefgreifender Weise bedingt, soll hier nur auf das des philosophischen Relativismus hingewiesen werden. Scheler selbst suchte verzweifelt die Objektivität und Verbindlichkeit von Werten, einschließlich dem der Wahrheit, philosophisch zu begründen; andere Wissenssoziologen neigten dazu, die Bedingtheit und Vergänglichkeit der kulturellen Gestalten stillschweigend mit einem Mangel an Verbindlichkeit gleichzusetzen, und damit jedes Ziel wie jeden Glauben zur Ideologie zu stempeln. Beide Auffassungen sind verwandt. Sie enthalten die Voraussetzung, daß der Sinn des menschlichen Lebens durch feste begriffliche Formen gesichert werden müsse, die sogenannten »Werte« oder gar die Kulturgüter. Wenn es sich zeigt, daß diese dem geschichtlichen Prozeß nicht entzogen sind, wenn ihre allgemeine physiologische, psychologische Abhängigkeit aufgrund der fortschreitenden Wissenschaft erkannt ist, so entsteht entweder der krampfhafte Versuch, sie philosophisch zu verankern, wie ihn die Husserlsche Schule und mit ihr Scheler unternahm, oder der kulturelle Pessimismus, die Verkündung der Zufälligkeit aller Ziele, wie sie vom Max Weberschen Positivismus her bekannt ist. Die absolute Wertlehre ist nur die andere Seite der relativistischen Ansicht, die aus der ideologischen Bedingtheit des Geistes das ausschlaggebende philosophische Prinzip zu machen strebt. Beide Doktrinen fordern sich gegenseitig. Beide sind eine kennzeichnende Erscheinung unserer Periode. Der totale Ideologiebegriff drängt dazu, die Abhängigkeit alles Geistigen zur ausschlaggebenden theoretischen Erfahrung zu machen. Den »freischwebenden Intellektuellen«, wie der Ausdruck heißt, wird zwar weitgehende Unabhängigkeit zugestanden, aber diese besteht ja letzten Endes doch in nichts anderem als der Verkündung und Anwendung der Abhängigkeit.

Eine besondere Wendung der Ideologienlehre stellte die Soziologie Vilfredo Paretos dar. Sie enthält Elemente der alten und neuen Schule. Man darf sagen, daß in seinem Land seit Machiavelli eine eigene wissenschaftliche Tradition in dieser Richtung bestanden hatte. Nach ihr ist menschlicher Glaube ein Mittel im politischen Kräftespiel. Es kommt nicht so sehr auf seine Wahrheit als auf seine gesellschaftliche Wirkung an. Die Herrschenden müssen die Gesinnungen der Massen in ihren Bedingungen genau erkennen und damit umzugehen wissen. Nach Pareto stammt menschliches Handeln aus dem, was er Residuen und Derivationen nennt. Dazu gehört zum Beispiel die

Tendenz zum Kombinieren, aus der man zum Teil die Lust am Vergleichen und Experimentieren und manche wissenschaftlichen Fortschritte erklären kann; ferner die Neigung, das, was einmal Gestalt gewonnen hat, fortbestehen zu lassen. Hieraus erklärt sich die oft irrationale Dauer abergläubischer Vorstellungen, Gebräuche und so fort. Es gibt Residuen, die uns dazu treiben, zu sein wie die anderen, also die, welche uns zur Abwehr des Ungewöhnlichen und Fremden drängen, ferner Residuen, die uns zur Gesellschaft treiben. Alle diese ureingeborenen Neigungen wirken zunächst irrational, sie kehren sich nicht daran, ob sie zum Fortkommen des Individuums passen oder ob etwa ihre Ziele mit der Wissenschaft im Einklang sind. Dagegen finden die Menschen stets Wege, diese innersten Motive ihrer Handlungen durch logische Gründe, Hinweise auf Autoritäten oder allgemein anerkannte Prinzipien oder auch nur durch große und gern gehörte Worte den anderen und sich selbst plausibel zu machen. Diese Wege sind die Derivationen, die also dem psychoanalytischen Begriff der Rationalisierung, der sozial akzeptablen Begründung unserer irrationalen Beweggründe nahekommen. Das Geschäft der Soziologen besteht darin, bei der Erklärung des Handelns hinter die jeweiligen Derivationen zu blicken, alles Tun und Lassen den verschiedenen Klassen der Residuen zuzuordnen. Da unter den Derivationen die Ideen der Freiheit und Solidarität, der Wahrheit, Liebe und Religion sich finden, so gewinnt diese Soziologie den menschenverachtenden Zug, dessen sich der italienische Faschismus, der sich einmal als der Ultrarelativismus bezeichnet hat, so gut zu bedienen wußte. Er hätte freilich ebensogut, mit demselben Zynismus, die ewigen Werte verkünden können, wie er es auch, je nach Bedürfnis, getan hat. Denn im Begriff des Wertes selbst ist, wie sein Ursprung aus der Wirtschaftstheorie es anzeigt, die Relativität enthalten. Die Werte sind Sein für Anderes, nicht Sein an sich, wie ihre philosophischen Vertreter es behaupten. Die Wertphilosophie entstammt dem Bedürfnis, der grauen Trostlosigkeit zu entgehen, die von der Identifikation des Denkens mit dem bloßen Auffinden, Anordnen und Zuordnen von Tatsachen geschaffen wird. Aber es hat sich längst gezeigt, daß die Grundsätze a priori der alten Philosophie und erst recht die Werthierarchien der Phänomenologen einen legitimen Stoff für eben die Relativierungen bilden, aus denen sie herausführen sollen, und daß man von der materialen Wertethik notwendig in den Relativismus fällt, und umgekehrt.

Der Frage, wie dem schlechten Widerspruch oder vielmehr der schlechten Identität der beiden Standpunktsphilosophien zu entrinnen sei, läßt sich nicht durch Aufstellung eines anderen Systems Genüge tun. Wenn die Herbeiführung einer Veränderung im privaten oder gesellschaftlichen Leben – das heißt verantwortliches Handeln – der

Rechtfertigung durch angeblich unveränderliche Wesenheiten bedarf, oder wenn andererseits die historische Bedingtheit eines Zieles als philosophischer Einwand gegen seine innere Notwendigkeit und Verbindlichkeit angesehen wird, dann ist Kraft und Glauben aus dem Handeln bereits geschwunden. Das Verhältnis von Praxis und Theorie ist anders, als es sowohl dem Relativismus wie der absoluten Wertlehre gemäß sich darstellt. Die Praxis bedarf dauernd der Orientierung an fortgeschrittener Theorie. Die Theorie, auf die es ankommt, besteht in der möglichst eindringenden und kritischen Analyse der historischen Wirklichkeit, nicht etwa in einem Schema abstrakter Werte, von dem man versichert, daß es konkret und ontologisch begründet sei. Die Darstellung und kritische Analyse der Wirklichkeit, von der die Praxis jeweils begeistet wird, ist vielmehr selbst durch praktische Impulse und Strebungen bestimmt. Wie die Entfaltung und Struktur der Naturwissenschaft weitgehend aus dem gesellschaftlichen Bedürfnis nach Naturbeherrschung zu erklären sind, so prägen sich in der Begriffsbildung der sogenannten Geistes- und Sozialwissenschaften die Bedürfnisse und Interessen von Individuen und Gruppen aus. Es gibt weder eine von praktischen Tendenzen freie Vorstellungswelt, noch selbst eine isolierte, von Praxis und Theorie freie Wahrnehmung. Die Metaphysik der Tatsachen hat vor der des absoluten Geistes nichts voraus. Aber der Umstand, daß in der Struktur der Welt, in dem Bilde von Mensch und Gesellschaft, das ich als wahr erkennen muß, sich ein geschichtlicher Wille geltend macht, bedeutet keine Entwertung des Bildes. Wir können unsere praktischen Impulse als relativierende Faktoren unseres Handelns ansetzen oder als objektive Normen an einen Ideenhimmel aufhängen, stets wird, selbst beim philosophischen Geschäft der Relativierung und Idealisierung, ein willensmäßiges, subjektives Moment unmittelbar gegenwärtig sein.

Es bleibt nichts übrig, als so unbestechlich und unabhängig wie möglich die Erkenntnis vorwärts zu treiben, sowohl nach der sogenannten objektiven wie nach der subjektiven Seite hin, und dann auf Grund der Erkenntnis in allem Ernst zu handeln. Dieses auf Grund der Erkenntnis heißt nicht, daß sie eindeutig ein Handeln vorschreibt. Theorie ist kein Rezept. Das Handeln enthält ein Moment, das in der kontemplativen Gestalt der Theorie nicht ganz aufgeht. Und doch kann zwischen Theorie und Praxis, zwischen Denken und Handeln, eine Art von Notwendigkeit bestehen. Schon im täglichen Leben gibt es Situationen, deren Wahrnehmung uns, ohne den Rückgang auf abstrakte Normen und Vorschriften, ein Handeln zwingend nahe legt. Je tiefer Theorie in die Wirklichkeit eindringt, um so eindringlicher wird die Sprache auch im Hinblick auf umfassende Zusammenhänge. Wenn sich aus der Betrachtung der historischen Situation etwa ergibt, daß die ganze Menschheit im Begriff steht, von totalitären, menschenverachtenden Systemen erfaßt zu werden, so vermögen die lebendigen Menschen, welche diese Erkenntnis im eigentlichen Sinn vollziehen, dem Impuls zum Widerstand sich gar nicht zu verschließen. Die so erkannte Lage selbst spricht eine Sprache. Es ist die des Grauens, das vom Terror ausgeht. Daß der Widerstand der einzelnen gegen die Unterdrückung von Ideen abgeleitet oder durch sie verstärkt wird, besonders von Ideen, die traditionell mit dem Fortschritt der Menschheit und ihren Institutionen verknüpft sind, hat unbestreitbar eine große praktische Bedeutung. Wo aber das Grauen selbst nicht mehr ursprünglich gefühlt, wo die Wahrnehmung der Situation bloß unter der vorgegebenen Form der Ideen und nicht im Zusammenhang mit dem ureigenen Interesse lebendig vollzogen wird, da bleibt die Berufung auf sie ohnmächtig. Das Gute, Wahre und Schöne, alles, was in der Geschichte zu politischen und kulturellen Leitgedanken erhoben worden ist, wird nur dann wirklich geliebt, wenn das Negative, das in der Situation zu ihrer Überwindung aufruft, zugleich ursprünglich erfahren wird, sonst entarten die Ideen in der Tat zur Ideologie. Im Begriff der Freiheit des Individuums ist dieses Negative mehr noch als in anderen bewahrt. Deshalb ist er in der gegenwärtigen Situation so aktuell.

Unter den großen Philosophen hat es vor allem Spinoza ausgesprochen, daß aus der Erkenntnis des Objektiven das Handeln gleichsam unmittelbar hervorgehe. Seine Konstruktion der Welt heißt Ethik, also die Lehre vom richtigen Handeln, während sie sich doch vor allem mit dem objektiven Sein beschäftigt. Je deutlicher wir die Welt erkennen, desto deutlicher spricht sie. Verum index sui et falsi. Sie bedarf nicht eines außer ihr befindlichen Prüfsteins. Dies ist kein bloß erkenntnistheoretischer Satz – in der Wahrheit ist auch das Tun mit beschlossen.

Was für Spinoza gilt, ist auch für Aristoteles, Thomas, Hegel richtig. Im Grunde gab es für sie keinen Zweifel, daß aus der wahren Darstellung der Wirklichkeit, aus der Einsicht in das, was ist, das richtige Handeln hervorgeht. Ethik und Metaphysik, die freilich seit Platon im europäischen Denken begrifflich getrennt sind, stehen doch bis zum Zerfall im neunzehnten Jahrhundert im Zeichen der Sokratischen Lehre von der Identität von Tugend und Wissen. Philosophisches Denken selbst erfährt sich als Vermittlung ihres Gegensatzes. Noch am Ende der Metaphysik, als der Glaube ans System der objektiven Wahrheit geschwunden ist, stellt Nietzsche die Einheit im Bereich des Subjekts her, man könnte sagen als den Ernst des sich als Quelle der Geschichte selbst erfahrenden Willens. Bei ihm geht aus der Erkenntnis der Brüchigkeit der Systeme, des ideologischen Charakters der traditionellen Moral die Erfahrung von der Macht des Menschen hervor. Er kann sich von der Verknechtung frei machen, indem er sich als den Urheber aller Hirngespinste erkennt und weiß, daß aus seinem Willen selbst die Ziele stammen. Das Subjekt ist die Quelle objektiver Wahrheit. Die Verantwortung des Menschen, der so von aller Verantwortung sich befreit, wächst, für Nietzsche, ins Ungemessene. Das Mißverständnis, das sich häufig an seine Lehre knüpft, liegt darin, daß man glaubt, die Willkür, nach der bei ihm die neuen Werttafeln entstehen sollen, sei die psychologische Willkür, wie sie unsere Positivisten verstehen, die Zufälligkeit und Unverbindlichkeit der Wahl zwischen politischen und anderen Idealen. Bei Nietzsche aber geht das Setzen der Werte mit Notwendigkeit aus der Erkenntnis von der Faulheit herrschender Verhältnisse hervor. Das Mißverständnis, dem er selbst anheimgefallen ist, liegt im Inhalt des von ihm Verkündeten. Weil Humanität zum Vorwand der Inhumanität gedient hat, soll nun die Inhumanität behauptet werden. Er hat die Ideen, die zur Ideologie geworden waren, anstatt auf die Verwirklichung zu dringen, durch das empörte Bekenntnis zum bloßen Gegenteil ersetzen wollen, und die Wirklichkeit hat nicht lange gezögert, *diese* Ideologie, das heißt, die Inhumanität, in furchtbare Praxis umzusetzen. Wer aber den Ton der Empörung bei Nietzsche zu hören vermag, versteht, daß auch bei ihm, nicht weniger als bei den Vorgängern, die innerste Tendenz seiner Philosophie wenig mit diesen Anti-Werten zu tun hat und in Wahrheit aus der äußerst hellsichtigen Darstellung der geschichtlichen Lage sich ergibt: als Notwendigkeit nämlich, es besser zu machen in dem Sinne, der sich aus der kritischen Darstellung ergibt.

Geist ist in der Tat in der Geschichte verflochten, er hängt unlöslich mit dem Willen, den Interessen und Trieben der Menschen, mit ihrer realen Lage zusammen. Aber der Unterschied zwischen dem als Unbedingten sich aufspreizenden Bedingten einerseits und der Erkenntnis, zu der wir mit unseren besten Kräften jeweils kommen, andererseits, dieser Unterschied fällt damit keineswegs dahin. Es ist der Unterschied zwischen Wahrheit und Unwahrheit. Der Name der Ideologie sollte dem seiner Abhängigkeit nicht bewußten, geschichtlich aber bereits durchschaubaren Wissen, dem vor der fortgeschrittensten Erkenntnis bereits zum Schein herabgesunkenen Meinen, im Gegensatz zur Wahrheit vorbehalten werden. Wertgebung aber, sofern sie glaubt, aus der geschichtlichen Verflechtung sich befreien zu können, oder infolge dieser Verflechtung bloß noch den Weg in Zufälligkeit und Nihilismus offen zu sehen, ist selbst Ideologie in dem engen und prägnanten Sinn.

Schopenhauer und die Gesellschaft

Der Begriff der bürgerlichen Gesellschaft wurde zu den Zeiten Schopenhauers in der Wissenschaft erst heimisch. Er hat eine lange Vorgeschichte. Mit dem Zerfall der hierarchischen Ordnung in der Renaissance war auch die Gewißheit einer naturgemäßen Gliederung der Menschheit dahingeschwunden, und die Form der gesellschaftlichen Beziehungen bedurfte der Rechtfertigung. Aber das Interesse, das im Zug der aufkommenden Nationalstaaten sich philosophisch meldete, enthielt zugleich die Verneinung der spezifischen Sphäre, die wir Gesellschaft nennen. Im Gegensatz zur großen Scholastik stellte die neuere Philosophie den Staat unmittelbar dem einzelnen gegenüber. Wenngleich Macchiavelli mit bewundernswerter Anschaulichkeit die gesellschaftlichen Kämpfe in Florenz darstellte, so scheint in seinen theoretischen Äußerungen die republikanische Regierung oder der Monarch es immer nur mit der Menge Einzelner zu tun zu haben; die Geschichte wird nicht so sehr durch die dynamische Struktur wirtschaftlich und gesellschaftlich bedingter Gruppierungen, als unmittelbar durch die Triebe und Leidenschaften der Individuen sowohl seitens der Regierung als auch des Volkes bestimmt. Ähnlich denkt der Schopenhauer so verwandte Hobbes. Bei aller Einsicht in gesellschaftliche Zusammenhänge und trotz des tiefen Verständnisses für gesellschaftliche Phänomene und Epiphänomene, wie etwa das der Ideologie, trotz seines Vergleichs des Staates mit dem Organismus, versteht Hobbes darunter vornehmlich die mit Macht ausgestatteten Individuen, deren Aufgabe in der Herrschaft über die anderen Individuen besteht. Es ist nicht etwa so, daß der Staat zugleich »in« den Einzelnen wäre, die, nach der Theorie des Staatsvertrags, zum Zweck der Sicherheit sich zusammengeschlossen und einer Regierung unterworfen haben; er ist bloß außer und über ihnen. Ist der Staat republikanisch, so besteht die Regierung aus mehreren, ist er monarchisch – bei Hobbes wie bei Machiavelli kommt es mehr auf die Stärke als auf die Form der Regierung an –, so fällt er mit der Monarchie zusammen. Der Ludwig XIV. zugeschriebene Ausspruch »L'Etat c'est moi« ist gleichsam das Fazit der Hobbesschen Staatsphilosophie.

Der Gedanke an das gesellschaftliche Wesen als ein eigenes wurde in der neueren Zeit erst in der Aufklärung gefaßt. Er beherrscht den Gegensatz zwischen den Philosophes de la lumière und Rousseau. Wenn Helvétius, ganz im Anschluß an die rationalistische Tradition, erklärt:

»Das Vaterland sind nur die Bürger; aus ihm ein wirkliches Wesen machen, heißt viele falsche Gedanken hervorrufen«, so begründet Rousseau den Mythos der Nation. Das Vaterland soll ein eigenes, die Einzelnen durchdringendes, aus dem allgemeinen Willen konstituiertes und aus ihm sich ewig erneuerndes Wesen sein. Das Ganze des organisierten Volkes wirkt als lebendige Macht, als zweite Natur auf den einzelnen mächtig zurück, nicht weniger erhaben und wohltätig als die unverstümmelte erste. Zu ihr müssen die Menschen auf höherer Stufe zurückfinden, nachdem in der verlogenen Zivilisation, im »Zeitalter der vollendeten Sündhaftigkeit«, um mit Fichte zu reden, die Reinheit der Gesinnung verschwunden war. Die krasse Ungleichheit, die Herrschaft der Wenigen über die Vielen, hatte die naive Tugend des Naturstands vernichtet, sie ersteht wieder als soziale Tugend, als Liebe zum allgemeinen Wesen, zum Vaterland, das man mit Recht als eigenes erkennen kann. Gesellschaft ist der Kern der Rousseauschen Philosophie. Rousseau bezieht sich – nicht ganz mit Recht – auf Montesquieu. In seiner vergleichenden Untersuchung der Abhängigkeit nationaler Institutionen von kulturellen und natürlichen Bedingungen hatte dieser – in konservativem und statischem Sinn – die These der Mittlerrolle von Geistlichkeit, Aristokratie und Korporationen zwischen König und Volk vertreten, er hatte Gesellschaft zum Objekt der Analyse gemacht. Manche deutsche Romantiker, auch Hegel, sind Rousseau in seiner Bewunderung Montesquieus gefolgt, und gewöhnlich führt man den Begriff des Volksgeistes auf seinen esprit général zurück. Der erste der Neueren aber, bei dem Philosophie nicht auf Gesellschaft angewandt, sondern im Gegenteil Philosophie aus dem Gedanken der Gesellschaft entfaltet wird, ist Rousseau und nach ihm Kant, dessen praktischen und geschichtsphilosophischen Schriften die Idee der richtigen Gesellschaft überall zugrunde liegt. Als eigenes Gebiet der Forschung haben schließlich, unabhängig voneinander, Saint-Simon und Hegel Gesellschaft vom Staate abgegrenzt. Bei ihnen gilt sie als eine Staat und Individuen sowie die Individuen untereinander vermittelnde Sphäre eigener Struktur und Energie; jeder einzelne wird durch sie nicht weniger bestimmt als durch Natur und Staat. Während bei den Jung-Hegelianern, vor allem bei Marx, die Theorie der Gesellschaft mit der Philosophie noch eine Einheit bildet, tritt sie bei Comte (um 1840) als Einzelwissenschaft nach den übrigen Grunddisziplinen als letzte und höchste aus der Philosophie heraus und läßt ein Vakuum zurück. Die positivistische Periode der Soziologie, wie des Denkens überhaupt, ist angebrochen.

Wenn Schopenhauer gesellschaftliches Leben sagt, meint er öfter das gesellige Zusammensein (la compagnie, le monde) als die bürgerliche Gesellschaft im ganzen. Steht sie aber in Rede, so zeigt sich die Verwandtschaft mit den Aufklärern im eigentlichen Sinn, weit mehr als mit Rousseau oder den Romantikern, von Hegel ganz zu schweigen. Wie die Partikel der Materie durch mechanische Gesetze beherrscht sind, so die Beziehung der Individuen durch psychologische. Die Gesellschaft ist zusammengehalten durch den psychologischen Mechanismus von Angst und Aggression, denen die Vorsicht zuweilen zuhilfe kommt. Da die Erziehung nach Schopenhauer – und hier steht er zu Helvétius und den anderen im Gegensatz – nur den Intellekt und nicht den Charakter betrifft, so ist es klar, daß dieses Wesen der Gesellschaft sich nicht ändern kann. Mit allen Denkern, die die Nachtseiten der menschlichen Psyche nicht im Zusammenhang des gesellschaftlichen Ganzen zu verstehen trachten, sondern sie unmittelbar als ewige Wesenszüge, als Naturstand, hypostasieren, glaubt auch Schopenhauer an die unendliche Fortdauer und Natürlichkeit einer essentiell repressiven Gesellschaft.

Wie sehr die bisherige Geschichte Schopenhauers Skepsis zu bestätigen scheint, wie grausam sich vor allem die Versuche zur Änderung auswirkten, die Apologie der Repression gehört zur Welt, die Repression notwendig macht. Hatte der soziale Pessimismus des Hobbes noch eine aufklärende, fortschrittliche Bedeutung – ging es doch darum, den Religions- und Bürgerkriegen durch einen starken Staat ein Ende zu machen –, so wirkt er seit der Biedermeierzeit als reine Reaktion. Voltaires Verachtung der populace bezieht sich auf mißbrauchte Massen, die wider ihre eigenen Interessen das Bessere vereiteln. Schopenhauer dagegen sieht die canaille nicht in dem plebejischen und aristokratischen Mob, der an den Martern des Grève-Platzes Vergnügen findet und jeder Schandtat Beifall klatscht, sondern in den Aufständischen von 1848. Derselbe Gedanke, dieselbe Theorie in einem anderen geschichtlichen Augenblick ist ein anderer Gedanke, eine andere Theorie. Im neunzehnten Jahrhundert dient die Verherrlichung der starken Staatsmacht gegenüber den unersättlichen Wünschen der Masse nicht mehr der rationaleren Einrichtung des Staatsgebiets, der Entfesselung wirtschaftlicher Kräfte, sondern in steigendem Maß der Bekämpfung aller auf Reformen hinzielenden Tendenzen. Sie macht den Versagenden ein gutes Gewissen. Das gilt in der zweiten Hälfte noch mehr als in der ersten. Am steigenden Ruhm Schopenhauers ist die Geschichte der Wirtschaft nicht unbeteiligt. Die Triumphe der Technik und die Entfaltung der Industrie, die mit ihr in »Wechselwirkung« stand – Schopenhauer haßte die Kategorie –, brachte den Menschen nicht die erwartete glücklichere Existenz. So wenig die gesellschaftlichen Unterschiede zwischen 1850 und 1914 etwa sich vergrößert haben, so sehr hat ihre Bedeutung subjektiv und objektiv zugenommen. Die Verhältnisse werden gespannt, der Aufschwung führt in betriebsame Unsicherheit. Das erfährt vor allem Deutschland seit der Reichsgründung. Es ist nicht, wie andere, saturiert. Daß es die Einheit dem militärischen Sieg verdankt, begründet seinen politischen Stil. Da die Landwirtschaft wegen der äußeren Konkurrenz Schutzzölle braucht, die Industrie im Außenhandel eine Macht hinter sich spüren wollte und im Innern gegenüber den sozialistischen Forderungen einer festen Hand bedurfte, sahen schließlich selbst Nationalliberale die Hoffnung im raschen Ausbau von Heer und Marine, im starken Staat. Die internationale Konkurrenz hatte zu den großen Bündnissen, dem Wettrüsten, den Machtblocks geführt. Das Kolonialsystem, der Platz an der Sonne, die inneren und äußeren Krisen erzeugten im Unbewußten der Völker die Enttäuschung und Resignation, das überkompensierte Schuldgefühl, das für die Wilhelminische Epoche kennzeichnend ist.

Die pessimistische Philosophie wurde zur Rationalisierung des beunruhigenden Zustands in der Wirklichkeit. Sie half dazu, das Ausbleiben der vom technischen Fortschritt erwarteten Erleichterungen aufs Wesen der Welt zu schieben, anstatt das heraufziehende Unheil aus einer Verfassung der Gesellschaft herzuleiten, in der die Technik den Menschen über den Kopf gewachsen ist. Philosophischer Quietismus und fin de siècle-Stimmung paßten gut zueinander. Im Gegensatz zum Vertrauen auf Vernunft und Perfektibilität des Menschen bei den Aufklärern, mit denen Schopenhauer das atomistische Bild der Gesellschaft teilt, beharrt er auf der Sinnlosigkeit geschichtlicher Anstrengung, sei sie Theorie oder Praxis, Wort oder Tat. Und ebenso wie in seiner Ablehnung der Geschichtsphilosophie der freilich wohlbegründete Verdacht gegen historische Bewegungen, besonders der ruhmreichen, enthalten ist, so andererseits in der Verkündung der Sinnlosigkeit das Bekenntnis zum Bestehenden. In Abwesenheit einer zulänglichen Theorie der Gesellschaft jedoch, und vor allem bei Voraussetzung der praktischen Bedeutungslosigkeit aller Ergebnisse jener schöpferischen Muße, um deretwillen Schopenhauer die Ruhe und Ordnung reklamiert, ist schwer einzusehen, warum das Interesse eines unabhängigen Philosophen an der Aufrechterhaltung der Verhältnisse philosophisch gewichtiger sein soll, als das Interesse eines abhängigen Hilfsarbeiters an deren Veränderung. Philosophischer Pessimismus verträgt sich streng logisch nicht besser mit der rationalen Argumentation für den status quo als mit der Propaganda für den Umsturz. Die Aufrechterhaltung, das Fortbestehen einer Ordnung, läßt sie ohnehin nicht unverändert. Dieselbe Gesellschaft, die Schopenhauer vor Änderung bewahrt sehen wollte, ist nach ihren immanenten Gesetzen, nach ihrem eigenen Begriff schließlich zu einer anderen geworden. Ihre wirksame Verteidigung selbst hat dazu beigetragen, die Ruhe abzuschaffen und die großen Zeiten in Europa wieder heraufzuführen, vor denen Philosophie seit je sich auf der Flucht befand.

In Schopenhauers intransigentem Nominalismus gegenüber der Gesellschaft liegt jedoch zugleich die Wurzel seiner Größe. Wie in der Natur die genera bloße Abstraktionen sind, sagt er, »so sind im Menschengeschlecht nur die Individuen und ihr Lebenslauf real, die Völker und ihr Leben bloße Abstraktionen«.[1] Dem Rousseauschen Mythos hat er keine Begeisterung gezollt. Er verneint die Existenz des Kollektivs und verharrt bei den lebendigen Einzelwesen, bei Mensch und Tier mit ihren Bedürfnissen und Leidenschaften, ihrem Streben nach Dasein und Wohlsein, und ihrem Elend. In der Darstellung seiner Lehre pflegt wohl bemerkt zu werden, daß er den Willen zum Glück als blind und unerfüllbar beschrieben, weniger aber, daß er an diesem Glück das Weltall nicht bloß, sondern selbst noch die intelligible Ordnung gemessen hat. Auch Kant sieht mit Rousseau, daß im Gang der Zivilisation das Wohl der einzelnen sich nicht stetig verbessert hat, es erscheint nicht als Ziel der Geschichte. Er aber und die Nachfolger, von der Universitätsphilosophie ganz zu schweigen, haben Geschichte trotzdem gerechtfertigt, ja die Rechtfertigung zur Aufgabe umfassender Konstruktionen gemacht. Schopenhauers Philosophie dagegen – und zwar nicht bloß in ihrem praktischen, sondern gerade dem theoretischen Teil – habe der Realität den Tribut vorenthalten, sie in einen Goldgrund der Ewigkeit einzubetten. Seine Ablehnung des Umsturzes wird weder durch den kategorischen Imperativ, noch den objektiven Geist, noch durch einen verborgenen Sinn philosophisch motiviert, sondern eben ganz offen durch die Freiheit, der er durch sein Vermögen und seine Rente teilhaftig ist. Die Furcht davor, der gesellschaftlichen Realität ohne Vermögen ausgesetzt zu sein, nicht weniger als seine Dankbarkeit gegen die Verteidiger der von ihm gefürchteten Ordnung fällt über diese kein freundliches Urteil. Der Sinn des Kaufmanns, den er von seinem Vater überkommen hat, die Unbefangenheit, die sich der Gabe verdankt, auch in anderen Ländern und Sprachen zu Hause zu sein, die gebildete Nüchternheit sind bei Schopenhauer philosophisch geworden. Hinter dem Pessimismus, der sich im Wilhelminischen Zeitalter ideologisch verwerten ließ, hinter der Verachtung des zeitgemäßen Betriebs in allen Sparten, steht das unbeirrbare Interesse am dies- und jenseitigen Schicksal des einzelnen. Die Philosophie hat Rechnung abzulegen, und weil die Bilanz negativ ist, behält der Heilige am Ende recht. Wer auf die Welt setzt, ist betrogen. Durch Schopenhauers Mißtrauen gegen Reform und Revolution wird das Bestehende nicht glorifiziert.

[1] Schopenhauer, Sämtliche Werke, ed. Grisebach, Leipzig o. J., Bd. II, S. 519.

Die Bedächtigkeit des Kaufmanns organisiert noch die innersten Stücke der Lehre. Die transzendentale Ästhetik gewinnt in der Welt als Wille und Vorstellung so große Bedeutung, weil sie die Subjektivität des Prinzips der Individuation dartut. Da Raum und Zeit den Dingen an sich nicht zukommen, erweist sich die Vielheit aller Menschen und Dinge als Schein und die Bemühung ums eigene Wohlsein auf Kosten des anderen als Fehlinvestition. Der Erfolgreiche in dieser Welt rechnet sich an Illusionen reich. Die Lehre von der Idealität der reinen Anschauung korrigiert eine verkehrte Kalkulation. Daß einer um Reichtum und Macht willen die Mehrheit verletzt, stempelt ihn nicht so sehr zum Sünder als zum Geprellten, denn was er erhält, ist eigentlich Nichts. Philosophie ist dazu da, daß man sich nicht dumm machen läßt. Von diesem Instinkt ist Schopenhauers Werk durchherrscht, und er ist, unter allen Nachfolgern, ungeschwächt auf Nietzsche übergegangen.

Die Züge des aufgeklärten Bürgers aus dem achtzehnten Jahrhundert treten im überlegenen, durchgebildeten Stil und vielen Einzelheiten noch stärker hervor als in der Konzeption des Ganzen. Keine tieftuende Sprachgestik, um die Sinnlosigkeit, den Tod, unter der Hand zum Sinn zu machen, keine Theologie des Nichts, kein Ersatz der Geschichtsphilosophie durch eine Vergeschichtlichung des Seins, in der die Opfer nicht vorkommen und die Henker sich verstecken, vertrüge sich mit dem hellen Ton des Schopenhauerschen Werks. Wie sehr als Hauptthese er die Unabänderlichkeit des Leidens und der Gemeinheit durchhält und die Nutzlosigkeit des Protests betont, so bildet sein Stil einen einzigen Protest dagegen, daß es so ist. Das Grauen wird nicht vergötzt, und dessen Auslegung ins Positive gilt ihm als ruchlos. Wenn die Unversöhnlichkeit mit dem ewigen Kreislauf des Unheils als sublimierte Rache verstanden wird, so war Schopenhauer ein rachsüchtiger Philosoph. Gewiß nimmt er das Negative durchs Medium des geschichtlichen Untergangs seiner eigenen gesellschaftlichen Existenzform wahr. Bürger seiner Art verschwinden. Wenn aber in der emanzipatorischen Literatur einer besonderen gesellschaftlichen Schicht, in ihrem Optimismus, zugleich das allgemeine Interesse am Fortgang zum Besseren sich anmelden kann, so in der Philosophie ihres Untergangs, in ihrem Pessimismus, das Interesse an dem, was im sogenannten Fortschritt zu bewahren ist. Das Schwarz-Weiß-Schema von Auf- und Abstieg reicht zur gesellschaftlichen Einschätzung kultureller Phänomene lange nicht hin.

Wo Schopenhauer über Geschichtliches berichtet, Krieg, Kreuzzüge, Inquisition, scheint Voltaire zu sprechen, für den er, wie Goethe und Nietzsche, die größte Verehrung hegt. Mit Voltaire hat er nicht nur den Nachdruck gemein, mit dem er den freien Willen und die

Theodizee ablehnt, sondern vor allem die Verteidigung der Religion aus pragmatischen Gründen und als Volksethik. Freilich ist Schopenhauer, wo es darum geht, die Wahrheit des Gottesglaubens auszumachen, ungleich radikaler als der entschiedene französische Theist, dessen Kritik gar nicht der Religion, sondern dem Fanatismus galt. Beide halten sich an Philosophie anstatt an Offenbarung, aber Schopenhauer sucht Auskunft über das Wesen der Welt, über Diesseits und Jenseits und will sich keinesfalls verrechnet haben. Für ihn, den Privatmann, ist die Frage nach dem Schicksal der Seele, nach Tod und Urschuld erheblicher als für den militanten Literaten, dem eine gerechtere Ordnung im Diesseits am Herzen liegt. Daß Schopenhauer aber gerade in der Metaphysik denselben durchdringenden Verstand ins Spiel brachte wie die Aufklärer in der irdischen Kritik, daß er sowohl mit durchsichtigen, logischen Methoden – man denke nur an den Analogieschluß, durch den er die Wahrnehmung des innern Sinns zur Grundlage des Systems erweiterte – als mit einer kultivierten, von der Furcht des Angestellten freien, den großen Romanciers ebenbürtigen psychologischen Erfahrung die letzten Dinge ins Auge faßte und ganz sich ihnen widmete, die Vereinigung von Tiefe und kaufmännischer Unbefangenheit hat sein Werk zum Ausdruck einer nie wiederkehrenden Konstellation und zu einem Schlüssel der Geschichte der Philosophie gemacht.

So wie in der dunklen Ansicht der Welt bei Schopenhauer wider Willen das Andere sich abzeichnet, weist das Verharren bei der schlechten Gesellschaft auf die bessere.[2] An manchen Stellen freilich strebt die Leidenschaft des Denkens über das Verdikt des sozialen Pessimismus hinaus. Schon im ersten Band der Welt als Wille und Vorstellung taucht der Gedanke ans »Schlaraffenland«[3] auf, das in einem aufgeklärten Staat mit wahrhaft harmonischer Ordnung verwirklicht werden könnte. Er häuft zwar die Gründe, warum es dann doch nicht geht: das Faktum, daß man noch weit von diesem Ziel entfernt geblieben sei, die unnütze Muße, die Langeweile, die entstehen müßte, die privaten kleinen Händel und schließlich Krieg und Übervölkerung. Entschiedener wird der Gedanke ans gesellschaftliche Gute im zweiten Band der Parerga formuliert: »Wenn das Maschinenwesen seine Fortschritte in dem selben Maaße noch eine Zeit hindurch weiter führt; so kann es dahin kommen, daß die Anstrengung der Menschenkräfte beinahe ganz erspart wird; wie die eines großen Theils der Pferdekräfte schon jetzt. Dann freilich ließe sich an eine gewisse Allgemeinheit der Geisteskultur des Menschengeschlechts denken, welche

2 Vgl. Heinz Maus, Kritik am Justemilieu. Eine sozialphilosophische Studie über Schopenhauer. Bottrop i. W., 1940.

3 Schopenhauer, a. a. O., Bd. I., S. 451.

hingegen solange unmöglich ist, als ein großer Theil desselben schwerer körperlicher Arbeit obliegen muß; da Irritabilität und Sensibilität stets und überall im Allgemeinen wie im Einzelnen im Antagonismus stehn; eben weil die eine und selbe Lebenskraft beiden zum Grunde liegt. Weil ferner artes molliunt mores; so werden alsdann die Kriege im Großen und die Raufereien oder Duelle im Kleinen vielleicht ganz aus der Welt kommen; wie beide schon jetzt viel seltener geworden sind. Doch ist hier nicht mein Zweck, eine Utopie zu schreiben.«[4] Was nicht Absicht war, erfüllen die negativen Diagnosen noch gründlicher als die Abweichungen ins Positive. Die Weise, in der jene bitteren und humanen Erkenntnisse in der jüngsten Geschichte bestätigt worden sind, übertrifft noch die Ahnung von den Übeln, die, wie es im zitierten § 62 der ›Welt als Wille und Vorstellung‹ heißt, »sich jetzt nur eine kühne Einbildungskraft zu vergegenwärtigen vermag«[5]. Dabei braucht man nicht nur daran zu denken, daß der Fanatismus, die endlosen Verfolgungen, die grausamen Vertreibungen und Ausrottung ganzer nationaler und religiöser Gruppen, die Philalethes im Dialog über die Religion[6] beschreibt, im Jahrhundert Hitlers und Stalins ihre gigantische Fortsetzung fanden, es genügt, an den gesellschaftlichen Alltag in den Ländern zu erinnern, in denen der Kampf gegen die Armut am erfolgreichsten geführt wird. Unendlich viel ist erreicht worden, nicht bloß die ökonomischen Krisen, sondern auch die der freiheitlichen Institutionen wurden wieder und wieder gebannt. Schopenhauers utopischer Ausblick ist nahezu verwirklicht, der Druck jedoch nicht gewichen. Trotz der unvorstellbaren Steigerung der produktiven Kräfte ist das Leben bei fortschreitender Erleichterung nicht leichter geworden. Das zurückgegangene Elend, das freilich auch inmitten der Zivilisation fortexistiert (in Regionen wie Süditalien tritt es nur am krassesten hervor), liegt nicht bloß als Drohung, drinnen und draußen, im Hinterhalt, sondern die Besserung hat neue, ideale und reale Lasten geschaffen.

Es wäre leicht, in Schopenhauers Sinn die Gegenwart zum Sprechen zu bringen. Die Menschen vervielfachen sich rasch, die ans Technische gebundenen Bedürfnisse noch rascher. Wenn in einem Land die Einwohnerzahl seit 1900 sich verdoppelt hat, so haben sich einzelne Arten der neuen Apparate, die der Mann auf der Straße, teils wegen seines Berufs, teils wegen des unerläßlichen Prestiges erwerben muß, in derselben Zeit vertausendfacht. Unverkennbar ist der zivilisatori-

[4] a. a. O., Bd. V, S. 254 f.
[5] a. a. O., Bd. I, S. 451.
[6] a. a. O., Bd. V, S. 372 ff.

sche Effekt solcher Ausstattung: die fortschreitende Abschaffung des häuslichen Frondienstes der Frau, die Angleichung des Daseins von Arbeiter und Unternehmer, die Demokratisierung der Existenz. Und die Zivilisation ist nicht etwa der Gegensatz von Kultur, wie es die Agenten des Dritten Reiches haben wollten, sondern deren Voraussetzung. Unverkennbar freilich ist auch die zwangsmäßig sich durchsetzende Verlagerung der ökonomischen Energien aufs Instrument. Der Erwerb von Kraftfahrzeug und Empfangsgerät wird unerläßlich und erschwinglich, die Anlage einer ernsthaften privaten Bibliothek zum seltenen und überdies stets weniger lohnenden Luxus; Zusammenfassung und Ergebnis der Bücher erfährt man in Rundfunk und Presse, die Nuance zählt nur beim Fachmann. Ohnehin bewirkt dieselbe Verlagerung, daß die Wohltat der Verringerung der Arbeitszeit nur in bescheidenem Ausmaß in Muße sich verwandeln läßt. Ehe in der Freizeit, die um den Weg zu und von der Arbeitsstätte sich verkürzt, die verschiedenen Instrumente der Massenvergnügung die Langeweile bekämpfen dürfen, wartet die Instandhaltung der Wohnung und der Apparate selbst, die infolge der steigenden Preise für Handarbeit auch der Gutbezahlte selbst besorgen muß. Die Frau ist berufstätig. Teilzahlungen auf die komfortabler werdenden Apparate halten an, bis sie vielleicht veraltet und durch noch komfortablere zu ersetzen sind. Es geht darum, mit den Verpflichtungen, die die Erleichterung jedem auferlegt, Schritt zu halten. Die psychische Energie aber, die dem einzelnen für persönliche Interessen zur Verfügung steht, ist von Natur aus begrenzt, und der große innere Aufwand, den das ohne äußeren Zwang sich reproduzierende Leben des Ganzen heute vom einzelnen fordert, die gespannte Aufmerksamkeit im Betrieb wie beim mechanisch übermittelten Vergnügen braucht viel von ihr auf. Vielleicht hat Helvétius nicht unrecht, wenn er die Langeweile, die Schopenhauer nur als Übel ansieht, und höchstens für Superstitionen verantwortlich macht[7], als Grund der Phantasie mit richtiger Kultur in Verbindung bringt. Die Grenze zwischen Muße und Langeweile ist unscharf; die Menschen kommen zu beiden nicht. In der technischen Zivilisation werden sie so gründlich von ihrer Schwerfälligkeit kuriert, daß sie Widerstand verlernen. Widerstand aber ist die Seele der Schopenhauerschen Philosophie.

Ihre Idee der Kompensation des Fortschritts durch neues Leiden, in deren Durchführung die Vorstellung des Besseren sich aufdrängt, fände in der Gegenwart reiches Anschauungsmaterial, selbst wenn man nur auf die freien westlichen Länder blickt und vor Not und Terror im Osten die Augen schließt. Ingrimmig könnte Schopenhauer, der höhnisch vom Rauchen sprach und von den kindlichen Spielen der Leute,

[7] Schopenhauer, a. a. O., Bd. I, S. 417.

die keine Geistesanstrengung erfordern, auf die Massenkultur heute hinweisen und ihre Reklame, die bei ihm den gebührenden Platz gefunden hätte. Aber bei der – negativen – Kritik des gegenwärtigen Zustands, in dem das Strukturelle so sehr an Macht zugenommen hat, müßte er zur Erkenntnis fortschreiten, daß Kraft und Absicht des einzelnen, die ins Ganze eingehen, nicht weniger durch es bestimmt sind als es durch sie. Das Ganze der gesellschaftlichen Beziehungen konstituiert sich jeweils als Realität mit eigener Gesetzlichkeit. Die aus gesellschaftlich verbundenen Individuen sich erzeugende und verändernde Gesellschaft, nicht das von Gesellschaft isoliert gedachte Individuum gewährt Versorgung und Schutz in ihrer bestimmten Verteilung und Abstufung. Die nach ihrem Ort in der Gesellschaft je verschieden wirkenden, ihre aus dem Kräftespiel des Ganzen sich ergebende Funktion erfüllenden Individuen und Gruppen, nicht unabhängige Affekte und Vorstellungen liegen den Institutionen zugrunde, die für Recht und Unrecht entscheidend sind. Das Ganze, in dem freilich auch das der Gesellschaft gegenüber Freie und Selbständige sich meldet und abarbeitet, erzeugt Kultur und Massenkultur, von seinem Zustand hängt der Zustand der Sprache, ja aller geistigen Bereiche ab, wie die Entfaltung der Organe, sie zu erfahren und weiterzubringen, es bewirkt die Steigerung der Technik und die höhere Lebenserwartung, die notwendige Produktion von Maschinen und Konsumgut, wie deren irrationale Gewalt. Das übermenschliche soziale Wesen wird von den Menschen erzeugt; ohne ihre Aktivität und gegen ihren Willen vermöchte es nichts, es ist nur stark durch ihre Kraft und wirkt doch auf alle einzelnen zurück.

Wie wenig die psychologischen Gesetze aus dem Gesellschaftlichen abzuleiten sind – solche Versuche pflegen in Flachheit zu verlaufen –, so wenig folgen die gesellschaftlichen aus dem Psychologischen. Das Ineinanderspiel der beiden, wie das von Individuum und Gesellschaft, ist in jeder Epoche, ja in jedem geschichtlichen Augenblick verschieden. Wenn auch die psychischen Mechanismen in allen Individuen, isoliert genommen, dieselben sind, so wirken sie anders im je verschiedenen Ganzen. Jede Generallösung bleibt abstrakt, auch die pessimistische, nicht zuletzt deshalb, weil nicht bloß die Praxis von der Wahrheit abhängt, sondern auch die Wahrheit vom Handeln der Menschen. Das meint die Lehre vom Primat der praktischen Vernunft bei Kant. Vor seinem Erbe, das in Schopenhauers Philosophie überall bewahrt ist, hält der Psychologismus so wenig stand wie der soziale Universalismus jeder Art.

Soziologie und Philosophie

Was in den Diskussionen über Soziologie Theorie der Gesellschaft heißt, hat seine Vorgeschichte in den politischen Entwürfen der Griechen, unmittelbar gründet es in den Reaktionen auf die Französische Revolution. Durch sie empfing die Lehre von der Beziehung jedes Menschen zum Absoluten die neue praktikable Gestalt. »Liberté, Egalité, Fraternité« bezeichnet das Programm der bürgerlichen Verwirklichung von Religion und Philosophie. Nach Kant bedeutet es, daß jedes mit Vernunft begabte Wesen Möglichkeit und Pflicht zur freien Entfaltung habe und einzig durch die Rücksicht auf das gleiche Recht der andern zu beschränken sei. Das Resultat der Reformation war darin zugleich bestritten und bewahrt. Sie hatte die Erde als Feld beruflicher Tüchtigkeit dem Streben nach Erfolg geöffnet, indem sie das Ringen um Seligkeit ausschließlich in den von Wissenschaft getrennten Glauben verlegte; durch die wieder aktualisierte Lehre von der Gnadenwahl hatte sie jedoch die ewige Bestimmung eines jeden zum Himmel und durch das Zeichen des Jammertals, das dem Natürlichen von ihr aufgebrannt war, das Vertrauen in die irdische Zukunft der Menschheit negiert. Die Revolution gab der bürgerlichen Aktivität einen ihr einwohnenden Sinn: die Herstellung des richtigen Zustands unter den Menschen, die gesellschaftliche Ordnung, die den unabdingbaren Anspruch auf ein vernünftiges Leben für alle erfüllen sollte. Die Hoffnung erhielt ein konkretes, durch eigenes Tun erreichbares Ziel, sie war vom Jenseits auf das Diesseits gelenkt, ohne von ihrer Unbedingtheit etwas nachzulassen. Theorie der Gesellschaft entstand, als es sich zeigte, daß die Abschaffung des Absolutismus und der feudalen Reste jene Erwartung nicht erfüllen konnte. Es wurde offenbar, daß politische Emanzipation, Entfesselung der ungleichen ökonomischen Kräfte zu unbehindertem Wettbewerb nicht mit dem enthusiastisch erstrebten Ziel identisch war. Schon im Verlauf der Revolution trat deren innerer Gegensatz hervor; die blutige Befreiung hat nicht ausgereicht, um Freiheit einzurichten. Indem Robespierre und Saint-Just ihr Heil in staatlicher Lenkung der wirtschaftlichen Beziehung suchten, nahmen sie zu Beginn der bürgerlichen Ordnung die später unablässig wiederholte Erfahrung voraus, daß es bei bloßer Beseitigung der Schranken im ökonomischen Verkehr nicht bleiben konnte und daß zum Schutz der Freiheit deren Gegensatz, Verwaltung, Eingriff, Planung nötig war. Jene Männer des Schreckens, deren Funktion sie den Führern der heute erwachenden nationalsozialistischen und staatskapitalistischen Länder ähnlich macht, sind über das damals Erreichbare hinausgetrieben und vernichtet worden, die Theorie aber, die mit dem Ende des Schreckens, mit Babeuf und Fichte, begann, hat nicht aufgehört, die in ihm entstandene Gesellschaft an den Ideen der Revolution zu messen. Die Existenz des europäischen Liberalismus zeitigte die Theorie der Gesellschaft, sie folgte schlüssig aus den bürgerlichen Prinzipien selbst, denn die neue Freiheit erwies sich ebensosehr als Freiheit ökonomischer Machtentfaltung, die Gleichheit als Vordergrund gigantischer Unterschiede von Einkommen und Besitz, dem einzigen, das wirklich noch zählte, und die Brüderlichkeit als die durch wirtschaftlichen Druck und Manipulation erzeugte Bereitschaft zu kollektivem Aufbruch. Die Errungenschaften der Revolution trugen den Widerspruch in sich, der sozialen Stillstand nicht mehr zuließ. Hatten in der vorbürgerlichen Welt die wirtschaftlich relevanten Beziehungen auf der blind vorgegebenen Abhängigkeit von Individuen und Gruppen, auf Geburt beruht, so sollte Gerechtigkeit in der bürgerlichen Ordnung durch das anonyme Medium des Geldes gestiftet werden, in dem die Unterschiede der Personen untergehen. Mittels seiner setzte von Anfang an die labilere, aber nicht weniger prononcierte Hierarchie sich durch, die im Schoß der alten sich gebildet hatte. Weniger starr und weniger durchsichtig als im Ständestaat, jedoch keineswegs rational, vollzog sich von nun an die Einordnung der Menschen in den gesellschaftlichen Arbeitsprozeß. Der Liberalismus transformierte die bürgerliche Hierarchie in immer kompaktere und gewaltigere Machtkonstellationen.

Um den europäischen Glauben zu erfüllen, war bloße Abschaffung der alten Privilegien nicht genug. Dem Willen dazu entsprach der Begriff von Gesellschaft nach dem Sieg des Bürgertums. Saint-Simon wie Marx waren überzeugt, daß die Gestalt der wirtschaftlichen Beziehungen, die Konstellation der Menschen im Arbeitsprozeß, die nach der Ordnung des Eigentums sich herstellte, durch vernünftige Entschlüsse so gut bestimmt werden könne wie das physische Verfahren mit der außermenschlichen Natur; nicht bloß der Gegenstand, auch die Verteilung der Arbeit könne dem Verstand der Menschen unterworfen werden. Die Last der Produktion des Lebensunterhalts für alle werde beim gesteigerten Reichtum der Gesellschaft um so leichter wiegen, als der materiellen Konsumtion, ja dem Luxus, angesichts moderner Technik mit relativ bescheidenem Zeitaufwand zu genügen sei. Die Ausdehnung und zugleich die Beschränkung der bewußten gesellschaftlichen Kontrolle auf die Sphäre der Produktion schien der unkontrollierten Wirtschaft, die als maschinell ausgestatteter Naturstand im Leben des Ganzen wucherte und zum Selbstzweck sich zu machen drohte, jedenfalls vorzuziehen. Je weniger Ordnung in der ganzen

Wirtschaft, dachten die Theoretiker, desto härter muß sie in ihren Teilen und Unterteilen sein; die Menschen büßen an Freiheit ein, was sie um der Freiheit willen an Vernunft nachgeben. Je mehr Verfügungsgewalt aufgrund der unkontrollierten Wirtschaft zusammenschießt, desto mehr irrationale Verwaltung werde anstatt der rationalen sich ausbreiten. Die von der Theorie konzipierte, die wirtschaftlichen Beziehungen regelnde Gesellschaft war Gegensatz und Vollendung der bürgerlichen Ordnung, der Ausdruck, den philosophische Aufklärung sich gab, nachdem der von ihr erwählte Gegner, die alte Autorität, gefallen war. Erst als in Deutschland, wo die Einführung des bürgerlichen Zustands wie eine Art Nachspiel sich vollzog, die ökonomische Regelung ihr nicht, wie angekündigt, auf dem Fuße folgte, begann die Ohnmacht der Theorie offenbar zu werden. Mit dem gesellschaftlichen Zustand, der durch Abschaffung des infamen alten Regiments entstand, war nicht der nahe oder ferne Übergang in einen höheren gesetzt. Die Theorie war richtig und falsch zugleich. Während, wie vorhergesagt, die liberalistische Harmonie in Krisen und Kriegen sich als Illusion auflöste, verblaßte zugleich die Erwartung des Übergangs in eine Ordnung, in der die kollektiven Gegensätze aufgehoben sind. Die entfesselte Wirtschaft der fortgeschrittenen Länder blieb auf draußen verwiesen und erzeugte im Innern jedes Landes, wie unter den rivalisierenden Ländern selbst, die nie endenden Kämpfe. Ihr Verlauf hat zu den Rüstungen und Bündnissen und schließlich zu den Weltkriegen und zu jener Aufrüttelung der nicht durchindustrialisierten Völker geführt, bei denen infolge der jenseits ihrer Grenzen bereits entfalteten Technik der Liberalismus alten Stils keine Funktion mehr hatte und die Umwälzung von Beginn an mit staatskapitalistischen und sozialistischen Elementen durchsetzt war. Die List der Vernunft, nach der der Kleine dem Großen, der schlechter organisierte, ärmere Betrieb dem besser ausgestatteten, straffer gelenkten, das Alte dem kräftigeren Jungen weicht, setzt an der europäischen Gesellschaft selbst sich durch. Seit dem Anfang des gegenwärtigen Jahrhunderts hat man auf viele Weise unternommen, die produktive und grausame List, die nach der Theorie schon bald ihr Ziel erreichen sollte, wenigstens partiell durch menschliche Entschlüsse zu ersetzen. Zu der Praxis, die Dauer der Konjunktur durch innerstaatliche Lenkung zu sichern, trat nach den Weltkriegen der Versuch der Sicherung des Friedens durch überstaatliche Organisation. Sein Schicksal wird durch die Verhältnisse im Innern der Staaten bestimmt. Je mehr in den alten Industrieländern anstelle der aufgrund des Überflusses möglichen vernünftigen Regelung die durchs Spiel von Machtfaktoren bestimmte umfassende Verwaltung tritt, und je brutaler die newcomer-Nationen den Weg zum nötigen Lebens- und Rüstungsstandard abkürzen und den Liberalismus rechts liegen lassen, desto inaktueller und verstiegener wird die Hoffnung der Theorie auf Verwirklichung des bürgerlichen Glaubens. Anstelle freier Entschlüsse der ihrer selbst mächtigen, entfalteten Menschen treten totalitäre Cliquen und Schreckgestalten. Sie können ihre Macht sowohl durch Kräfte sozialer Umwälzung wie durch die von ihr bedrohten Machtgruppen beziehen, durch Revolution und Restauration. Wie verschieden die gesellschaftliche Basis und der historische Horizont der einzelnen Diktatoren aus diesem Grunde immer sein mögen, solange Gewalt im Innern besteht, zumal in starken Ländern, muß sie im Äußern sich wiederholen.

Seitdem die liberale Gesellschaft zu Lenkung und Verwaltung greift, seit durch gesteuerte Ausweitung der Produktion für Konsumtion und Destruktion die Wirtschaftskrisen beschränkt wurden, nahmen gesellschaftliche Instanzen auch den sie selbst betreffenden Gedanken in ihren Dienst. Anstatt sie kritisch zu transzendieren, sollte er fortan auf Verwaltung, Fortschritt und Ordnung, nicht auf unmittelbare Verwirklichung des ursprünglichen Glaubens abzielen. Theorie der Gesellschaft, Wissenschaft als politische Disziplin, wie sie bei Saint-Simon noch die höchste in der Hierarchie der Disziplinen bildet, wird zur Soziologie. So war sie von Auguste Comte nach dem Ende der französischen Revolution schon begründet worden. Er hatte noch die Reform des Ganzen im Sinn, bereits mit der Einsicht, daß sie nicht im Rahmen einer oder mehrerer Nationen durchzusetzen sei, sondern von der Konstitution der Menschheit als funktionierender Einheit abhänge. Gesellschaftliche Tatsachen jedoch galten ihm bereits als an sich bestimmte, nahezu physikalische Gegebenheiten. Er und Spencer sind den Gründern der sich als positive Wissenschaft verstehenden Soziologie, der Generation von Ross und Cooley, von Westermarck und Hobhouse, Simmel, Weber und der Durkheim-Schule, vorangegangen. Ein aufklärerisches, kritisches Element ist ihnen allen noch eigen, sie sind als Störenfriede der eingesessenen Wissenschaften, als Neuerer empfunden worden. Mit dem Vorsatz jedoch, es der Naturwissenschaft an methodologischem Aufwand gleichzutun und der kritischen Theorie wissenschaftlich zu begegnen, hat Soziologie schon vor dem Ersten Weltkrieg den einen oder anderen Lehrstuhl an Universitäten erobern können. Die Werke jener Generation gelten heute als die große Tradition. Ihr Thema bildeten umfassende, spezifische und kleine Gruppen in Geschichte und Vorgeschichte, das Verhältnis von Individuum und Gruppe, die wechselseitigen Beziehungen der Sphären gesellschaftlichen Lebens. Je mehr nach dem Modell der erfolgreichen Wissenschaften Soziologie sich auszubilden strebte, desto mehr verblaßte der Begriff von Gesellschaft, der einmal der konkreteste, ja das Konkretum war. Er erschien zugleich als entbehrlich und illegitim.

Nach jener Periode der frühen Soziologen, der Monographien, der Aufstellung von Grundbegriffen, Typen, Regeln und Methoden hat Soziologie zusammen mit Sozialpsychologie als vielfältiges Ganzes anerkannter Verfahrensweisen in der rasch sich umstrukturierenden und gegen eine äußere Welt von Feinden sich wappnenden Gesellschaft ihren Platz gefunden und sich nützlich gemacht. Ihre Aufgaben will sie, wie die traditionellen Disziplinen, teils aus der vom Gang der eigenen Untersuchung bedingten immanenten Problematik, teils von den Institutionen und Agenturen des wirklichen Lebens empfangen. Auf logische Strukturen, die nicht heuristisch verstanden werden, auf Begriffe, die den Gang der Untersuchung einer subtilen gesellschaftlichen Maschinerie vorwegzunehmen trachten, auf Extrapolationen, die mit politischer Praxis zusammenhängen, kann die technisch sorgfältig geschulte neue Disziplin in der Regel nur idiosynkratisch reagieren. Noch hat sie den Verdacht der Opposition und des Relativismus nicht überall abzuschütteln vermocht. Er ist unbegründet. Einzeluntersuchungen, ebenso wie theoretische Entwürfe, haben der Spekulation entsagt. Schon ein Begriff wie Industriegesellschaft, sofern er Wirklichkeit gedanklich zu strukturieren tendiert, hat das Bedenken der Simplifizierung gegen sich. Mathematische Apparatur und strikte Verifizierbarkeit werden um so entschiedener gefordert, je weniger der Stand methodischer Erfahrung und die Bedeutsamkeit der Resultate mit denen der Naturwissenschaft vorerst vergleichbar sind. Soziologie erfährt sich in steigendem Maß als eine Fertigkeit.

Aber von der Stufe der Entfaltung abgesehen, besteht zwischen ihr und der Naturwissenschaft ein prinzipieller Unterschied. Von Physik und Biologie wird nicht erwartet, daß sie die Kräfte, deren Organe sie sind, zu reflektieren vermögen. Bei aller psychologischen Motivation des einzelnen Forschers durch Neugier, Spieltrieb, Ehrgeiz, bei aller Freiheit zum Nutzlosen, bildet die Manipulation der Natur einen entscheidenden Faktor der Naturforschung, auf den sich zu besinnen nicht zu ihrem Thema gehört. Der im geschichtlichen Leben wirksamen Vernunft und Unvernunft, der bewußten und unbewußten Konvention, den politischen Instanzen muß es überlassen werden, wieweit die naturwissenschaftlichen Erkenntnisse und Erfindungen zu konstruktiven oder destruktiven Zielen, zum Guten oder Schlechten sich auswirken. Der Naturwissenschaft kann daraus kein Vorwurf erwachsen. Soziologie hingegen soll zur Erkenntnis und womöglich zur Lenkung der außerwissenschaftlichen Faktoren dienen, die den Wissenschaften ihre Richtung geben. Daß sie im Hinblick auf die Einsicht in ihre eigene Bedingtheit trotzdem nicht viel besser dasteht als die anderen Disziplinen, läßt eine Lücke offen, die in der nicht totalitären Gesellschaft freilich schwerer als in der diktatorisch gelenkten auszufüllen ist. Auch Soziologen, die sich mit den täglich produzierten Arbeitshypothesen der Forschungsroutine nicht begnügen wollen, schrecken davor zurück, das komplizierte Kräftespiel, aus dem die gesellschaftlichen Verhaltensweisen und ihre Änderungen hervorgehen und von dem auch die Soziologie ihre Impulse empfängt, durch weitausgreifende Begriffe nachzuzeichnen. Nach Robert Merton soll Soziologie auf theoretischem Gebiet zunächst mit relativ bescheidenen Aufgaben sich begnügen und spezielle Theorien mittleren Ausmaßes, »theories of the middle range«, etwa über widerstreitende Gruppeneinflüsse, über interpersonale Einflußnahmen und die Machtausübung zustande bringen, um die Ergebnisse erst später in ein allgemeineres System konsistenter Sätze aufzunehmen. An Parsons anschließend, will Ralf Dahrendorf Konflikt und Veränderung als entscheidende soziologische Kategorien festhalten; sie sollen jedoch nicht Momente des bestehenden Ganzen benennen, sondern der Auffassung von Teileinheiten der Gesellschaft dienen. Soziologie, die »nichts als Soziologie« sein will, darf, wie Leopold von Wiese einmal sagt, »Gesellschaft als substantielles soziales Gebilde« gar nicht gelten lassen. Sie versteht sich als Erfahrungswissenschaft im Gegensatz zur Theorie im alten Sinn oder, wie Merton meint, zu den »großen philosophischen Systemen der Vergangenheit mit all ihrem Gedankenreichtum, ihrem architektonischen Glanz und ihrer wissenschaftlichen Sterilität«[1]. Die Macht der gesellschaftlichen Realität ist so groß geworden, die Disproportion zwischen ihr und der Möglichkeit individueller Spontaneität so kraß, daß noch die Sprache, die den Sachverhalt bezeichnet, die Hilflosigkeit an sich trägt. Die Lehre von der Gesellschaft hat wie andere Wissenschaften im Bestehenden sich einzurichten; deshalb steht sie in Gefahr, das Bestehende als ganzes aus den Augen zu verlieren und in den verfestigten Teilen aufzugehen. Je mehr sie sich einbürgert, desto mehr ist sie überholt.

Aber ihrem eigenen Sinn nach vermag sie sich von Philosophie nicht zu lösen, deren Erbe sie in vieler Hinsicht zu verwalten hat. Philosophie war einst Besinnung aufs Subjekt. Solange es ausschließlich als das individuelle Ich erschien, blieb Psychologie die Wissenschaft, die mit philosophischen Intentionen am engsten verbunden war. Seitdem im deutschen Idealismus das Subjekt nicht mehr nur als individuelles, sondern zugleich als die Kraft der tätigen, miteinander in Verbindung stehenden, getriebenen und doch auch ihre eigene Geschichte machenden Menschen, als Gesellschaft sich begreifen lernte, wurde Soziologie in eminentem Sinn die philosophische Disziplin. Sie ist in der Tat, wie ihre positivistischen Vertreter sagen, Erfahrungswissenschaft, nur daß die Erfahrung als Soziologie auf ihre eigene Quelle, das seiner noch

[1] Robert Merton, Social Theory and Social Structure, Glencoe, Ill., 1949, S. 10.

nicht mächtige Subjekt, sich zurückwenden und es dadurch fähig machen soll, zu sich selbst zu kommen. Daraus ergeben sich Aufgaben, die weder aus der immanenten Problemdiskussion hervorgehen, noch mit äußeren Anforderungen zusammenfallen. Der Titel Ideologienlehre oder Wissenssoziologie scheint dafür zu eng, denn nicht mehr geht es vornehmlich um sogenannte Denkstile verschiedener sozialer Schichten, wie sehr sie auch fortleben, noch um bewußt verfertigte Lösungen und Apologien, wie sehr sie auch mit dem gegenwärtigen Leben verfilzt sind, sondern um die reale Welt, wie sie von jedem wahrgenommen wird. Der Menschentyp, den diese Welt produziert, ist nüchtern geworden und erkennt in jeder Art Beteuerung sehr rasch die Konvention und Absicht. Der Enthüllung bedürfen weniger die Gedanken, die vom Bestehenden sich entfernen, als die Tatsachen, auf die man sie beschränken will. Die physische Natur, die aus den dinghaft nicht mehr faßbaren, mikrokosmischen Teilchen gebaut ist, erhärtet ihre Einheit durch die Intention auf Herrschaft; die Summe von Studien dagegen, die aus dem Material von Antworten bei Polls, aus Daten von Erhebungen im Betrieb, Erforschung kleiner Gruppen entstehen, spiegelt die Ohnmacht, die Welt aufgrund jener Herrschaft menschlich einzurichten. Zu meinen, die Tatsachen, die die Empirie sich herstellt und zusammenstellt, seien Elemente von Gesellschaft, ist Täuschung; sie sind Produkte der durch heteronome Interessen gelenkten Abstraktion. Ohne Bekümmerung ums Schicksal des Ganzen, von dem doch nicht die Rede sein soll, ohne Idee im Sinn der großen Philosophie, ist Soziologie als Wissenschaft wirklich steril, wie sie jener zu Unrecht es vorwirft. Was Durkheim, dessen Forschung noch weit theoretischer bestimmt war, als er gelten lassen wollte, von der Logik zeigte, daß sie nämlich als Reflex gesellschaftlicher Vorgänge und Strukturen zu verstehen sei, gilt nicht weniger für die Tatsachen; für solche, die der Soziologe seiner Arbeit zugrunde legt, wie für die des menschlichen Bewußtseins überhaupt. Was und wie die Menschen etwas wissen, von ihren Autostraßen, Siedlungen, Arbeitsstätten bis zu ihrer Liebe und ihrer Furcht, ist mitbedingt durch ihr Zusammenleben, die Organisation der Arbeit, gestern und heute. Die Anstrengung, den gesellschaftlichen Mechanismen, die dabei im Spiele sind, im einzelnen nachzugehen, ist an die Stelle von Enthüllungen im alten Sinn getreten. In der Tat hat sich Wissenschaft an die Fakten zu halten, doch sind die Fakten nicht bloß durch die bewußt geübten Methoden und das jeweilige Forschungsziel, sondern durch den Gegenstand der Soziologie, das gesellschaftliche Ganze und seine mannigfaltigen Momente, überall präformiert. Das zumindest ist die Annahme, deren fortschreitende Bestätigung zum Gang der Soziologie als Wissenschaft gehört. Je mehr Licht eine Untersuchung auf die Weise solcher Präformation zu werfen vermag, je mehr sie zeigt, wie die Menschen in ihrer Arbeit zugleich sich selbst herstellen, desto mehr erfüllt Soziologie die Aufgabe der Selbsterkenntnis und der Selbstbestimmung, die herbeizuführen Philosophie einst als ihr Werk betrachtet hat. Die Studien so anzulegen, daß die Heteronomie sozialer Schichten, die Suggestibilität der Individuen als Wirkung gesellschaftlicher Zusammenhänge hervortritt, ist eine Konsequenz, die Soziologie bei aller Ohnmacht des Gedankens aus ihrer eigenen Geschichte ziehen muß. Nie jedoch ist Reflexion aufs kollektive Subjekt ganz durchzuführen; solange in der Gesellschaft irgend Freiheit herrscht, kann es sich nicht durchweg als bedingt verstehen, und wenn die Freiheit geschwunden ist, hört es auf, Subjekt zu sein.

Das Erbe der Philosophie, das Soziologie übernommen hat, erschöpft sich nicht in solcher Reflexion der Gesellschaft auf sich selbst. Ohne den Gedanken an Resistenz gegen das Versinken ins Totalitäre, an die Erhaltung und Ausbreitung der auf Freiheit zielenden Kräfte vermag Soziologie aus dem Labyrinth der sozialen Maschinerie nicht herauszufinden, wie wenig klar er im Dunkel erkennbar sein mag. Jede bestimmende Idee, auch die des Juristen oder Mediziners, muß sich dem Versuch versagen, sie eindeutig festzulegen, doch ohne sie zerfällt die Wissenschaft. Daß die Anlage der Projekte ganz anderen als philosophischen und theoretisch-praktischen Rücksichten sich verdanken mag, daß die psychologischen, bewußten und unbewußten Antriebe derer, die sie durchführen, wie derer, die sie benützen, keineswegs dem bürgerlichen Glauben entspringen, kann nichts daran ändern, daß der Gegenstand der Soziologie als Wissenschaft nicht weniger durch objektive Interessen der Menschheit konstituiert wird als andere Felder der Erkenntnis. Der Unterschied liegt im Wesen der Interessen; Soziologie weist auf das richtige Zusammenleben der Menschen hin. Das teilt sie mit jener alten Theorie der Gesellschaft, die heute, verfestigt und entstellt, der rücksichtslosen Ertüchtigung zurückgebliebener Völker als Vorspann dient. Im Kampf gegen die totalitäre Welt, die der europäischen nicht bloß von außen droht, kann Soziologie sich nicht dem ökonomischen Kräftespiel, das in vieler Hinsicht zu ihrem Thema gehört, bloß überlassen und der allgemeinen Tendenz zum Vergessen nachgeben. Vielmehr hat sie die Mittel, mit denen die Gesellschaft sich am Leben erhält, in Beziehung auf den Zweck, die menschenwürdige Einrichtung des Lebens zu sehen. Bei der Entfaltung aller einzelnen zu geistigen, ihr Schicksal selbst bestimmenden Wesen bildet der Lebensstandard bloß ein Moment. Hypostasiert, muß er den Zerfall der europäischen Gesellschaft beschleunigen. Von ihrem Ursprung aus dem Willen, Religion und Philosophie in die Welt einzubilden, läßt Soziologie, ob sie Machtverhältnisse, Betriebsklima oder

Familie in ihren vielfältigen Aspekten und Veränderungen untersucht, so wenig sich trennen wie Psychologie von der Idee des vernunftbegabten Individuums. Das gilt nicht allein für jene Studien, in denen die Hemmung des Gedankens zum Thema steht, etwa über die Wirkungen der Massenkommunikation, über die sozialen, nationalen, religiösen Vorurteile, den wachsenden Druck der Ökonomie und seine Wirkung auf die Konformität, über die von Riesman geschilderte Einsamkeit des anpassungsbereiten Individuums in der Masse und das von Schelsky daran angeknüpfte Motiv der Annäherung des Menschentyps in beiden Machtblöcken der Gegenwart. Jede Untersuchung, rein empirisch, wie sie sich geben mag, trägt subjektive, das Material bestimmende Momente an sich, die zu jenem Willen in vielfältiger, richtiger oder unrichtiger Beziehung stehen. Diese Momente bewußt zu machen, gehört selbst in den Bereich der Soziologie. In ihr so wenig wie in anderen Disziplinen muß das Interesse, das von sich weiß, ein Hemmnis der Sachlichkeit bilden, eher wird sie von ihm herbeigeführt. Die nüchterne, auf die Quellen zurückgehende Geschichtsschreibung, die Voltaire so viel verdankt, schuldet der Empörung gegen die historische Rechtfertigung des Unrechts kaum mehr als die Wendung der deutschen Soziologie zum Positivismus dem Widerwillen gegen den Byzantinismus der Historie im kaiserlichen Deutschland. Reine Sachlichkeit bleibt vor dem Chaos gesellschaftlich bedingter Tatsachen und der unendlichen Fülle möglicher Betrachtungsweisen Illusion. Nicht als ob die Praxis das Resultat zu bestimmen hätte. Die vorgeschriebene Vereinbarkeit einer Untersuchung mit bestimmten Absichten, denen sie genügen müßte, oder gar die Forderung bestimmter Resultate, ja die mangelnde Bereitschaft, aufgrund dessen, was erfahren wird, wenn es nur bedeutsam genug ist, die eigenen Voraussetzungen einzuschränken und notfalls aufzugeben, widerspricht nicht bloß der Wissenschaft, sondern geistigem Leben schlechthin. All das gehört in den politischen Bereich des Totalitären, gegen den die immanenten, unabdingbaren Intentionen von Soziologie dem Wesen nach gerichtet sind. Ihr ureigener Motor, der theoretisch-praktische Antrieb der Soziologie, ist nicht Naturbeherrschung und auch nicht Beherrschung der Gesellschaft, wie sehr sie im einzelnen von Nutzen sein mag, sondern die Anstrengung, das gesellschaftliche Leben im Hinblick auf seinen von Menschen gesetzten Sinn erkenntnismäßig zu durchdringen. Zu ihren Aufgaben gehört es, daß sie Hemmnisse des selbständigen Gedankens in Beruf und sogenannter Freizeit registriert und die Verkümmerung der Individuen inmitten der Steigerung von Konsum und Lebenserwartung wahrnimmt. Durch die Phänomene der Nivellierung hindurch hat sie die zugleich sich verändernden Unterschiede sozialer und ökonomischer Macht zu beobachten; sie sind kraß und spielen noch in den zivilisiertesten Staaten, wo Rechtssicherheit und Schutz der Individuen am weitesten gediehen sind, in jede Lebenslage hinein. Sie verdienen die soziologische Aufmerksamkeit nicht weniger als die Liberalisierung der Beziehungen zwischen den sozialen Schichten inner- und außerhalb des modernen Produktionsprozesses oder etwa das Potential einer neuen Solidarität von Mann und Frau.

Die Beziehung zur Philosophie bleibt für die Soziologie konstitutiv, wenngleich die alte Theorie sich nicht verwirklicht hat. Die Gesellschaft, die am Ende zu dem Ungetüm wurde, als das sie Hobbes an ihrem Anfang beschrieb, schreckt den Gedanken zurück, der sie als Ganzes zu fassen sucht. Das Ganze zu denken wäre von der Möglichkeit, denkend auf es zu wirken, nicht abzulösen. Das Vertrauen dazu eignete der europäischen Philosophie, als sie die Theologie ablöste und anstelle des Glaubens an die natürliche Ordnung die Aufgabe setzte, die menschlichen Verhältnisse nach vernünftiger Einsicht zu bestimmen. Trotz aller aus dem undurchdringlichen ökonomischen Kräftespiel entspringenden staatlichen Regulierung heute hat jenes Vertrauen an Boden verloren. Die Scheu jener modernen Soziologen, an die Form der Gesellschaft zu rühren, ist durch die aus ihr selbst sich fester bestimmenden Grenzen motiviert, die dem wirksamen Gedanken gezogen sind. Was jeweils spekulativ und was realistisch ist, hängt vom Stand der Geschichte ab. Wo heute Theorie auf ihre mögliche Gewalt verweist oder gar auf sie zu pochen wagt, spiegelt sie ein bis zum Sinn der einzelnen Begriffe verfälschtes Bild der Welt. Ergriffen wird der gesellschaftlich auf rasches Reagieren, Wendigkeit und Anpassung geformte Mensch der Industriegesellschaft durch die Übermacht der je unmittelbaren Interessenstruktur zusammen mit der kompakten Masse konvergierender Meinungsinstrumente. Sie reichen von Reklame und Schlagzeile über die durchs moderne Leben diktierte oder gar von Sachkundigen gestaltete Ausfüllung der zur Freizeit erniedrigten Muße bis zur psychologisch geplanten Propaganda der politischen Instanzen. Die Aktualität der Theorie stammt nicht mehr aus der Nähe der Erfüllung des bürgerlichen Glaubens, die vielmehr fraglicher wird, je vollständiger ihre Bedingungen vorhanden sind – die Verringerung der schweren Arbeit, die Verlängerung der Lebenszeit, die vollen Märkte und Kaufläden sind verläßliche Zeichen, daß die Schuld nicht an den vorhandenen Kräften liegt –, die Aktualität gründet, von den äußeren Gefahren abgesehen, in der drohenden Verkümmerung der subjektiven Qualitäten, die zum vernünftigeren Zustand die Voraussetzung bilden. Den Prozeß aufzuhalten, indem sie ihn begreift, ist die Hoffnung der Theorie. Sie zerstreut die Täuschung, daß die durch Manipulierung und Inflationsspirale durchgehaltene

Krisenfreiheit mit der Steigerung der menschlichen zusammenfalle, und erst recht den krassen Betrug, nach dem die Zwangsindustrialisierung im Osten, gegen die der englische Frühliberalismus, das genuine Angriffsziel des modernen Sozialismus, noch als Idyll erscheint, der Sozialismus selber sei. Der theoretische Gedanke heute ist die gegen die Zeit durchgehaltene, in gesellschaftlichen Lettern buchstabierte philosophische Intention. Die Frage der Exaktheit, des Vorzugs methodisch strenger, der sogenannten harten über die weiche Soziologie bleibt davon ganz unberührt. Die Studie, die den Gedanken an die Idee nicht explizit enthält, kann theoretisch bedeutsamer sein als viele andere, in denen er bewußt eine Rolle spielt. Wenn die Beziehung nur nicht völlig abreißt, bleibt dem Soziologen die Distanz zum herrschenden Betrieb, etwas vom Intellektuellen im alten Sinn. Als Individualist, als Nonkonformist wird dieser in den totalitären Staaten liquidiert, und der Spielraum, den er in den europäischen noch genießt, ist ein Index für die Unterschiede an individueller Freiheit in ihren Grenzen. Am Intellektuellen zeigt sich, wie weit die Gesellschaft sich vor der Beurteilung ihrer selbst, vor wahrer oder schiefer, zu fürchten oder jedes Wort sogleich auf seine mögliche Wirkung, sozusagen als ein Mittel für oder wider die erwünschte Ausrichtung, zu prüfen hat; an seinem Schicksal tritt hervor, wieweit es der Gesellschaft auf Herrschaft oder Freiheit ankommt. Die Soziologie trägt trotz allem ausgebildeten Instrumentarium, trotz allem Wunsch, den eingesessenen Fächern gleichzusein, etwas von der Verantwortung der »Mechanici«, der Philosophen des Barocks, der Intellektuellen des siebzehnten Jahrhunderts, an sich. An ihrem Thema, der Einrichtung der Gesellschaft, hängt das Interesse der Menschheit wie damals an der Verfassung der physischen Welt. Die Bestimmung soziologischer Forschungsziele, ebenso wie jeder Schritt in einer Studie, hat gesellschaftliche Bedeutung. Morris Ginsberg sagt in einem 1958 erschienenen Aufsatz [2], soziale Prozesse seien weder fatalistisch bestimmt noch frei von begrenzenden Bedingungen, aber ihre Kenntnis gehöre entscheidend zur Bestimmung der Ereignisse. Von der kritischen Durchdringung jener Bedingungen menschlicher und sachlicher Art könnte es abhängen, wieviel Erkenntnis in die Entscheidungen der Gesellschaft eingeht. Dem wäre nur hinzuzufügen, daß, wo immer es auf Autonomie ankommt, der Inhalt des Willens und daher auch dessen, was als seine Beschränkung erscheint, weder bloß aus der Masse von Tatsachen noch, wie Max Weber glaubte, aus irrationaler Entscheidung hervorgeht, sondern an der Tradition des großen europäischen Gedankens zu messen ist. Das hat wohl auch René König gemeint, wenn er in der Einleitung seines

[2] Morris Ginsberg, Social Change, in: British Journal of Sociology, Sept. 1958, S. 205 ff.

soziologischen Lexikons erklärt, nachdem er Geschichts- und Sozialphilosophie von der Soziologie gesondert hat, es stelle »sogar im konkreten Forschungsprozeß« sich immer wieder ein, »daß die Diskussion in einem gegebenen Falle einzig durch philosophische Überlegungen weitergebracht werden kann«[3]. Das gilt für die Lehre überhaupt. Indem Kenntnis der Methode und der soziologischen Forschungsergebnisse auch für den Nichtsoziologen die Fähigkeit zu differenzierter Erfahrung stärken kann, indem sie das Verständnis für Menschen erweitert und der Anfälligkeit für Fanatismus entgegenwirkt, setzt Soziologie die viel gehaßte Aufklärung fort. Sie ist sich selbst zuwider, wenn sie der Realität, die sie entzaubern sollte, allzu kundig sich anzupassen weiß. Das öffentliche Bewußtsein, besonders in Deutschland, hat ihr kritisches Wesen, die Nähe ihres Gedankens zum Widerstand gegen die je vorherrschende Tendenz der Gesellschaft, wohl in Erinnerung. Es bringt sie mit Philosophie in Zusammenhang. Was früher Bildung geheißen hat, die geistige Widerstandskraft gegen die aufs Bewußtsein einstürmenden Tagesmächte, ist nicht mehr denkbar ohne das Wissen von Gesellschaft und die Prozesse in ihr.

Die alte Theorie glaubte, der Zukunft gewiß zu sein. Daß heute Soziologie empirisch sich ausbreitet, ist Zeichen ihrer Nützlichkeit zugleich und ihrer Resignation. Anders als die Philosophie, die einstmals als Herold die bürgerliche Welt und ihre Wissenschaft verkündigte, blickt Soziologie, wenn sie sich frei macht, nach rückwärts: zu den geschichtlichen Phasen, in denen die europäische Gesellschaft die Kraft noch in sich fühlte, dem eigenen Prinzip, dem richtigen Zustand unter den Menschen, zur Wirklichkeit zu verhelfen. Im Gedanken an jenes Potential sucht sie die Stellung zu halten, zu der die Menschheit nach Katastrophen vielleicht erfahrener zurückkehren wird.

[3] Soziologie, hrsg. von René König, Fischer Lexikon, Bd. 10, Frankfurt 1958, S. 7.

Philosophie als Kulturkritik

Die gegenwärtige Auseinandersetzung zwischen Natur- und Geisteswissenschaften ist durch die begreifliche Furcht der philosophischen Disziplinen bedingt, angesichts der alles verzehrenden Technik im allgemeinen und der Aufrüstung im besonderen bei der Verteilung von Mitteln zu kurz zu kommen. Dabei läßt die Weise, in der die Interessen der Geisteswissenschaften vertreten werden, ihre Verlegenheit erkennen. Argumente, vor allem soweit sie die Erlangung finanzieller Mittel, sei es von Parlamenten oder von Machthabern oder selbst von Mäzenen, zum Ziele haben, bedürfen der Nützlichkeit als Trumpf. Deshalb pflegen ihre Fürsprecher die propädeutische Wichtigkeit humanistischer Studien für die Naturwissenschaften, ihren Wert für die Disziplinierung des Denkens, für die Einordnung des Bürgers in die staatliche Gemeinschaft und jüngstens ihre Unentbehrlichkeit bei der Heranbildung für sogenannte Führungsposten in Industrie und Verwaltung hervorzuheben. Man zählt die persönlichen Züge auf, die in hohen Stellungen erforderlich seien, und sucht zu zeigen, wie der Umgang mit geistigen Dingen in der Jugend zur Entwicklung solcher Fähigkeiten beitragen kann. Wenn allgemeine Bildung im neunzehnten Jahrhundert für den erfolgreichen Unternehmer in vieler Hinsicht selbstverständlich war, ohne daß sie ganz im praktischen Zwecke aufzugehen schien, so wird sie jetzt für den künftigen Generaldirektor, ja den Manager überhaupt, als Mittel zum Zweck empfohlen.[1] Die realistische Funktion, die den Geisteswissenschaften, vor allem ihrem Kern, der Philosophie, in jeder bürgerlichen Epoche noch stets geblieben war, tritt heute unmittelbar hervor. Die Ausbildung eines findigen Verstandes und praktischer Phantasie, die Erleichterung des Überblicks über nationale und internationale Verhältnisse, die Kunst der Menschenbehandlung spielten implizit schon in den theologischen und weltlichen Zweigen der frühen Universitäten eine Rolle. Heute, wo die philosophischen Fächer in ein Stadium getreten sind, in dem sie für anziehende Karrieren in ihrem eigenen Bereich kaum mehr Aussicht gewähren, bedeutet in den fortgeschrittensten Ländern ihre Teilnahme an der Erziehung zu lebenswichtigeren gesellschaftlichen Aufgaben für sie eine neue Möglichkeit, die freilich ihren Sinn und Inhalt nicht unberührt lassen kann. In Deutschland dienen die philosophischen Fakultäten vor allem noch der Ausbildung von Kandidaten des höheren

[1] Vgl. etwa Peter F. Drucker, The Practice of Management, New York 1954.

Lehramts, eines akademischen Berufs, auf den die Abwertung der humanistischen Fähigkeiten besonders stark zurückwirkt. Um so dringender sind die Geisteswissenschaften auf den Daseinsgrund verwiesen, den sie durch ihre neue Rolle bei der Erziehung des wirtschaftlichen Nachwuchses, durch die Teilnahme an innen- und außenpolitischer Werbung, durch ihren Nutzen für staatliche und wirtschaftliche Aktivitäten gewinnen können. Wieweit solche Funktionen ihrer im Schwinden begriffenen Substanz zu Hilfe kämen, läßt sich freilich nicht vorherbestimmen.

Auf andere Weise hat Jacques Barzun, der gelehrte Provost der Columbia-Universität, die philosophischen Disziplinen gegenüber den Natur- und Sozialwissenschaften zu stützen versucht. Ihr Nutzen, so meint er, bestehe nicht, wie bei diesen, in der Vermittlung von Herrschaftswissen in einem jenseits ihrer selbst liegenden Zweck, sondern vielmehr darin, daß sie ganz unmittelbar einem Bedürfnis entsprechen. »Der Nutzen der humanistischen Wissenschaften«, so sagte er, »ist durch den alten, unerschütterlichen, immer sich verbreiternden Wunsch nach ihnen bewiesen und festgelegt.«[2] Daß die Menschen sich für Geschichte interessieren, fremde Sprachen lernen, an gelehrten Dingen teilnehmen, anstatt nur Städtebau zu betreiben und soziale Angelegenheiten zu regeln, sei ein Faktum, dem man eben Rechnung zu tragen habe. »Die Geisteswissenschaften« (gemeint sind Sprachkurse und Lektüre von Geschichtswerken), sagt er scherzhaft in seinem Plädoyer, »die solchen Torheiten Vorschub leisten und als Antibiotica ganz unnütz sind, umgeben uns doch überall, reizen unser Auge, Ohr und unseren Geist und häufen den Berg von Unfug, für den sie stehen.« Nach Barzun also sollen Philosophie, Geschichte, Philologie, Ästhetik um ihres eigenen Reizes willen existieren. Das bedeutet, daß sie wesentlich Konsumgüter sind, mit demselben Recht wie Kino, Fernsehen, Modeschöpfungen, Zigaretten und Gesellschaftsreisen – eine Verteidigung, die angesichts der Konkurrenz mit solchen gängigen Artikeln kaum eine günstige Prognose für die künftige Entfaltung der Geisteswissenschaften oder gar für ihre Resistenz gegen das drohende Unheil zuläßt.

Der Rechtfertigung überhaupt bedarf es, weil die aufhellende Kraft des philosophischen Gedankens gebrochen ist. Die aggressive Klarheit und Deutlichkeit, die clara et distincta perceptio, hat seit dem Untergang des Absolutismus ihren Stachel eingebüßt. Die Philosophen leben nicht mehr verborgen und unstet wie Descartes oder an der Grenze der Staaten wie Voltaire. Nach der, vor allem auf Deutschland beschränkten, Verinnerlichung der politischen Energien, die in Philosophie und Musik den großen Ausdruck fand, haben sie mit der Welt Frieden ge-

[2] Jacques Barzun, Science versus Humanities, Saturday Evening Post, 3. Mai 1958.

schlossen, mit der uneins zu sein einmal zum Wesen der Philosophie gehörte. Schopenhauer und Nietzsche, die Nachfahren der großen Philosophie, nahmen in ihrem Leben die neue Einsamkeit des Denkenden voraus.

Was jedoch heute zu Ende geht, hat, als es der Rechtfertigung noch nicht bedürftig war, einmal eine gesellschaftlich produktive Rolle gespielt. Philosophie wußte von sich als vom unterbrochenen, in vieler Hinsicht von außen bedingten, zugleich jedoch auch einer immanenten Logik gehorchenden Gang des europäischen Geistes, sie erfuhr sich als fragiles und mehrdeutiges, aber doch auch zusammenhängendes Ganzes, das zur Substanz der Zivilisation gehört, mit der es zugleich eins und uneins ist. Wie die der älteren Kulturen ist die reale Geschichte der europäischen Völker erfüllt von Fanatismus und Grausamkeit, von unmäßiger Eigensucht der Individuen und Gruppen, von Unterdrückung und einer auf lange Zeitstrecken hin engstirnigen und barbarischen Justiz, in der das Ressentiment der schlecht gebändigten Instinkte der sich Duckenden seit je Befriedigung sucht. In der Mitte der dreißiger Jahre dieses Jahrhunderts, also während der Herrschaft von Hitler und Stalin, hieß es in einem Artikel Bertrand Russells: »Mit denen, die die Intoleranz von Faschismus und Kommunismus nicht mögen, stimme ich gern überein, es sei denn, sie sähen darin eine Abweichung von der europäischen Tradition. Diejenigen unter uns, die in einer Atmosphäre von verfolgungssüchtigem Regierungsdogmatismus nicht atmen können, wären in den meisten früheren Zeitaltern Europas nicht viel besser gefahren als im modernen Rußland oder Deutschland.«[3] Trotzdem zog sich in vergangenen Jahrhunderten eine Art Zusammenhang des europäischen Denkens über die Unmöglichkeit und Möglichkeit von Wahrheit, über die Menschen und ihre Bestimmung, über Endliches und Unendliches durch die Realität. Wenn David Hume in seinem »Enquiry« von der Darlegung, wie durch Assoziationen Einheit ins individuelle Bewußtsein kommt, unmittelbar zur Einheit von Kunstwerken übergeht, so hätte er fortfahren können, daß, wie das Ich und das Kunstwerk, auch der die Gesellschaft durchherrschende Geist durch innere Bande zusammengehalten ist. Die Besinnung darauf, wie dessen zerklüftete Einheit zustande kommt, hat dann das Thema der deutschen, nicht der englischen Philosophie gebildet. Ihre Antwort lautet, die Einheit sei gestiftet durch die theoretische und die damit zusammenhängende praktische Anstrengung, den Widerspruch zu überwinden zwischen der daseienden, erfahrenen Wirklichkeit, wie sie je nach der erreichten Stufe der Erkenntnis erscheint, und einer der Vernunft entsprechenden Welt, in der das Subjekt als autonomer Geist sich wiederfinden kann – mit anderen Wor-

[3] Bertrand Russell, In Praise of Idleness, London 1935.

ten: durch den sich ändernden und produktiven Widerspruch zwischen dem Bestehenden und dem Gedanken selbst. Durch Philosophie wie durch Kunst wird der große Abstand zwischen dem, was ist, und dem, was sein soll, an dem je Seienden selber offenbar. Jede Ordnung, die sich die Menschen unter dem Zwang der Verhältnisse auferlegen, jede kulturelle Struktur nicht weniger als jedes einzelne Urteil erhebt, mit oder ohne Willen, Anspruch auf Richtigkeit, und kein Begriff, keine Ordnung wird dem eigenen Anspruch gerecht. Der Ausgleich des Unterschieds zwischen dem Begriff und seinem Anspruch, zwischen der je herrschenden Ordnung und der ewigen Wahrheit würde die finstere Geschichte der Menschen zum Abschluß bringen. Die trügerische Annahme vom Beginn des sinnvollen Endes war Voraussetzung und Ergebnis des absoluten Idealismus und hat noch seine materialistischen Schüler irregeführt. Jener sah das ersehnte Reich der Sittlichkeit im preußischen Staat, Rousseau sah es, als zweite Natur, im Schweizer Kanton heraufkommen; diese sahen es im Kommunismus, der sogleich folgen sollte. Aber Hegels Resignation, welche die bürgerliche Revolution für die letzte hielt, die zu einem höheren Zustand führte, hat sich als der geringere Irrtum erwiesen, wie fragwürdig immer die philosophische Rolle sein mag, die der Staat bei ihm spielt.

Kritik, Bewußtsein der Differenz, war stets die Kraft des philosophischen Gedankens, der sich als das Wesen der Wirklichkeit und zugleich als deren Gegensatz erfährt, von der er handelt. Der Begriff ist nie mit sich versöhnt. Noch die Abspaltung der positiven Wissenschaften: der Mathematik, Physik, Chemie, der Psychologie und der Sozialwissenschaften von der Philosophie gehört deren eigener Entwicklung an, wie sie durch den Widerspruch der herrschenden Vorstellungen zur intendierten Wahrheit sich erzeugt. Die Tendenz zur aktiven Veränderung der Welt, die im schrankenlosen Wachsen der Kräfte sich ausdrückt und von der die Sezession der Einzelwissenschaften eine Seite ist, war dem europäischen Gedanken seit der Antike eigentümlich. Aber es war weder der Sinn der Philosophie, am Ende in jenen Disziplinen aufzugehen oder als Logistik und Semantik ihnen als eine Art Hilfswissenschaft sich anzugliedern – darin besteht der Wahn des Positivismus, noch bildet Philosophie ein Spezialhandwerk mit eigenen, auf ein besonderes Thema: das Sein, zugeschnittenen Verfahrensweisen – das ist die Prätention der Fundamentalontologie; beide richten in der Arbeitsteilung sich ein und verleugnen damit objektiv den Gegensatz von Idee und Realität, aus dem der freie Gedanke ehemals seine Kraft gewann. Durch die säuberliche Trennung beider Seiten im Betrieb der Gesellschaft verschwindet der Gegensatz, der nur besteht, sofern sie eins sein wollen. Mit der Versicherung, sie stelle alles »in Frage«, bequemt sich Philosophie in diesem Jahrhundert, weit schmiegsamer als die ältere, der es bewußt um Rechtfertigung ging, zu jener Integration, auf die zu verzichten die Bedingung ihrer Arbeit ist.

Dem Bestehenden, sei es als dem vorhandenen Gedanken, sei es als der gegebenen natürlichen und gesellschaftlichen Wirklichkeit, zu widersprechen vermag der Gedanke nur, wenn er das, was jeweils Glauben und Anerkennung fordert (es sei denn, daß es in bloßer Lüge besteht), nicht einfach zunichte macht, sondern als ein geistig Durchdrungenes, zu seinem Recht Gebrachtes in Fleisch und Blut der künftigen Gestalt des Bewußtseins hinübernimmt. Er ist beidem zuwider, dem Auslöschen und Vergessen, wie dem Katalogisieren und Aufstapeln. Die rein konstatierenden, philologischen, historischen Studien leisten Hilfsarbeiten, sie sind nützlich und unerläßlich, doch bleiben die Gelehrten im positivistischen Sinn, nach Nietzsches Wort[4], bloß Angestellte der Wissenschaft. Sie sind also für die Wissenschaft, die Wissenschaft ist aber nicht für sie da. Wenn das von ihnen Festgestellte am Leben des Geistes teilhaben soll, muß es in theoretische Gedanken einbezogen werden, die nicht ausschließlich an das spezielle Fachgebiet gefesselt sind.

Mit der zugleich verändernden und bewahrenden Funktion des Gedankens ist es ähnlich bestellt wie mit der umgestaltenden Kraft der Gesellschaft selbst. Um zu angemesseneren Formen fortzuschreiten, muß die Gesellschaft ihre Individuen immer wieder dazu bringen, neue Verhaltensweisen anzunehmen; man denke an die Gewöhnung an Fabrikarbeit im Laufe der industriellen Revolution. Der überkommene Lebensgang, der in seiner geringeren Straffheit dem Rückblick einmal als verlorene Heimat erschien, wurde als veraltete Form der Existenz durch neue Daseinsweisen abgelöst. Der emanzipatorische Prozeß, durch den Geschichte in den heute entwickelten Ländern vorindustrielle Formen der Gesellschaft praktisch kritisierte, vollzog sich hier, der wenig entwickelten Technik entsprechend, von inneren und äußeren Krisen gehemmt und gefördert, mit einiger Langsamkeit. Heute wird der Übergang in den früheren Kolonialländern rasch nachgeholt, rücksichtslos radikal. Dort muten sich heute die Eingeborenen unter ihren Diktatoren nicht weniger zu, als was ihnen von den Imperialisten des neunzehnten Jahrhunderts schon zugemutet worden war. Langsamkeit, mangelnde Anpassung gilt dort heute nicht mehr als Faulheit, sondern als Verrat an der Volksgemeinschaft. Schon Hitler und Stalin wollten das durch keine Residuen gehemmte Funktionieren der Industrie der fortgeschrittensten Länder mit Hochdruck nachholen. Der Nationalsozialismus und der Kommunismus suchten die letzten Spuren nicht straff ausgerichteter Daseinsweisen auszumer-

[4] Friedrich Nietzsche, Gesammelte Werke, Musarion-Ausgabe, München 1923, Bd. IX, S. 271.

zen, und der übersteigerte Nationalismus der zurückgebliebenen Länder heute entspricht demselben Trieb zur rasenden Industrialisierung, zur Herstellung der Konsumgüter fürs Volk und der Luxusartikel des Prestiges, der Rüstung, des umspannenden Polizei- und Propagandaapparates für die Herrschaft. Die Trägheit, die Schwäche der Individuen, wird ausgerottet. Jeder muß die gewaltsame Disziplinierung an sich selbst vollbringen, oder wenn er es nicht vermag, zugrunde gehen. Angesichts des nie geahnten Reichtums der Weltmächte empfinden die eingeborenen Massen ihre Armut als Schande, und der neue Nationalstolz ist die transformierte Wut über die Misere und zugleich die Fessel, die sie an ihre autochthonen Herren kettet. Aus dem unbändigen Willen zum je eigenen Wirtschaftswunder schöpfen die Eliten und schlauen Führer der afro-asiatischen Völker die Kraft, und die Massen marschieren in Begeisterung mit. Was vorherging, wird gehaßt, abstrakt verleugnet, barbarisch umgebracht; höchstens dient eine längst entschwundene, nach Belieben hergerichtete glorreiche Geschichte als propagandistisches Symbol der nationalen Erneuerung. Solche Prozesse, in denen die wirkliche Vergangenheit liquidiert anstatt hinübergenommen wird, sind stets mit der Ausrottung ganzer Gruppen von Menschen verbunden gewesen, und der Fluch des organisierten Terrors beim Übergang hat in die neue Gestalt der Gesellschaft, die ihm ihr Dasein verdankte, stets hineingespielt. Im Denken bedeutet unvermittelte Negation Vergessen und Blindheit, in der Wirklichkeit bedeutet sie den Mord.

Philosophie ist bewahrend und kritisch zugleich. Als Kraft des Negativen hat sie die sich entfaltende Einheit gestiftet, die dem Bewußtsein der Individuen den Charakter verlieh. Die ersten philosophischen Erklärungen, die Aufstellung von universalen Prinzipien der Natur, waren, ihrer objektiven Bedeutung nach, kritische Antworten auf den herrschenden Götterglauben und Mythos. Ohne es zu vernichten, haben sie dem Hergebrachten ein Begriffliches entgegengesetzt. Kritik war auch die große griechische Philosophie. Aristoteles hat die Platonische Deutung der Welt, die mit dem alten Glauben die Vielheit selbständiger Gestalten teilte, zugleich fortgeführt und negiert. Der Polytheismus des Altertums, die Opfer und Auspizien, der Volksglaube und die Staatsreligion finden ihre negative Antwort im Ganzen der griechisch-römischen Philosophie. Wegen Verletzung der Religion seines Vaterlandes erlitt Sokrates den Tod; sein Prinzip weist über die Antike hinaus. In seiner Verneinung der Gesetze der Polis aber wurden sie besser bewahrt als in der unreflektierten Affirmation der athenischen Bürger. Die römischen Denker vermochten nicht mehr, wie die unmittelbaren Schüler des Sokrates, eine eigene Lehre vom Staat auszubilden; die Gesellschaft war übermächtig geworden. Den nachsokratischen Schulen verpflichtet, zogen sie sich auf den inneren Widerstand gegen die Welt zurück; ihre Philosophie von Lust und Unlust war die des Verzichts.

Die Kirchenvälter dagegen waren Aufklärer in weitem Maß. Sie widersprachen, darin die Erben der großen antiken Philosophie, den abergläubischen und astrologischen Vorstellungen ihres Zeitalters und nicht zuletzt – wie Augustinus – dem fanatischen christlichen Sektierertum. Bei aller Schonungslosigkeit der Sprache jedoch sind sie tolerant – tolerant freilich auch in dem problematischen Sinn, daß sie die Verkündigung der Gewaltlosigkeit mit der Gewalt versöhnten, das Gebot der Liebe mit dem Krieg, die Weisung, Böses mit Gutem zu vergelten, mit der Sanktionierung von Militär, gewaltsamer Justiz und Sklaverei. Hieß es im Evangelium, daß man dem Kaiser geben solle, was des Kaisers ist, und Gott, was Gottes ist, so hat Augustin die Negation der Weltfremdheit entschieden ausgebaut. »Nun wohl«, sagt er in einem seiner Briefe, »die, die behaupten, die Lehre der Kirche sei die Feindin des Staates, sollen uns doch einmal eine Armee geben, wie sie die Lehre und der Unterricht der Kirche wollen; sie sollen uns Untertanen, Ehemänner, Frauen, Eltern, Söhne, Herren, Diener, Könige, Richter und endlich Steuerzahler und -einnehmer geben, so wie sie die christliche Lehre vorschreibt, und dann sollen sie wagen, uns zu sagen, daß diese Lehre dem Staat schädlich sei; mögen sie nicht einen Augenblick zögern zu proklamieren, daß dort, wo man ihr gehorcht, die Kirche ganz besonders das Heil des Staates ist.«[5] Weitgehend haben schon die Kirchenväter die weltabgewandte Seite des Evangeliums negiert und als überwundenes Element für die Zivilisation produktiv gemacht.

Die Frage, ob die Wirksamkeit des Christentums als Staatsreligion sein eigenes unbiegsames Wesen, anstatt es zu bewahren, notwendig aufzehrt und trotz allen Widerstrebens aus dem Jenseits das Diesseits, aus Weltabgewandtheit Tüchtigkeit, aus unaufhebbarem Dualismus eine Art von gemäßigtem Pantheismus macht, führt über die selbst weltzugewandte europäische Philosophie hinaus. Weil das Christentum nicht, wie die Sekten und asiatischen Religionen, der Einbeziehung in den unheilvollen Lauf der Welt sich versagte, hat es – als Modell der Hegelschen Dialektik – die Geschichte, nicht bloß bis Bossuet, als Heilsgeschichte verstanden und seine Aufgabe zugleich als Wirkung in der Welt. Auch die Scholastik aber hat dem Gesetz, daß Philosophie den Widerspruch ausdrückt, sich schließlich fügen müssen. Ihre Entwicklung, die nach dem Wort von Victor Cousin mit der Einheit von Glauben und Wissen, Theologie und Philosophie begann und mit der Stütze der Offenbarung durch vernünftige Argumente fortfuhr,

[5] Patrologiae Tomus XXXIII (Migne), Epistola CXXXVIII, Caput II.

ging über in ein Stadium der Parallelität, des Bündnisses, um schließlich in der Emanzipation der Philosophie, in der Diskrepanz der beiden geistigen Zweige von Theologie und weltlichem Wissen, ja der Betonung des Gegensatzes zu enden.

Als selbständiger, der Theologie entkleideter, den Pantheismus offen einbekennender und mit der Wissenschaft verbundener Gedanke hat Philosophie in der Renaissance sich konstituiert; die Scheiterhaufen Giordano Brunos und Vaninis bezeichnen das Ende der militanten innerchristlichen Bewegung, die mit dem radikalen Nominalismus des William Occam begonnen hat. Ihre Negation fand die Verhimmelung natürlicher Erkenntnis, die jenen Philosophen noch eigen war, in den unsystematischen Analysen der Skepsis des sechzehnten Jahrhunderts, Agrippas und Montaignes; und auf die Lehre von der docta ignorantia des Cusanus, in der bereits der Kantische Agnostizismus sich anmeldet, sind als ihr entschiedener Gegensatz die Systeme des siebzehnten Jahrhunderts gefolgt, die sich zum strengen, zweifelsfreien Wissen und System bekannten. Trotz Dogmatismus und barocker Ausrüstung verdankt ihnen die Aufklärung das Vertrauen in die freie Vernunft.

Der Ansicht moderner Experten, denen nicht weniger als manchem gewitzigten Laien die Geschichte der Philosophie als chaotische Mannigfaltigkeit längst überwundener, pomphaft vorgetragener Irrtümer oder unhaltbarer Bekenntnisse vorkommt, widerspricht die relative Kohärenz des europäischen Denkens. Mag auch die scientifische Geringschätzung der Philosophie, der ihre Geschichte als ein Haufen abgelegter Irrtümer vorkommt, ihr noch gerechter werden als die seichte Begeisterung für Tiefe – Philosophie hat in der europäischen Geschichte eine wesentlich durch Kritik konstituierte, sich differenzierende relative Einheit gebildet und trotz ihrer faktischen Ohnmacht einmal eine fortschrittliche Wirkung geübt. In ihren kritischen weit mehr als in ihren affirmativen Gestalten war sie in den letzten Jahrhunderten ein produktives historisches Element. Die Aufklärung des achtzehnten Jahrhunderts hat den vom Absolutismus geschützten und ihn schützenden Fanatismus bekämpft, wie jene antiken Denker und Kirchenväter das alte Heidentum. Nach dem Sturz des vorbürgerlichen Regimes in Europa erkannten die Gegner und die Anhänger der neuen Gestalt des Lebens in Begeisterung und Abscheu, je nach ihren Positionen in der Welt, der Philosophie die Verantwortung für das Elend zu, ohne das kein Sturz in der Geschichte sich vollzieht. Aber nicht Voltaire und nicht einmal Rousseau, von D'Alembert und Condorcet zu schweigen, haben den Schrecken der Französischen Revolution hervorgerufen, der die Philosophen so wenig verschonte wie die Aristokraten und Bankiers. Hätten jene Gehör gefunden, die Blutgerichte wären vermieden worden. Mit Schaudern deuteten die Fürsprecher des Absolutismus, des Hungers, der Tortur, des Scheiterhaufens, denen die Guillotine, die jüngere Verwandte ihrer Regierungsinstrumente, die Antwort gab, auf die Kulturkritik der Aufklärung, bis die Bourbonen nach ihrer Rückkehr beweisen konnten, daß ihre Gefolgschaft den Terror noch immer großzügiger zu organisieren wußte als die Schreckensmänner.

Philosophie im Osten ist bloße Apologie. Marx hatte den Fortgang von der errungenen politischen und juristischen zur allgemeinen gesellschaftlichen Freiheit zum Thema seiner Theorie gemacht: die Menschen sollten die ökonomische Dynamik beherrschen lernen, anstatt sich ihr zu unterwerfen. Weder die inneren Schwierigkeiten der Wirtschaft, noch die durch sie bedingten äußeren Katastrophen, Massenbewegungen und Kriege sollten die Erde bedrohen dürfen. Er zielte darauf, durch Ausbreitung und Konkretisierung der Freiheit den bürgerlichen Prozeß zu vollenden, die in den fortgeschrittensten bürgerlichen Individuen entfalteten Fähigkeiten durch autonome Teilnahme aller am Leben der Gesellschaft allgemein zu machen. Die Machthaber drüben haben sein Werk in ein Lügengebilde verwandelt, in ein Opium fürs Volk, das den neuen Herren und ihren Luxusarmeen, Atomraketen und Sputniks dienen muß. Die Kritik der politischen Ökonomie war die Fortsetzung der Aufklärung und der zu ihr gehörigen Kritik der Vernunft. Wird aber die Negation des Liberalismus, der es um dessen Vollendung ging, in offizielle Weltanschauung umgewandelt, so dient sie – der auf die eigene Gesellschaft bezogenen Kritik verlustig – als Reklamepsychologie der Gewalt und wird, als hypostasierter und endlos wiederholter Teilabschnitt des seines idealistischen Moments beraubten dialektischen Systems, zum Ersatz des Denkens selbst. Marx, der noch zu England und Europa sprach, ist dem Kreml noch fremder als Rousseau dem Wohlfahrtsausschuß. Rousseau war im Grunde nicht liberal, Marx ging es in der Freiheit des Ganzen um die Freiheit der einzelnen. In Rußland aber besteht jener staatskapitalistische Zustand, daß unter äußerem und innerem Druck die Industrialisierung rascher vollzogen wird, die Menschen brutaler zum Funktionieren gebracht werden als selbst im England des Frühliberalismus, das den Gegenstand der Marxschen Kritik gebildet hat. Die industriell und kulturell schon fortgeschritteneren Länder, die in die Gewalt der stürmischen sozialen Entwicklung im Osten hinein- und zurückgerissen sind, erfahren die furchtbare kulturelle Regression, von der ganz Europa äußerlich bedroht ist und die in ihm selbst seit Jahrzehnten auch innerlich sich vorbereitet. Schon das Wilhelminische Reich war ein Regressionsphänomen, und erst recht der Nationalsozialismus in seiner Ambivalenz nach Westen und Osten. An der ursprünglichen Duldung und Förderung des Nationalsozialismus hat der Westen erfahren, daß abwehrende Gewalt stets dem Abgewehrten in vieler Hinsicht sich gleichmachen muß. Regression ist die kulturelle Tendenz in Europa.

In dem durch Erfahrung, Ausgleich und Begriff nicht vermittelten Übergang der allmächtigen Ökonomie in Politik kündigt heute Barbarei sich an. Geist ist wesentlich Vermittlung. Er ist der Macht zu umständlich, zu differenziert und langsam, zu wenig ausgerichtet, analog zur Diskussion; die denkenden einzelnen sind für die Macht und die ihr hörigen Massen zunehmend lästig. Das ist in Frankreich zutage getreten. Politik hat in Europa ihre Bedeutung verändert. Vor dem Ersten Weltkrieg gehörte es zum Bürger wie zum Arbeiter, eine eigene politische Überzeugung sich zu bilden; die Parteien und Richtungen entsprachen der pluralistischen Gesellschaft wie dem differenzierten einzelnen, der viele Weisen politischen Handelns kennen und mit seinen Interessen in Verbindung bringen sollte. Heute ist selbst das – mangelhaft verstandene – Zweiparteienwesen noch ein bewahrendes Ideal; im Grund tendiert der Kontinent zur Einparteiherrschaft. Folgerichtig konvergieren die Interessen auf Vollbeschäftigung und nächste Sorgen. In der Massengesellschaft verliert Politik im Bewußtsein der Individuen ihre Beziehung zum übergreifenden Gedanken und damit ihre differenzierende Funktion. Jeder kann nur dazugehören oder anders sein. Damit bahnt die Angleichung der beiden verfeindeten Welten sich an, die unter Stalin und Hitler schon ihr Vorspiel hatte. Die Diktatoren im Osten, an deren Kulturstand die Welt in der Abwehr sich anzunähern droht, kennen Geist nur als Schlauheit, Instrument, Indoktrination. Dabei berufen sie sich auf Marx, der immerhin geschrieben hat: »Einen Menschen ..., der die Wissenschaft einem nicht aus ihr selbst (wie irrtümlich sie immer sein mag), sondern von außen, ihr fremden, äußerlichen Interessen entlehnten Standpunkt zu akkommodieren sucht, nenne ich ›gemein‹.«[6] Sie verhalten sich zu den Gründern ihrer Weltanschauung wie Hitler zu Nietzsche oder der Großinquisitor zu Christus. Die Völker haben unter ihren Machthabern zu konkurrieren begonnen, wie einst die Unternehmer unter sich; Erfolg und Macht ist der Maßstab. Aber während im modernisierten Osten unter diesem Zeichen der gewaltsame Aufstieg sich vollzieht, kündigt in der Neutralisierung des Gedankens im Westen der Zerfall sich an; der Rückgang der europäischen Länder im internationalen Kräftespiel ist mit dem kulturellen Rückgang der Individuen verknüpft.

Nicht jenseits des Westens, sondern an der aus eigenem Versagen, gleichsam aus Erschöpfung kommenden geistigen Regression Europas erfährt Philosophie heute ihre Vergeblichkeit. Freilich droht die Regression auch von außen her durch Angriff und Verteidigung; zugleich

[6] Karl Marx, Theorien über den Mehrwert, 2. Teil, Berlin 1959, S. 108.

ist sie aber auch bedingt durch den der eigenen Schwerkraft folgenden, zum Selbstzweck sich setzenden industriellen Fortschritt. Dieser meint Befreiung und Unheil zugleich. Je mehr die Hingabe an die steigende Beherrschung der Natur, die Benutzung der Naturkräfte, die Einbeziehung immer größerer Massen in die Steigerung des Verbrauchs die Menschen in Anspruch nimmt, desto leerer wird die Rede von dem, was anders ist, vom Ideal; desto funktioneller wird das Wort überhaupt. Zwischen der Karriere, die auch die privaten Interessen der Individuen strukturiert, und deren offiziellem Bekenntnis zum Guten und Schönen, zur Nächstenliebe und Selbstverleugnung ist die bewußte Verbindung, auch die des Widerspruchs, abgerissen, und der ihnen unfaßliche Bruch zwischen dem brutalen Daseinskampf und irgendeinem ausdenkbaren Sinn, heiße er Gerechtigkeit im Jenseits oder Verwirklichung des richtigen Zustands in der Welt, ist unheilbar geworden. Bis in die Periode der Weltkriege hinein schien in Europa eine andere Entwicklung noch möglich zu sein; es war denkbar, daß der materielle Fortschritt über Katastrophen schließlich zu einer höheren Stufe der Gesellschaft führen werde. Seit Jahrzehnten jedoch hat Europa im Grunde resigniert. Die Verbindung von Faschismus, Konjunktur und Krieg und aufs neue in hektischer Wiederholung Konjunktur, Bewaffnung, Vorkriegszustand sind aus europäischer Ökonomie schon nicht mehr abzuleiten, wie sehr auch die Gewalt des Ökonomischen darin sich kundtut. Kein europäisches Land hat sein Gesetz noch in sich selbst. Sie haben ihre eigenen Möglichkeiten überlebt, und das ist auch ein Grund der geistigen Desintegration, der Sinnlosigkeit der einzelnen Existenz bei aller strammen Nationalität des gesteuerten Ganzen. Die Elemente verselbständigen sich. Der fortschreitenden industriellen Praxis verdankt sich neben der Hebung des Lebensstandards auch die Neutralisierung nicht nur der Philosophie, sondern auch aller nicht auf Beherrschung gerichteten Theorie, neben der höheren Lebenserwartung auch der totale Krieg, neben der im Zeitalter der Gehirnwäsche fragwürdigen Kontrolle des Politikers durch die öffentliche Meinung auch der gern gesehene objektive Zynismus, wie er, damals noch verborgen, früheren absoluten Potentaten und ihren Sekretären eigen war. Zwischen den Parteien und Machtblöcken ist der freie Gedanke allein, und das Schwinden der Möglichkeit, ihn in die wirkliche Welt einzubilden, führt zu seiner Verkümmerung.

Der Prozeß war unaufhaltsam, und aufhellende, kritische Philosophie selbst hat dazu beigetragen. Im Westen wie im Osten gehört Geistiges, das nicht deutlich den Index eines Zweckes führt, in eine Sparte, für die kaum Zeit und Kräfte bleiben und von der aus kein rechter Weg zum Leben führt. Es wird ihm die Kennkarte abverlangt. Wenn die Studenten nicht, wie Barzun es möchte, mit dem Geist als bloßem Konsumgut zufrieden sind, sondern fragen, was denn aus ihm folge, so steht dem Philosophen bei der Antwort nicht mehr, wie zur Zeit der Scholastik, der Hinweis aufs Jenseits, noch, wie zur Zeit des Rationalismus und der Aufklärung, die Forderung der Freiheit zur legitimen Verfügung. Selbst Moral und Gewissen verlieren mit der strukturellen Änderung der Familie an Boden. Die moderne Gesellschaft erteilt ihre Direktiven unmittelbar und deutlich genug. Erziehung, deren persönlich bildende Momente heute beschnitten werden müssen, damit sie den wirtschaftlichen und technischen Forderungen nachkommt, entbehrt der handgreiflichen Argumente, die ihr einst zur Verfügung standen. Sie muß rasch machen, damit der Zögling, soweit es ihn überhaupt noch gibt, den Anschluß nicht für immer versäumt. Die Chancen entscheiden sich früh, und früh muß jeder lernen, der Wirklichkeit sich anzupassen. An die Stelle der Überwindung des Chaotischen, Ungebundenen im Menschen, zu dem nicht bloß unkoordinierte leibliche, sondern auch zwecklos geistige Regungen gehören, tritt die bloße Unterdrückung und damit reaktiv die Abneigung gegen den, der freiere Regungen sich zu leisten vermag, gegen Individuen und Gruppen, die durch ihr Verhalten den unerläßlichen Verzicht auf eigene Gedanken in Frage stellen. Wann immer einer dem fragwürdigen Optimismus absagt, der sich vom Grauen der jüngsten Vergangenheit, das vielerorts andauert und sich ausbreitet, nicht beeindrucken läßt, beginnt die Narbe der Abgestumpften zu schmerzen, und es regt sich die unversöhnliche Rankünе. Selbst die bedingte und zugleich unbeirrbare Kantische Hoffnung, die, der Trauer näher als der ontologischen Glorifizierung des Seins, in vielen einzelnen noch da ist, wird von der fortschreitenden gesellschaftlichen Entwicklung bedroht.

Um als bildende Kraft des Ichs, als Grundmotiv autonomen Lebens bewußt zu werden und in den einzelnen Menschen sich durchzuhalten, bedarf die moralische Gesinnung der behüteten Kindheit, der Fähigkeit zu differenzierter Erfahrung, zur Identifikation mit dem Glück, dem Gewalt geschieht, das heißt jener Gaben, die die Welt in der Periode der Vollindustrialisierung den Angehörigen aller Schichten, auch der höchsten, zu versagen scheint. Bürgerlicher Arbeit, auch der aufs eigene Fortkommen gerichteten, hat im neunzehnten Jahrhundert noch die Idee des Fortschritts aus dem achtzehnten Jahrhundert den Sinn verliehen, der das Ganze meinte. Im zwanzigsten Jahrhundert scheint die Geschichte europäischer Philosophie sich ihrem Ende zuzuneigen, wie die politische Geschichte Frankreichs und vielleicht Europas als der Vorhut der Welt. Der sich ändernde Gegensatz von Idee und Wirklichkeit, den produktiv zu formulieren das Geschäft des Gedankens war, ist hierzulande nicht mehr kennzeichnend für den Gang der Welt.

Wo Philosophie keine praktische Funktion ausübt, verliert sie auch ihre Kraft. Die Wurzel verdorrt. Die höchst bescheidene Teilnahme an der Erziehung oder der Beitrag zum Kulturkonsum haben nur wenig mit dem Bewußtsein der großen Philosophen zu tun, wie sehr ihr Werk zur Entfesselung der Wirtschaft beigetragen haben mag. Daß Philosophie, nachdem der europäische Nationalstaat, mit dem ihre Geschichte seit der Lösung von der Theologie dem Sinn nach zusammenhängt, als geschichtliche Kraft das politische Geschehen positiv mitzubestimmen vermöchte, ist Illusion, es sei denn, sie bekräftige, was ohnehin vor sich geht, das fortwährende Wachsen der autoritären Verhärtung der Demokratie, die angesichts der äußeren Bedrohung sich vollzieht, oder das Eintreffen dieser Bedrohung selbst.

Vornehmlich kündigt die Ohnmacht des Geistes in der Verkümmerung der Sprache sich an. Die Ohnmacht des Wortes, von der schon die Rede war, meint nicht den Mangel an Worten, sondern eher den Übergang in so geschäftige Kommunikation, daß sie den einzelnen zum Schweigen bringt. Die Individuen der herrschaftlichen Schichten antiker, feudaler und bürgerlicher Zeit, die infolge der Befreiung von allzu großem gesellschaftlichen Druck in Wechselwirkung mit der Welt in sich ein ausdrucksfähiges Inneres erzeugen konnten, sind nie zahlreich gewesen. Jetzt aber hinge das Überleben der europäischen Zivilisation davon ab, daß es nicht bloß Kultur im alten Sinn, sondern eine Allgemeinheit innerlich selbständiger, zum geistigen Widerstand fähiger, zur autonomen Lenkung ihres gemeinsamen Lebens bereiter Menschen gäbe. Es genügt nicht mehr, daß wenige kultiviert sind. Sofern die Allgemeinheit wirtschaftlich fortgeschritten ist, müßte sie zu einzelnen denkenden und fühlenden Subjekten werden. Statt dessen bezahlt sie den Aufstieg mit dem Verzicht auf geistige Emanzipation. Wenn die Menschen politisch befreit sind, müssen sie wenigstens so weit mündig werden wie die Bürger zu den guten Zeiten der Polis, sonst wächst die Sklaverei, die in der Polis offen sichtbar war, im verborgenen in den Individuen wie in der Gesellschaft zum natürlichen Zustand sich aus, dem die politische Form gelegentlich sich anpaßt. Nicht so sehr der abstrakte oder abergläubische Gedanke als vielmehr die Gedankenlosigkeit, die mangelnde Fähigkeit, sich selbst um die von ihnen ohne politischen Zwang hervorgebrachte Gesellschaft zu bekümmern, das Hinstarren auf die nächsten Sorgen, das Sichtreibenlassen von der Ökonomie ist es, was dem Verhängnis Vorschub leistet. Je mehr eine humane Verfassung der europäischen Staaten gefährdet ist – und dafür sprechen nicht bloß die Jahre des Nationalsozialismus, sondern auch die geschichtliche Entwicklung seither, die jenen nachträglich zu rationalisieren scheint –, desto ausschließlicher stehen die negativ gerichteten Werke der gegenwärtigen Kunst und Philosophie, die heute abseits ihre Wirkung üben, für die Wahrheit und die Humanität. Ihre Macht aber ist gering. In der bürgerlichen Zeit hat die Wirtschaft den Bürgern und denen, die ihnen zugehörten, durch die Erziehung in Familie und Schule, die Jahre im Ausland, durch die Möglichkeit, im eigenen Geschäft zu irren und daraus zu lernen, nicht bloß die Grundlage zur Führung der Wirtschaft, sondern in gewissem Maß auch Weitblick und Einfluß auf anderen Gebieten gewährt. Heute vermöchte die Wirtschaft genug, um die bürgerlichen Fähigkeiten allgemein zu machen. Daß sie infolge der Struktur der Gesellschaft nicht entfaltet, sondern durch Lenkbarkeit ersetzt werden, daß der Sinn für Autonomie und individuelle Freiheit, Liberalität und Ausdrucksfähigkeit selbst in den sozialen Schichten, in denen sie einmal zu Hause waren, zurückgeht, kennzeichnet die Situation.

Die Massen sind heute nicht dümmer als ehedem, aber weil es ihnen besser geht, kommt alles darauf an, daß sie einsichtiger, menschlicher, geistig aktiver sind. Sonst muß die Gewalt an die ganz wenigen zurückfallen, und die alte schmähliche Lehre vom Kreislauf der Herrschaftsformen, nach der auf Demokratie Tyrannis folgt, tritt in Kraft: Geschichte sinkt in Naturgeschichte zurück. Die Vollbeschäftigung muß nicht notwendig den Fortschritt bedeuten; sie ist unabdingbare Notwendigkeit und mit gefährlichen Mitteln erkauft. Selbst die Ansicht, daß alle an der Konjunktur profitierten, wäre verfehlt. Auch in den hochindustrialisierten Ländern gibt es die Not, nur daß die Betroffenen nicht mehr wie vor hundert Jahren eine Klasse bilden, die man braucht und als deren Stimme die fortgeschrittensten Intellektuellen ihre Werke schrieben. Wem es nach der Konsumtion des Wirtschaftswunders schlecht geht: ausgedienten Angestellten, aus dem ökonomischen Prozeß mit oder ohne ihr Versagen ins Elend Gebannten – alle, die trotz Sozialpolitik drunten leben, sind zum Schweigen verhalten, wenn zuweilen auch weniger absorbiert als die Massen in Vollbeschäftigung. Deren Blindheit für das, was jenseits des engsten Interesses liegt, kennzeichnet die psychologische Verfassung der Gesellschaft. Die aus Angst vor den politischen Folgen der Krisen erzwungene Steigerung des Konsums, der auch die geistige Produktion der Destruktionsmittel notwendig macht, hält alle in Atem. Jeder ist mit seinen eigenen Dingen so beschäftigt, daß seine Gleichgültigkeit nicht wundernehmen darf, wenn zum Zweck reibungsloserer Ordnung einmal die Verfassung auf dem Spiel steht. Der Rückgang in der Rechtssicherheit des einzelnen bei strafferer Staatsführung wird in solchen Fällen, wie die jüngste Geschichte lehrt, durch kollektives Machtbewußtsein und fremdes Leiden kompensiert. Unmittelbar bedroht sind Intellektuelle, Politiker und Theoretiker, nicht der durchschnittliche Volksgenosse. Ihm garantiert die nationale Erneuerung die Beschäftigung, wenigstens zunächst. Er ist froh, nicht aufzufallen. Kennen Notstand und Krieg schließlich keine Parteien mehr, so treten die verdrängten Kräfte ins Spiel. Am Horizont taucht die Volksgemeinschaft auf, in der für einen Augenblick die Isolierung eines jeden und der wirtschaftliche Druck sich mindern und in der die Rache auf den designierten Feind im Inneren und Äußeren gelenkt wird. Die massenpsychologische Bereitschaft zum Aufbruch, die früher infolge von Armut und Elend zustande kam, ist in der Gegenwart nicht überwunden. Sie ist die andere Seite der Gleichgültigkeit. Die großen Bewegungen der Geschichte, wie sehr ihre Parolen sich widersprechen mögen: Kreuzzüge und Französische Revolution, die deutsche Begeisterung 1914, von den neuen Nationalismen gar nicht zu reden, alle zeugen dafür, daß, wie Freud es aussprach, Zivilisation noch nicht vermocht hat, ohne explosive Anhäufung von destruktiven Energien in der Seele der meisten Menschen sich auszubreiten. Zu simpel wäre es freilich, die Schandtaten der Geschichte kurzweg den Massen zuzuschreiben, die sie verübten oder duldeten. Stets wurden sie, direkt oder indirekt, dazu angehalten. Wie eitel müßte der philosophische und wissenschaftliche Gedanke sein, um sich selbst nicht auch als Ausdruck dessen zu verstehen, was bei aller Ohnmacht in den vielen lebendig ist, wie sehr sie es zu Unrecht im Munde führen.

Der Rückgang der Sprache ist oft genug dargestellt, und leicht verfällt Kritik dem Mißverständnis, der Gefolgschaftswut und dem chaotischen Protest, der allzufrüh sich selbst überlassenen Jugend solle europäische Kultur, die nicht mehr lebt, versagend vorgehalten werden. Der Lauf der Industriegesellschaft ist irreversibel. Sprechen wird als Funktion in den technischen Betrieb von Wirtschaft und Gesellschaft, in die beruflichen Aktivitäten und die ihnen aufs Haar sich angleichenden privaten Verrichtungen mit einbezogen. Die Warenhäuser und andere Verkaufsanstalten bilden die Maschinerie, die die Versorgung der in der Wirtschaft Eingegliederten von selbst bewerkstelligt und ihnen zugleich das Gefühl der freien Wahl einflößt. Büro, Fabrik und sogenannte Freizeit gehen ineinander über. Die Menschen sind emanzipiert, aber allzu wenig hängt vom Individuum ab, als daß das Wort, von ihm als dem bestimmten einzelnen gesprochen, ihm zum Ausdruck helfen sollte; es dient als Instrument, Erkennungsmarke, Waffe. Nicht das oft erörterte Niveau der Freizeitindustrie kennzeichnet die Situation – es ist fraglich, ob ein Detektivfilm oder »Rigoletto« auf dem Fernsehschirm die wohltätigere Wirkung übt, und bald wird man vermutlich kräftigerer Stimulantien bedürfen –, sondern die Stummheit der einzelnen. Stumm sind die Kinder vor jenen Schirm gebannt und erfahren nicht zuletzt die Welt durch ihn, stumm sitzen die Liebenden im Kino, sie absolvieren stumm, wie einen Sport, die langen Tänze und rasen stumm und freilich auch geräuschvoll mittels Motorrad mit Sozius in die Natur. Kein Gespräch vermag in Wirtschaft oder Café, wenn überhaupt es stattfinden will, gegen Musikkapelle oder Spielautomat sich durchzusetzen, und die nicht zweckbestimmte Unterhaltung, sofern sie nicht vermieden wird, bleibt besser beim »small talk«, als daß sie an Verdrängtes rührt. Wo Sprache erklingt, sei sie auch noch so fortgeschritten, ist ein Nest der Vergangenheit. All das fällt nicht den Individuen zur Last, es zeigt nur an, daß der persönliche Ausdruck die Tendenz zur Überflüssigkeit erkennen läßt, die in einem circulus vitiosus sich verstärkt. Selbständigkeit, Besonnenheit, Kraft zum Widerstand sind auch heute, wie es in jener pragmatischen Verteidigung der Geisteswissenschaften zum Ausdruck kommt, gesellschaftlich notwendige Eigenschaften, aber nur für einen kleinen, exklusiven Teil all derer, denen es besser geht. Die vielen Menschen, die heute ein materielles Leben führen können wie Bürger von ehedem, müssen, wie diese, für sich selber sorgen, aber die Sorge schließt die Sorge um andere oder gar ums Ganze kaum noch ein.

Kultur in menschlichen Beziehungen bedeutet, nicht anders als in Speisen und Getränken, veredelte Natur. Sprache und Bild, Freundschaft, Liebe, alle Sitten sind aus dem Zusammenhang der bedingenden Situation gelöste Arten des Ausdrucks, die einst von den Oberen bewahrt und gepflegt, von den Unteren angenommen worden sind. Über der zum Dasein auf der je erreichten Stufe notwendigen Arbeit fügte das durch lange Übung Entfaltete zum scheinbar unbedingten Reich des Geistes sich zusammen. Aus den von Hunger, Angst und Geschlecht nicht festgemachten seelischen Kräften schöpfte dieses Reich sein Leben, und rückwirkend vermochte es den Menschen über ihre Prägung durch die jeweilige gesellschaftliche Funktion hinaus Inhalt und Bestimmung zu geben. Kunst ist ein Geschäft, das seine Sache und nicht das, wozu sie dient, im Auge hat und deren eigenem Gesetz zur Wirklichkeit verhelfen will; Philosophie ist der Gedanke, der nicht auf Beherrschung ausgeht und noch nicht einmal auf neue Funde – wer wäre heutzutage nicht so gewitzigt, daß er alles entlarven und durchschauen könnte –, sondern darauf insistiert, für die Erfahrung dieser Zeit nicht die Parole, sondern das Wort zu finden, und der eben deshalb der Zeit nicht untertan ist. Beide, Kunst und Philosophie, ebenso wie Formen des Umgangs vermögen nie ganz als vernünftig sich auszuweisen, sie bilden die Seele des gesellschaftlichen Lebens und sind zugleich ihm fremd. Die Kraft, eigene kulturelle Formen zu entwickeln, die von den Feudalen einmal auf die Bürger übergegangen war, ist im zukunftslosen Europa erlahmt. Überall, auch in den pathetischen Reden vom Hohen und Edlen, vom echten Menschen, wird insgeheim vorausgesetzt, daß alle alles als Mittel erkennen. Die

Periode der ökonomischen Knappheit ließ dem Zwecklosen mehr Spielraum als die Vollbeschäftigung. Die Verkürzung der Arbeitszeit im Betrieb wird dadurch ausgeglichen, daß die private Zeit selbst sich in Betrieb verwandelt. Die Güter, auch die überflüssigen, werden einer größeren Anzahl erreichbar, aber die Dienste eben deshalb knapper und teuerer; die einzelnen arbeiten weniger, aber in jeder Familie müssen immer mehr Personen arbeiten. Was Kultur heißt, sinkt dabei zum Bildungsgut herab und dient den Individuen unmittelbar als Instrument, sei es zur erforderlichen Popularität, sei es zur Erhaltung von Beziehungen, letzten Endes zur Abwehr privaten und beruflichen Unheils. Die Formen werden ausgehöhlt. Bei allem Avancement bleibt den vielen nichts übrig, als die rasch veraltenden Formen persönlicher Kultur den wenigen zu überlassen, die noch Personal haben, die zu bequemen Stunden einkaufen können, die Zeit haben. Daß die in der heutigen Form der Gesellschaft materiell sich verbessernden Schichten nicht, wie ihrerseits die bürgerlichen, eigenen Ideen folgen, eine eigene Welt entfalten, in der die alte verwandelt mit enthalten ist, bringt die bestehende zum Zerfall. Noch das Tauschprinzip, der innerste Kern der bürgerlichen Kultur, nach dem sie selbst sich einmal das Urteil sprach, macht eine Rückentwicklung durch. Luxus wird im Osten von denen, die das Ganze der Gesellschaft innehaben, nach ihrer Entscheidung ausgeteilt, und im Westen kündigen ähnliche Tendenzen sich an. Der hohe Angestellte, der Wissenschaftler kommen nicht selten schon zu ihrem Wohlstand wie der treue Hofmann einst zu seiner Grafschaft oder Generalpacht. Das ist die rationale Folge der immanenten Logik des wirtschaftlichen Prozesses selbst. Bei höchstem Stand der Technik werden vorbürgerliche, absolutistische Elemente wiederholt. In den zurückgebliebenen Ländern aber bedeutet der Staatskapitalismus, der den Absolutismus auf geschichtlich höherer Ebene wiederholt, unmittelbar den Fortschritt. Dort folgt der Staatskapitalismus auf den Feudalismus, nur können sich jene Gebiete den kulturellen Umweg sparen, den Europa, das sich ihnen wieder nähert, erst machen mußte.

All dies meint zugleich, daß Kulturkritik im Grunde keinen Gegenstand mehr hat. Es ist überflüssig, daß man heute noch Theorie als Ideologie erst auf die vorherrschende gesellschaftliche Praxis bezieht, um sie ihres absoluten Anspruchs zu entkleiden.[7] Dem Gedanken in der Öffentlichkeit sei ja gewöhnlich ohnehin der Hinweis beigegeben, für wen in der Gesellschaft und für welchen Zweck er gut sei. Damit ist der Zustand getroffen, der durch das tendenzielle Absterben der bürgerlichen Kultur im Zeitalter ihrer Verallgemeinerung entstanden ist. Was durch die Auslese der Zerstreuungsfabrikation hindurchgegangen ist, beansprucht nicht so sehr wahr als vielmehr beruhigend

[7] Vgl. Th. W. Adorno, Prismen, Frankfurt 1955, S. 23 ff.

oder im Gegenteil spannend zu sein, von den offenkundig apologetischen Kulturprodukten des Ostens, die den Sanktionen gegen die Abweichung in die Irrealität – in China heißt es wörtlich: der »Jagd auf böse Gedanken« – sich fügen müssen, ganz zu schweigen. Ihrem eigenen Eingeständnis nach existiert Kultur, auch wo sie nicht verfolgt wird, in immer größerem Ausmaß als Hilfsartikel der Produktion. Vom Individuum wie vom Kollektiv, von privaten und staatlichen Gremien wird die Beziehung zum rationalen Zweck bei jeder Handlung, jeder menschlichen Verbindung unmittelbar hergestellt, soweit die eigene Besinnung reicht. Für den vermittelnden Gedanken, der den blanken Pragmatismus stören könnte, weil der Gedanke nicht bloß Mittel sein will, bleibt kaum noch Raum. Geist krankt daran, weil er seit den großen Kriegen konsequenzlos bleiben muß; der Gedanke verkümmert, weil er, der nicht auf Wirkung ausgeht, nichts mehr bewirken kann. Kritik, nicht zuletzt Kulturkritik, gerät in Gefahr, die romantische Ideologie auf höherer Ebene wiederherzustellen, oder vielmehr dürftig den Schleier zu ersetzen, dessen die Praxis schon entraten kann. Kulturkritik muß sich hüten, daß sie nicht selber durch Denunziation der Kultur als Ablenkung von den Themen wegführt, die dem Gedanken noch geblieben sind: von den krassen Unterschieden der Macht, die niemand wahrnimmt, weil sie offenkundig sind, vom Elend hinter den Mauern der Zucht- und Irrenhäuser, von radikal materiellen Bestimmungsgründen der Politik, gerade dort, wo sie besonders edel sich gibt. Die Spannung zwischen Wirklichkeit und Idee, zwischen der Einrichtung der Welt und dem, wie sie sein könnte, ist so offenkundig, daß die Sprache, die sie bezeichnen wollte, nur ihre eigene Überflüssigkeit unterstreicht. Alle sind gewitzigt, und doch ist alles so undurchsichtig wie je. An Aufklärung fehlt es dabei nicht. Wochenschau, Rundfunk und Zeitungen – mögen ihre Reporter zu den wachsten Kräften der Gegenwart zählen – vermögen nichts daran zu ändern, ja sie müssen dabei mitwirken, daß die Menschen heute ein im Grund so ungenaues Bild der Welt im Kopfe tragen wie die Bürger zu Goethes Zeiten, mag die Fassade auch noch so grell beleuchtet sein. Mit dem Verkehr wächst die Undurchsichtigkeit schon deshalb, weil alle alles angeht und jeder die Öffentlichkeit in seine Berechnung einbezieht. Wenigstens stand der Wirkungskreis der vergangenen Generationen samt ihrer Monarchen und Minister bei allem Absolutismus und beschränktem Wahlrecht in einem vernünftigen Verhältnis zu dem, was sie schließlich noch bestimmen konnten. Heute sind die Völker autonom, müssen aber angesichts der raffinierten Besonderung auf allen Gebieten alle Entscheidungen den Spezialisten, den Sachverständigen und Kommissionen überlassen, deren Qualifikation kein Mensch mehr zu beurteilen vermag. Einzig hofft jeder, daß es nicht schlimmer wird. Die Sicherung des Lebens als der einzige Sinn des Lebens, das eben dadurch für alle immer komplizierter wird, lenkt die Massen der europäischen Völker in ihrem politischen Verhalten. Der europäische Kontinent hat in den letzten Jahrzehnten bei allen wirtschaftlichen Ab- und Aufstiegen und angesichts des nicht bloß technisch, sondern ideologisch sich aufrichtenden Ostens psychologische, politische, kulturelle Schäden erlitten, die gerade noch sich aussprechen und nicht mehr heilen lassen. Das Verhängnis will es, daß der Gedanke, der ganz ohnmächtig ist, auch seine Wahrheit verliert.

An den philosophischen Zweigen der Universität zeigt sich der Niedergang. Nicht so sehr die herrschende Fundamentalontologie, die sich im Anschluß an die Zeiten des Führers zum autoritären Sprecher des Seins aufwirft, nicht so sehr der Inhalt als die herabgesunkene Bedeutung der ganzen Sphäre drückt den Rückgang aus. Die Knappheit von Energie und Mitteln, die in Europa noch für geisteswissenschaftliche Studien zur Verfügung stehen, bestätigt den geringen Grad ihrer Aktualität. Rechtfertigungen, wie die Barzuns, kommen zu spät. Der praktische Vulgärmaterialismus, nach dem die Gesellschaft ihre Ausgaben und ihr Leben einrichtet, straft das Verdikt gegen den weltanschaulichen Materialismus Lügen, das einstmals nicht bloß ein Schlagwort war. Im achtzehnten Jahrhundert, als Europa eine Zukunft hatte, ist Philosophie und die ihr einwohnende Kritik aktuell gewesen, und noch im neunzehnten war die Utopie, die im Negativen sich äußerte, nicht bloß Illusion. In der Mitte des zwanzigsten scheint der Weltgeist an andere Völker übergegangen zu sein, und der europäische Gedanke setzt in Europa sich nicht fort. Resignation aber ist unmöglich, solange ein Rest von Freiheit bleibt.

Zum Begriff der Freiheit

Die Erörterung des Begriffs der Freiheit in der Geschichte der Philosophie unterscheidet sich drastisch von den Kämpfen der wirklichen Geschichte, in denen es um Freiheit ging. Wenigstens auf den ersten Blick.

Die Theorien der Philosophen scheinen sich vornehmlich auf die Freiheit des Willens zu beziehen, auf Freiheit im metaphysischen Sinn. Nach Augustinus, dem Kirchenvater, auf den die lutherische Lehre vom Willen in entscheidenden Stücken sich gründet, vermag der Mensch nach seiner im Sündenfall verdorbenen Natur aus eigener Kraft nichts wahrhaft Gutes zu tun. Alles liegt an der göttlichen Gnade. Selbst die sogenannten guten Werke sind ohnmächtig. Weil aber die Gnade nur den wenigen zuteil wird, rettet vor Verzweiflung einzig der Glaube. Er ist nicht logisch zu begründen oder gar durch Vernunft, bei Luther heißt es zuweilen die Bestie Vernunft, zu ersetzen. Aus dem Glauben soll die Kraft zum Handeln fließen. Im alltäglichen, äußeren Leben vermögen die Menschen nach ihren Entschlüssen zu handeln, ihre Tüchtigkeit wirkt sich im Beruf, privater und wirtschaftlicher Existenz ungeschmälert aus, da sie zum Seelenheil nicht helfen kann. Im praktischen Leben sind sie gewissermaßen frei, dort herrscht vielmehr die staatliche und wirtschaftliche Ordnung. Man kann ihr dienen, sie zu verbessern trachten. Mit dem ewigen Heil hat sie nichts zu tun. Die irdische Macht kann auf der Erde Gehorsam fordern, sie ist keine Anweisung auf die Seligkeit.

Die Lehre des Thomas von Aquin, die zur Zeit Luthers von dem Dominikaner Bañez und dem Jesuitenpater Molina vertreten wurde, geht auf Aristoteles zurück. Die Menschen sind danach nicht unfrei, das Gute zu tun, wenn auch die durch die Erbsünde geschwächte Willenskraft der göttlichen Hilfe bedarf. Die »inclinatio naturae«, die natürliche Neigung, braucht nicht schlecht zu sein. Der Wille ist an sich nicht unfrei, zum Guten nicht ohnmächtig, durch die Gnade wird er unterstützt, nicht radikal verändert. Irdisches Leben und Seligkeit, Natur und Jenseits, Lebenskampf und Religion stehen nach thomistischer Auffassung miteinander in notwendigem Zusammenhang, mag er exakter Ausdeutung sich auch entziehen, weil die menschliche Beurteilung dem Irrtum unterliegt. Die einzelnen Handlungen, die Einrichtungen des Lebens eines jeden, wie der Gesellschaft, verdanken sich der Freiheit, sie stehen somit auch in sinnvoller Beziehung zum Schicksal der Seele. Das Verdikt der Ewigkeit bezieht sich auf das zeitliche Geschehen, also geht es in weltlichen Dingen nicht um Weltliches allein.

Die deutsche idealistische Philosophie kann als Versuch betrachtet werden, beide Vorstellungen zu vereinigen: den thomistischen Gedanken, der den Menschen noch immer so viel Freiheit zuspricht, daß es in der Geschichte ganz im Ernst ums Höchste geht, mit der reformatorischen Strenge, nach der die Vorstellung transzendenter Folgen immanenter Handlungen fast als Glaube an die Magie erscheint. Wie Luther hat Immanuel Kant der empirischen Handlung den Einfluß auf die Transzendenz, aufs Jenseits abgesprochen und einzig der Gesinnung die Beziehung zu ihr nachgesagt. Sein Werk jedoch ist von der Hoffnung durchzogen, daß im unendlichen Fortgang der empirischen Wirklichkeit die Idee so tief ihr sich einpräge, daß sie die Züge der Gerechtigkeit einmal tragen wird. Was dem Verstand unvorstellbar ist, darf Vernunft für möglich halten. Der Begriff der Erde als des Jammertals, das sie bleiben müsse, wird in dem Gedanken aufgehoben, daß der gute Wille, die Freiheit, schließlich doch das Unheil wenden wird. Je und je kann im endlosen Gewebe der Ursachen und Wirkungen moralische Gesinnung eine Reihe neu beginnen. Der Erfahrung zuwider muß die Einsicht das Vertrauen haben, daß es so sei. Die Nachfolger haben die Kantische Hoffnung, daß transzendente Freiheit empirisch wirksam wird, in das Prinzip verwandelt, aus dem das Ganze zu verstehen sei. Geschichte gilt als Selbstverwirklichung des Absoluten. In der Notwendigkeit, der die Menschen unterworfen sind, soll die Selbstbestimmung des Grundes oder des Begriffs sich ausdrücken, dem als ein Moment sie zugehören. Der Unterschied zu jenen theologischen Vorstellungen, denen der Kantische Gedanke durch den Begriff der Hoffnung noch verhaftet bleibt, liegt vor allem darin, daß das irdische Geschehen, Weltgeschichte selber, als Prozeß des Absoluten angesehen wird. Kein Jenseits, kein Anderes steht den realen Ordnungen mehr gegenüber; indem sie am Absoluten teilgewinnen, hört das Absolute auf, der Zeitlichkeit gegenüberzustehen. Der Tod der Individuen wird zum Moment der Ewigkeit, die in ihm, durch ihn sich erhält.

In den realen Kämpfen um die Freiheit geht es zunächst um das bessere Leben, vielmehr um Leben überhaupt. Freiheit heißt, daß man nicht mehr straflos gequält und ermordet wird, nicht mehr, wie im Altertum, an andere Sklaven gefesselt in Bergwerken zu Tode geschunden oder, wie zur Beginn der Neuzeit, von der elenden Hütte, in der man schlief, verjagt, aufs Betteln angewiesen und wegen Bettelns aufgehängt wird. Ausnahmen vom elenden Tod der Machtlosen gab es auf kurze Strecken, in einzelnen Ländern, etwa im vielgescholtenen 19. Jahrhundert in Europa, als die schlimmsten Scheußlichkeiten jenseits der Meere begangen wurden. Freiheit hieß zu der Zeit, in der es schon besser ging, die Abschaffung der Kinderarbeit, ein Lohn, der es gestattet, unter Lebensmitteln eine Wahl zu treffen, Hilfe in Krankheit und Alter. Kriege, die im Anfang nicht zuletzt der Aneignung von Arbeitskräften dienten, sei es als Unterjochung eingesessener Bevölkerung in eroberten Gebieten, sei es als Raub von Menschen, deren man im eigenen Land bedurfte, haben ihre unmittelbaren Ziele verändert. Um Verknechtung oder die Verteidigung dagegen, Vermehrung von Reichtum, Macht und Sicherheit geht es nach wie vor. Ziel ist die Freiheit des Handelns, nicht des Willens. Tun können, was man will, unter vielem wählen können, durch möglichst wenig Umstände beschränkt sein, das ist die Freiheit, die der Kampf der einzelnen, der sozialen Schichten wie der Nationen sichern soll. Die Beziehung zu jenem Andern, von dem in Theologie und Philosophie die Rede war, Freiheit im metaphysischen Sinn, läßt in realen Händeln sich nicht erstreben. Das Ziel der wirklichen Kämpfe besteht in der Ausweitung oder Verteidigung der Grenzen, sei es der geographischen, der des Budgets oder der gesetzlichen Vorschriften. Wer zur Zeit des Wirtschaftswunders die endlose Front der glänzenden Schaufenster abschreitet und wirklich zwischen allem wählen kann, ist freier als wer nur wenig Geld in der Tasche hat und womöglich den größeren Teil davon noch mit nach Hause bringen soll. Wer die Zeiten selbst bestimmen kann, zu denen er einkauft, freier, als wer sich kurz vor Ladenschluß zur Zeit der Überfüllung gerade noch das Notwendigste besorgt; wer gesund ist, freier als der Kranke, wer über Menschen und Dinge verfügen darf, sei es auch in bescheidenem Bereich, freier als die einsame Alte mit der kleinen Rente. Sie kann nicht großmütig sein, nur Gegenstand der Großmut. Von den Gefangenen brauche ich nicht zu reden, aber sie sind nicht zu vergessen. Jüngst hat ein großer Anwalt gesagt, seinen ihm anvertrauten Klienten versuche er zu retten, gleichviel, ob er unschuldig oder gar schuldig sei, denn noch immer stehe die Strafe in keinem sinnvollen Verhältnis zum Zweck der Besserung. Wo immer in der Wirklichkeit es um Freiheit geht, ist die des Handelns, der Bewegung, der vielen Möglichkeiten gemeint.

Die Freiheit der Rede ist eine davon. Mit Recht hat man sie auch die des Gedankens genannt, denn der Gedanke, der sich nicht äußern, mit anderen messen und an ihnen sich entfalten kann, ist so unfrei wie die Rede selbst und muß verkümmern. Am Begriff der Gedankenfreiheit wird in der Gegenwart ein Doppeltes sichtbar, das Handlungsfreiheit überhaupt betrifft. Zuerst, daß Rückgang des Zwangs und Zunahme der Freiheit nicht identisch sind. Ich versuche, es an einem zeitgemäßen Beispiel darzustellen. Studenten, die in vergangenen Jahren aus dem Osten flüchteten, haben von dem Glück berichtet, das ihnen drüben die

Aussprache mit Gleichgesinnten bedeutet hat. Noch bis in extreme Situationen hinein tendiert ein Regime des Schreckens dazu, Freundschaft und Treue bei denen zu erzeugen, die sich nicht darein finden wollen. Mit Gleichgesinnten sich auszusprechen, wird zum unschätzbaren Gut. Wenn der Druck nachläßt, ändert sich das. In den hochentwickelten Ländern, eben dort, wo die größere Freiheit herrscht und das entfesselte Streben nach Erfolg, breitet bei allen rauschenden Festen, allen Parties, die Einsamkeit sich aus. Was sich die Menschen zu sagen haben, wird schaler, unverbindlicher, als wo die Not einen Sinn aufzwingt. Das bedeutet allgemein, daß mit dem Grade, in dem Unfreiheit verschwindet, die positive Freiheit nicht notwendig zunimmt. Die Fülle der gebotenen Güter und Dienste bedingt die sachverständig aufgestachelte Begierde raschestens soweit wie möglich aufzusteigen und soviel wie möglich mitzunehmen. Mit der Not und Unfreiheit tendiert der Glanz der Freiheit zu verschwinden, die am Horizont erschien.

Des weiteren lehrt die Geschichte der Gedankenfreiheit, daß nicht allein die objektiven Möglichkeiten, die durch Beseitigung der Schranken sich ergeben, sondern die subjektive Freiheit, die innere Verfassung dessen, der davon Gebrauch macht, den Grad der Freiheit bestimmt. Für die vielen Tausende, die in Ostasien Hungers sterben und die zahllosen Millionen, deren Hunger nie gestillt wird, hat Gedankenfreiheit wenig Sinn, und am entgegengesetzten Ende hat zuweilen Ähnliches statt. Jene vom Osten geflüchteten jungen Menschen, die im Westen sich vereinsamt fühlten, hätten wahrscheinlich leichter einen neuen Lebenssinn gefunden, wenn ihnen mit all den objektiven Möglichkeiten mehr geistige Sehnsucht, Phantasie, Erfahrung begegnet wäre. Je weiter die dringend materiellen Bedürfnisse befriedigt sind, desto mehr bedarf es selbständigen Bewußtseins, geistiger Spontaneität, um von der materiellen Freiheit, die verwirklicht ist, Gebrauch zu machen. Von der allgewaltigen Steuerung durch Propaganda und Massenmedien sich dabei dirigieren zu lassen, wie man auf der sozialen Leiter bestmöglich weiterklimmt, erfordert ganz gewiß Geschicklichkeit, Exaktheit, Ausdauer, zuweilen Einfälle, ja Verantwortlichkeit für die Seinen und einiges mehr. Aber das ist nicht genug. Angesichts der ungeheuer stimulierenden Wirkung des gesellschaftlichen Apparats erscheinen diese Tugenden noch als eine Art der Anpassung, gewissermaßen der Passivität. Die Spontaneität, der Wille, aus dem materiell Erreichten das Rechte zu machen, ist durch sie noch nicht gesetzt. Im Gegenteil, sie drohen, ihn einzuschläfern.

Das politische Gebiet, auf dem über Freiheit nicht zuletzt entschieden wird, ist von dem inneren Widerspruch zwischen materieller und geistiger Freiheit durchherrscht. Die Ära der Vollbeschäftigung und

Konjunktur, in der die Menschen mehr als zu anderen Perioden an der Einrichtung ihres Gemeinschaftslebens selbsttätigen Anteil nehmen könnten, erweist sich zugleich als eine Periode politischer Lethargie. Mit der Beseitigung des wirtschaftlichen Drucks, der das politische Interesse unmittelbar rege hielt, könnte das Verlangen sich ausbreiten, an der Verbesserung und geistigen Durchdringung der Institutionen teilzunehmen, die großen Mittel jeder Art, an menschlicher Substanz, Finanzen und Gütern, die der Gemeinschaft zufließen, zum Guten anzuwenden. Bei einzelnen Menschen bewirkt die neue, auf dem Materiellen beruhende größere Freiheit das größere Bedürfnis, ihr gerecht zu werden, hier in Deutschland wahrlich nicht bei wenigen. Die Regel ist vielmehr das Gegenteil. Nicht als ob man keine Nachrichten läse oder hörte, und zur Kenntnis nähme, welcher afrikanische Minister mit welchem asiatischen Staatsmann eine Unterredung hatte, über die dann beide sich befriedigt geäußert haben. Nicht als ob Geschäftsleute sich nicht auf dem laufenden hielten, damit in den Anlagen jeder Art nichts vernachlässigt wird. Aber der Gedanke an den Stand des Gemeinwesens, seine Möglichkeiten, seine Pflichten nach innen und außen, seine Rolle und sein Schicksal in der Zukunft ist gleichsam mit einem negativen Vorzeichen versehen, Politik im eigentlichen Sinne erweckt ein Mißbehagen. Es kann auf vieles sich berufen, zum Beispiel, daß man ja doch nichts machen kann: die Maschinerie ist zu kompliziert, die Parteien und die Sachverständigen sind dafür da, und am Ende kann es schließlich ja nur schlechter werden, die Konjunktur zurückgehen, das Tempo der Inflation sich steigern, die äußere Bedrohung ins akute Stadium übergehen; am liebsten gar nicht davon sprechen, nur Gehörtes wiederholen, oder irgend etwas reden und dabei an anderes denken. Die Gründe sind zugleich richtig und scheinhaft: richtig, weil die Argumente ungefähr zutreffen, scheinhaft, weil den wirklichen Grund die Ohnmacht bildet, jenen Zwang der Verhältnisse zu überwinden, die Situation zu erfassen, die Anstrengung zum unabhängigen Urteil aufzubringen, im Rahmen des Möglichen, sei es noch so bescheiden, darauf einzuwirken, daß das Bessere geschehe und das Unheil vermieden werde.

Die politische Apparatur ohne die vitale Partizipation, ohne das spontane, ernsthafte, lebendige Interesse der Bürger, die ihm die Impulse geben sollen, muß, selbst beim besten Willen der Politiker, ein abstraktes isoliertes Element im Ganzen bleiben. Die Anstrengung ernsthafter Kommentatoren, die Reden von Politikern, die Wahlen sind nicht genug, um die Wechselwirkung zwischen Parlament und Regierung einerseits und den Bürgern andererseits herzustellen, durch die politische Freiheit, Demokratie erst im wahren Wortsinn wirklich wird. Das Unbehagen an der Politik, das daran hindert, die Verantwortung zu spüren, von der politischen Freiheit ernsthaften Gebrauch zu machen, ist unter allen Argumenten, die es für sich anzuführen hat, selber das schwerste Argument.

Daß mit der objektiven materiellen Freiheit an ausgezeichneten Stellen der Geschichte nicht zugleich die subjektive, die innere Freiheit gewachsen ist, ja dazu tendierte, zurückzugehen, kann in der Gegenwart nicht ernst genug genommen werden. Der Widerwille der meisten, um politisches Verständnis, um die Kenntnis gesellschaftlicher Dinge aufrichtig sich zu bemühen und des weiteren dahin zu wirken, daß die Anstrengung zur allgemeinen, nicht zuletzt in der Erziehung werde, ist identisch mit Verwundbarkeit der Demokratie. Wer um bessere Erkenntnis sich nicht selbst bemüht, ist für die schlechtere anfällig, ja, er entwickelt eine Neigung, dem anzuhängen, was ihm gerade gelegen kommt. Die Anfälligkeit wird um so stärker, je mehr die Bewegung zur Ausbreitung der materiellen Freiheit, der wirtschaftliche Aufschwung sich verlangsamt, je schwieriger der Alltag wird, je stärker äußere Bedrohung sich geltend macht. Wenn einmal die Anzeichen von Gefahr, die zur selbständigen Anspannung der Kräfte treiben sollten, sich mehren, dann werden viele im Gefühl der eigenen Schwäche und Ohnmacht dazu neigen, auf volltönende Reden zu hören, zu denen zu laufen, die am meisten versprechen, nicht bloß, weil man sich bei ihnen sicher fühlt, wenn man zur Gefolgschaft gehört, sondern, weil man sich an anderen schadlos halten darf. – Aber wie der Geschäftsmann gerade in schlechten Zeiten einen kühlen Kopf und seine anständigen Prinzipien behalten muß, so auch das Kollektiv. Im französischen 18. Jahrhundert lagen Macht und Freiheit bei den Bourbonen. Sie gingen verloren aus vielen Gründen, der Mangel an Einsicht und Verantwortung war einer davon. Im westlichen 20. Jahrhundert liegt sie bei den Bürgern der freien Völker, ihre Verantwortung, die eines jeden, ist noch vielfältiger als es den Anschein hat. Die Bedrohung der Freiheit von außen ist offenbar. Schon im ersten Jahrzehnt des Jahrhunderts sprach Wilhelm II., dem prophetische Gabe sonst nicht in hohem Maße eigen war, von der gelben Gefahr. Trotz der Handelsbeziehungen ist sie heute recht ernst zu nehmen, vielleicht dringender, als es scheint, und sie ist wahrlich nicht die einzige. Aber wie dringlich der Schutz der äußeren Freiheit auch immer sei, die Arbeit an der inneren darf nicht erlahmen, wenn jener nicht am Ende seine geschichtliche Begründung verlieren soll. Wer immer heute über Freiheit spricht, kann nicht davon absehen, daß ihr Name es ist, auf den das Selbstbewußtsein der fortgeschrittenen Nationen sich beruft, wenn es von den anderen als Vorbild angesehen, ja auch nur in seiner Eigenart geachtet werden will. Die Menschen, die von diesen Staaten zu anderen hinausgeschickt werden, um ihnen durch Sachkenntnis oder in irgendeiner anderen Hinsicht zu helfen, üben, auch wenn sie keine pädagogische Absicht haben, notwendig auf die Einbildung eine Wirkung aus. Je willkommener die Hilfe ist, desto geöffneter werden die Empfangenden für das Bild sein, das durch die Art des Auftretens, die kleinen Handlungen und Gesten, die Art der Sprache, die Geduld, die Freundlichkeit, das Einfühlungsvermögen, den Neulingen in jenen Ländern sich einprägt. Sofern Menschen nicht verschlossen sind, nehmen sie ja nicht bloß das an, was ihnen an Dingen, Handgriffen und Wissen übermittelt wird, sondern, ohne daran zu denken, auch das Wie, den Tonfall, die innere und äußere Gestik, die ihren eigenen Sinn, ihre eigene immanente Logik hat. Nicht selten geht es tiefer als die Worte. Wenn zu bestimmen wäre, was die Abgesandten des Westens geistig übermitteln sollen, nicht nur die Diplomaten, die haben es zumeist mit harten, fertigen Charakteren zu tun, sondern alle, die vornehmlich mit durchschnittlichen Stammesleuten umgehen, ich glaube, es ließe nichts Besseres sich wünschen, als das Bild des Menschen, der ein eigenes Urteil hat, in jedem anderen den Menschen respektiert, das Unrecht und die Unterjochung haßt: die Gestik der Freiheit. Solche Neigung den fremden Völkern einzupflanzen, müßte der Mensch des Westens dort fähig sein, über die aufrichtige Achtung vor seiner Industrie und die zweischneidige Bewunderung des Reichtums seines Landes hinaus. Nur insofern Reichtum und Industrie mit jenem Geistigen verbunden sind, verwandelt die Hilfe sich zur Mission. Ähnliches gilt im Hinblick auf die Jungen aus jenen Völkern, die als Studenten nach Europa oder den Vereinigten Staaten gehen. Ob sie mehr mit nach Hause nehmen als Kenntnisse, Tatsachen und geschickte Verfahrensweisen, ist ein Index dafür, wie es um die geschichtliche Aufgabe bestellt ist, die die westlichen Gastländer sich zusprechen, die Verbreitung der Freiheit in der Welt.

Die Betrachtung der realen Geschichte führt zur Philosophie zurück. Wenn die Bereiche des Diesseits und Jenseits so streng geschieden sind, wie es nach der nominalistischen Philosophie und der lutherischen Theologie des 16. Jahrhunderts immer bleiben muß, läßt sich kein sinnvoller Grund entdecken, warum die freiheitliche demokratische Ordnung auf der Welt zur allgemeinen werden sollte. Sie ist ein vergängliches Ziel, vielleicht ein nützliches, vielleicht ein schädliches, je nach den Umständen. Im strengen Sinn vom Heil des Ganzen zu reden, ist schal. Die einzelne Seele steht zum Höchsten in Beziehung, und wer könnte zu entscheiden wagen, welche gerettet wird. Sie soll ans Wort sich halten und auf es vertrauen. Sie findet die Richtschnur des Handelns darin, nicht nur die Richtschnur, sondern auch die Kraft und den Mut. – Wenn dagegen in den Menschen selber Freiheit ist, in allen Menschen, wie die an Aristoteles Geschulten lehrten, kann der Geschichtslauf sinnvoll sein. Es gilt die Ordnung herzustellen, die der wahren Anlage der Menschen am besten entspricht. Letztlich jedoch geht es auch hier nicht um die gesellschaftliche Organisation, selbst wenn sie noch so vollkommen ist. Was bedeutet Freiheit, so könnten jene Denker fragen, wenn wir doch auf ewig sterben müssen. Das untrügliche Siegel der Unfreiheit des Menschen ist der Tod, er, wie aller Zwang, ist mit dem Sündenfall verknüpft. Nur sofern die irdische Geschichte das Vorspiel der himmlischen bildet, hat sie wirkliche Befreiung zum Ziel und kann daher als sinnvoll gelten. – Die Philosophie des deutschen Idealismus dagegen hat Befreiung in die Geschichte selber verlegt, ohne die Endlichkeit absolut zu setzen. Der Trost, den Kant für sich beansprucht hat, ist nicht die Aussicht auf die eigene Seligkeit, sein Trost bescheidet sich bei dem Bewußtsein, wenn auch ein unendlich Kleines zur Verwirklichung der Ordnung beizutragen, die allen Einzelnen, keineswegs bloß denen im eigenen Land – einmal so viel Freiheit gewähren soll, wie es mit der Freiheit der Anderen sich verträgt. Ich sehe für Europa in der künftigen Geschichte keine gültigere Rechtfertigung als die Kantische, die Verwirklichung der großen Philosophie. Einzig im Hinblick auf die Konzeption der individuellen Freiheit hat die der Nationen ihren Sinn. Sofern es gelingt, den jungen Generationen die Gesinnung einzupflanzen, die die Erfüllung des Kantischen Prinzips zur eigenen Sache macht, kann die neue Beziehung des Westens zu den ehemals bloß unterdrückten Kontinenten einen produktiven Inhalt gewinnen. Die konkreten Konsequenzen liegen zutage. Sie im einzelnen vorauszusehen, ist Sache der Philosophie, der politischen und nicht zuletzt der ökonomischen Wissenschaft.

Macht und Gewissen

Macht und Gewissen sind geschichtliche Phänomene. Sie widerstehen dem Versuch der schlichten Definition, wie sie in Naturwissenschaften üblich ist. Was in kurzer Zeit darüber sich sagen läßt, bezieht sich auf Aspekte, die der Redende im Augenblick für wichtig hält. Die Macht, von der ich spreche, ist nicht die des einzelnen über sich selbst, sondern die politische, mit der wirtschaftlichen verschwisterte Macht. Das Gewissen, von dem ich rede, bezieht sich auf sie.

Die freien Länder bekennen sich zur Demokratie. Das Gewissen soll bei allen Bürgern liegen, nicht bloß bei den Regierenden. Die Beziehung zwischen Bürgern und Regierung aber ist nur höchst selten unmittelbar. Vermittelnde Instanzen bilden vor allem die Partei, die Organe der öffentlichen Meinung, die Massenmedien, Zeitungen, Rundfunk, Fernsehen, vieles andere mehr. Die Massenmedien wiederum wirken auf die Beziehung der Partei zur Regierung und zu den Bürgern, die Parteien auf die Massenmedien. Der Mechanismus ist komplex. In den Massenmedien, die in der Regel den Verkehr besorgen, setzen sich, die Integrität der Gesinnung, den guten Willen einmal unterstellt, massive Interessen durch. Sie sind auf Popularität, das Wohlwollen einer Reihe von Instanzen, auch die Wirtschaft, angewiesen. Anordnung und Auswahl von Nachrichten üben ihren Einfluß aus, auch wenn sie selber richtig sind.

Der Denker, auf den die Theorie der Demokratie im kontinentalen Europa vor allem zurückgeht, Jean-Jacques Rousseau, hat sich davor gefürchtet. Wähler und Regierung sollten sich unmittelbar kennen, in ständiger Berührung bleiben, miteinander sprechen und umgehen, damit Demokratie nicht ihren Sinn verliert. Er hat gesehen und ausgesprochen, daß starke Parteien, nicht weniger als große Vermögensunterschiede, von den sogenannten Lobbies, den mächtigen Einflüssen in den Kulissen der Parlamente, zu schweigen, Demokratie der Qualität nach verändern müßten. Durch seinen pedantischen Schüler Robespierre auf Frankreich übertragen, hat das Modell Rousseaus die Schreckensherrschaft mitbedingt. Die Geschichte Frankreichs in den letzten 150 Jahren war keine Glanzleistung in Demokratie, wie man es ehemals in der Schule lernte. Bekanntlich haben die Preußen in diesem kurzen Zeitraum Frankreich zweimal von Cäsaren befreit. Rousseau hat die Problematik der Demokratie in großen Ländern geahnt.

Nach der Theorie soll bei den Regierten die Macht liegen. Es wird erforderlich, daß sie kontinuierlich den Geschäften ihres Landes folgen, denn auf ihr Gewissen kommt es an. Gewissen heißt dabei Vorstellung von dem, was fürs Ganze am besten ist. Zwischen dem persönlichen Egoismus des Privatmanns und dem, was er für das Interesse seines Landes hält, besteht ein Unterschied, wenngleich sie konvergieren mögen. Darauf, daß jeder selbst imstande ist, bei politischen Entscheidungen das Ganze voranzustellen, gründet der klassiche Begriff von Demokratie, unter dem sie auf dem Kontinent die Herrschaft antrat. (Im liberalistischen England wurden andere, realistischere Theorien ausgebildet, in denen das Privatinteresse eine größere Rolle spielt. Zwischen der Resultante der Privatinteressen und dem Staatswohl herrsche prästabilierte Harmonie.) Emile Durkheim hat Rousseaus Lehre vom politischen Gewissen später fortgeführt. Nach ihm ist individualistische Moral in einer Krise, sie ist im Begriff zurückzugehen, »unwiderruflich zerstört«, wie er sagt. Da die Arbeitsteilung die wesentliche Quelle gesellschaftlicher Solidarität geworden sei, werde sie anstatt der Individuen zur Grundlage der moralischen Ordnung.

Das Wohl des Staates, dem einer angehört, soll nach Rousseau der höchste Gesichtspunkt sein. Die Lehre, die im 18. Jahrhundert einen Fortschritt bedeutete, hat im 19. und 20. ihre Kehrseite gezeigt. Der Begriff der Nation hat sich zum Götzen gemacht. Right or wrong, my country. Von erfahrenen Geistern, Goethe, Schopenhauer, Grillparzer, schon zur Zeit ihres Aufstiegs als zukunftsträchtige und zugleich verhängnisvolle Kategorie erkannt, hat die Nation den großen Revolutionen und Kriegen vorangeleuchtet und die Erde ergriffen. Die treibende Macht der Geschichte heute ist nicht mehr unmittelbar wie im viktorianischen Zeitalter, während der Hegemonie Europas, die Konkurrenz der einzelnen Unternehmer, sie ist der Wettstreit der Nationen, vielmehr das Emporstreben dessen, was sich überall so nennt. Der Kampf um die Befreiung des Gedankens, der in der neueren Geschichte Europas einmal das Thema war, ist ausgekämpft. Sein Resultat, moderne Wissenschaft und Technik, wird von den anderen Kontinenten fertig importiert. Dazu bedarf es nicht mehr großer einzelner. An ihre Stelle treten das Kollektiv und die Funktionäre. In der Wirtschaft ist die Alleinherrschaft des Prinzipals längst abgelöst. Aus der Kooperation der Interessenten untereinander und mit dem Staate bilden sich neue Strukturen der Macht, deren Symbole zugleich die nationalen sind.

Von der Entwicklung ist auch die Religion betroffen. Das Christentum verkündigt den Wert der einzelnen Seele. Durch seine Lehre von der Ewigkeit hat es ihr unendliche Bedeutung zuerkannt. Die Dogmen dagegen, zu denen die Gegenwart sich bekennt, verabsolutieren die Nation und gegebenenfalls die Eroberung der Welt, sei es im Frieden, sei es im Krieg. In Afrika feiert der Islam Erfolge. Er ist der neuen

Gesinnung leichter anzupassen als das Evangelium der Feindesliebe. Dem Gottesbegriff des Propheten haben Kriegszüge, gewaltsame Bekehrung, Ausrottung der Feinde, niemals widersprochen. Die Eroberung der Territorien, die heute Pakistan heißen, übertrifft an Scheußlichkeit die meisten Episoden der Geschichte. Zur nationalen Macht besitzt der Islam besondere Affinität. Bei den Gewalttaten der Christenheit bedurfte es der paradoxen Auslegung, der Perversion der Lehre, auf die sie sich berief. Ganz folgerichtig war im Tausendjährigen Reich, der tollsten Orgie, die von Nationalisten inszeniert wurde, das Christentum suspekt. Ihm galt nicht die Macht der Nation, noch nicht einmal das Wohl des Volkes, als unverrückbare Idee, nach der jeder sich zu richten hätte. Erfolge im Bestehenden mögen manchen Calvinisten als Bestätigung erscheinen, nach der Lehre des Stifters besagen sie nichts.

In Deutschland hat Kant Rousseaus Gedanken aufgenommen und zurechtgerückt. Noch die privaten Handlungen sollen nach Kant jeweils den Grundsätzen folgen, deren Geltung der Handelnde auch für die Gemeinschaft wünschen kann. Jeder soll stets so verfahren, daß es mit einem Leitsatz übereinstimmt, der nach seiner Überzeugung für das Ganze taugen könnte. Das ist der Inhalt des kategorischen Imperativs, der den Begriff des Gewissens bestimmt. Weder Gott noch der leibliche Vater kommen darin vor, sondern, dem Sinne nach, die menschliche Gesellschaft, aber die *ganze* menschliche Gesellschaft, nicht bloß die eigene Nation. Das macht den Unterschied ums Ganze. Kants praktische Philosophie ist dem Geist des Christentums weit näher als der Idealismus Fichtes und Hegels. Zwischen dem, was das Gewissen vorschreibt, und den je geltenden Gesetzen herrscht nach der Kantischen Lehre eine Spannung. Solange sie in Kraft sind, muß man ihnen folgen, Chaos ist schlimmer als selbst eine schlechte Ordnung, es sei denn, sie werde zum Hohn auf ihren eigenen Begriff, wie es im Deutschland Hitlers geschehen ist, vor dem die Kantische Philosophie, ja der Gedanke überhaupt, versagte. Jene andere Ordnung aber, nach deren Prinzipien der Handelnde überall sich richten soll, wo kein positives Gesetz es verbietet, ist nicht die des Bestehenden, sondern eines Geistigen, der Vernunft. Ihr zufolge ist die Freiheit eines jeden so weit und nur so weit einzuschränken, wie die der anderen es notwendig macht. Anders als bei Rousseau wohnt dem Gewissen, wie es Kant gefaßt hat, die Utopie, das Bild einer Gesellschaft ein, an der auch noch der eigene Staat zu messen ist. Kants Ethik ist formal, doch nicht ganz so formal, wie es zuweilen scheint. Sie liefert dem Gewissen ein Kriterium der Macht. Nicht besser ließe Kants Lehre sich erhellen als durch den Gegensatz zu jenem Kampfruf, der nicht bloß im Osten Anhang findet: gut sei, was nützlich sei fürs Kollektiv.

Je mehr das Gewissen der Beherrschten im Angesicht der richtigen Gesellschaft fähig ist, der Macht im eigenen Lande zuzustimmen, desto mehr soll sie bedacht sein, es zu schärfen, damit sie selber besser wird. Das ist der Kantische Gedanke. Wenn heute ein Land hochentwickelt, andere unterentwickelt heißen, so darf nicht allein der sogenannte Lebensstandard entscheiden. Die Hymne auf seine Hebung, wie das Wort heißt, wird durch jeden bitteren Fall von Armut, der durch die Lücken der Statistik gleitet, Lügen gestraft. Ohne die Gesinnung, ohne den geistigen Inhalt der Einrichtungen in Betracht zu ziehen, läßt sich über eine Macht kein Urteil fällen, und heiße sie sich zehnmal demokratisch. Was die Zustimmung der Bürger im Zeitalter der Manipulation wirklich bedeutet, hängt von ihrer persönlichen Verfassung, der Art ihrer Erziehung und Bildung, der Differenziertheit ihres Empfindens, der Unabhängigkeit ihres Urteils ab.

Selbständiges Denken, exakte Phantasie, Identifikation mit anderen, der Wille zur richtigen Gesellschaft gehören zu den subjektiven Qualitäten, die von der Macht zu wecken, zu verbreiten und zu fördern sind, wenngleich sie mit ihr in Konflikt geraten können, ja eben deshalb; denn nur soweit ist Macht, was sie sein soll, als sie selber besser werden will und dafür die Bedingungen schafft. Seit je gehört zum Staat der Apparat der Verteidigung. Gegenwärtig ist der Raum, den die Vernichtungsmaschinerie, ihre Reproduktion und Erweiterung überall einnimmt, so gewaltig, daß sie die Struktur von Wirtschaft und Gesellschaft weitgehend bestimmt. Je furchtbarer jedoch die Gewalt der Staatsmacht und dessen, was mit ihr zusammenhängt, desto größer die Pflicht, dafür zu sorgen, daß die Heimat, die sie schützen soll, so menschenwürdig wie nur möglich eingerichtet ist. Solcher Verantwortung wird nicht allein dadurch genügt, daß man viel kaufen kann, auch nicht allein durch die Vergrößerung des Reichs der Freizeit, wie populär es immer sei, sondern durch die Entfaltung jener Fähigkeiten, die den Kult der Konsumkultur, zu dem der Kulturkonsum hinzugehört, in Frage stellen. Die Förderung einer Reihe von Wissenszweigen in Forschung und Lehre, die heute gegenüber dem Wettlauf in der Technik arg zu kurz kommen, ist nur eine der Bedingungen.

Wenn Macht zu ihrer Rechtfertigung des Gewissens bedarf, ist sie von seinem Rückgang mitbetroffen. In vielen Studien hat moderne Soziologie mit ihm sich beschäftigt. Er hat mit der Veränderung der Familie zu tun. Der Prozeß des Übergangs zur Kleinfamilie wird allgemein. Wenn die besten Psychologen sich nicht irren, hängt die Ausbildung des Gewissens, dessen Anlage in jedem ist, weitgehend vom Schicksal der Kindheit ab. Was aus dem Innern eines Menschen spricht, die Forderung der Wahrheit und Gerechtigkeit, des Fleißes, der Ehrlichkeit, Treue, Pietät, wurde ihm in der Familie eingepflanzt. Einst hat der Vater jene Eigenschaften gefordert und versucht, sie selber darzustellen. Je weniger scharf er sie einbläute, je mehr die Liebe und die Klugheit der Mutter nachhalfen, desto helleren Glanz gewannen sie im Jungen, desto weniger krampfhaft werden sie praktiziert. Indem heute immer weitere Sektoren der Erziehung auf gesellschaftliche Mächte, Schule, Kameraden, Sportklubs übergehen, vollzieht sich die Entwicklung weniger differenziert. Der Mensch in der verwalteten Welt hat mehr auf Zeichen als auf innere Postulate zu reagieren. Sie werden durch unausweichliche äußere Konstellationen ersetzt. Die Kontrolle der Macht geht mehr und mehr an andere Instanzen über. Je ohnmächtiger der einzelne, desto weniger bleibt dem Gewissen überlassen. Es geht zurück.

In der Gegenwart ist Demokratie auch dadurch relativiert, daß politische Übersicht den einzelnen unmöglich ist. Je ausgebreiteter der Nachrichtendienst, je glänzender seine Leistung, desto verworrener das Bild der Welt. Vormundschaft wird unvermeidlich. Was die Handlungen der einzelnen Staatsmänner, ja der Parteien wirklich bedeuten, weiß kaum der Eingeweihte. In die inneren Maßnahmen spielen außenpolitische Interessen hinein und umgekehrt; um ihrer Aufgabe gerecht zu werden, bedürfen die Mächtigen unübersehbarer Kenntnisse, und die Versuchung, auf dem schwierigen Pfad der Regierung Abkürzungen verschiedenster Art einzuschlagen, ist übergroß, der Begriff einer Kontrolle der Macht durchs Gewissen aller einzelnen klingt schon darum naiv, weil die Schrumpfung der Welt es mit sich bringt, daß jeder politische Schritt nur von einem Heer von Sachverständigen in seiner Auswirkung beurteilt werden kann. Zu der Zeit, in der Deutschland die Demokratie einrichtet, ist sie aus gewichtigen Gründen in der ganzen Welt aufs höchste bedroht. Sofern Gewissen in demokratischen Staaten entgegen der allgemeinen Tendenz in die Macht hineinspielt, haben sie es schwerer als Diktaturen. Die totalitäre Maschinerie funktioniert reibungsloser. Ich wage nicht vorauszusagen, wem die Zukunft gehört. Jedenfalls bedarf es eines unbeirrbaren Willens, um an politischer Freiheit festzuhalten. Wenn die junge Generation ihn aufbringen soll, muß sehr viel für sie geschehen. Vor allem sollten die Erzieher in der Gesellschaft einen anderen Platz einnehmen als den, der ihnen heute zuteil wird, die Erzieher jeder Stufe und die Erzieher der Erzieher. Das richtige Verhältnis von Macht und Gewissen fordert eine geistige und organisatorische Anstrengung, für die in der Gesellschaft wenig Aussicht besteht. Sie hat anderes zu tun. Den meisten geht es um Macht oder die betriebsame Freizeit, bei deren Anwendung dem Gewissen trotz allen Überflusses kaum ein Spielraum bleibt.

Über den Zweifel

Von den vielen Arten des Zweifels, seinen logischen, psychologischen, sachlichen Nuancen, vermag ich in Kürze nicht zu sprechen. Etwa die Hypothese in der Wissenschaft, die Ungewißheit vor, während und nach einem Experiment, nach einer Entscheidung oder Handlung, weiterhin Gedächtnisschwierigkeiten, jede Art gedanklichen Schwankens fallen unter die in Rede stehende Kategorie. Ich beschränke mich auf die Krise der Theologie, die historisch bedingte Gefährdung der Religion.

Seit der Antike hat der Begriff des Zweifels eine der entscheidenden philosophischen Tendenzen in der Geschichte des Denkens, den Skeptizismus, bestimmt. Ihm galt sicheres Wissen von dem, was ist und was sein soll, Wahrheit ohne Fragezeichen, als Trägheit des Denkens, als Naivität. Nie ist die skeptische Denkart, das Bekenntnis zum Zweifel, in Europa völlig verschwunden. Im Mittelalter waren ihr Grenzen gesetzt. Nicht nur die Verbindung von Kirche und Herrschaft, sondern die Vereinbarkeit des bescheidenen Wissens von der Natur mit christlicher Lehre verwischte den Geltungsunterschied zumindest für den einfachen Mann, machte die Durchdringung täglicher Erfahrung durch Kategorien wie Seele, Gott, Erlösung, theologische Ideen schlechthin zur Selbstverständlichkeit. Wer die Erschaffung der Welt durch den allmächtigen Gott nicht als ebenso gewiß betrachtete wie die Entstehung eines Bauwerks durch die Menschen, den Himmel nicht als Stätte ewiger Geborgenheit, das Evangelium, die Offenbarung nicht als Wahrheit schlechthin, war nicht bloß ein Sünder, sondern ein Narr. Philosophische Skepsis galt nur den Gelehrten als beachtliche, wenn auch falsche Position.

Der heilige Augustinus, wie nach ihm viele scholastische Denker, hat mit der skeptischen Lehre, daß »in den Ansichten der Menschen nichts gewiß, wenn auch das, was man annimmt, zufällig einmal wahr ist«, sich auseinandergesetzt. »Ihr Zweifel am eigenen Leben«, so sagt er, »ist ja auch nicht einmal imstande, etwas nicht zu wissen ... Sie meinen freilich dadurch, daß sie ihr Sein nicht fest annehmen, dem Irrtum aus dem Wege zu gehen, während sie doch auch durch ihren Irrtum von der Tatsächlichkeit ihres Seins überzeugt werden: denn wer nicht ist, der kann auch nicht irren.« Ein Stück der Lehre von Descartes, die als Beginn der Neueren Philosophie zu gelten pflegt, nämlich, daß der Zweifel selbst die Existenz des eigenen Ichs bezeugt, war von Augustin somit vorweggenommen.

Nach dem Mittelalter versuchten zunächst die Reformatoren, Luther im Anschluß an Augustin, das seit der Renaissance durch Fortschritt der Erkenntnis bedrohte, religiös bestimmte Weltbild zu retten. Sie erklärten die biblischen Texte als sicheren, unveränderlichen Bereich besonderer Geltung, unangreifbar durch die das Leben und Denken revolutionierende neue Naturforschung, die das alte biblische Weltbild radikal veränderte und zumindest von vielen Intellektuellen jener Zeit in die Bestimmung sinnvollen Verhaltens schon mit einbezogen wurde. Der reformatorische Begriff des von Vermutung geschiedenen, ja als ihr Gegensatz verstandenen Glaubens war die Ausweitung und Popularisierung einer Doktrin der Scholastik, der Lehre vom Lumen Supranaturale, der Wahrheit aus Gnade, die das menschliche Erkenntnisvermögen übersteigt. Zur Zeit des Thomas von Aquin galt das übernatürliche Licht als Quelle weniger Dogmen, wie der Dreieinigkeit und der Unbefleckten Empfängnis. Schon am Ende des 13. Jahrhunderts, bei Duns Scotus, hatte sich die Zahl der nicht zu verifizierenden theologischen Sätze um ein Vielfaches vermehrt. Schließlich erklärte der Protestantismus die ganze biblische Lehre als einen eigenen geistigen Bezirk jenseits natürlichen Wissens. Aus einem Inbegriff an Vorschriften fürs tägliche Leben aufgrund von Lehren, die zumeist natürlich schienen, wurde Religion zum besonderen, begnadeten Glauben.

Nach der Reformation war Neuere Philosophie, vor allem die rationalistische, auf dem europäischen Kontinent der zweite welthistorische Versuch, die religiösen Grundbegriffe trotz der scientivischen Errungenschaften nicht preiszugeben. Der Gedanke Gottes und damit die Verehrung, der Gehorsam, kurz die Moral seien der Vernunft schon eingeboren, daher dem Zweifel enthoben und die Ideen evident, nicht weniger als die logischen Grundgesetze, ohne die das Denken, und erst recht die Wissenschaft, nicht möglich ist. Durch solche Theorien haben Descartes, Leibniz und die anderen Rationalisten versucht, Religion, zunächst ihre begriffliche Basis, mit Wissenschaft in Einklang zu bringen, den Widerstreit wenigstens zu mildern. Immanuel Kant erklärte, die moralische Verpflichtung, der Kategorische Imperativ, sei der praktischen Vernunft immanent, Gottes Dasein ein aus ihr folgendes, notwendiges Postulat. Seine Theorie ist ingeniös, jedoch wenig plausibel, denn Moral stammt logisch, und erst recht historisch, aus Theologie. Wie sehr ein zivilisiertes, sozial zweckmäßiges, humanes Verhalten faktisch auf Erziehung und aus ihr resultierende psychologische Faktoren zurückgehen mag – ohne Voraussetzung der Gültigkeit des göttlichen Gebots sind Nächstenliebe, Ehrlichkeit, Verantwortungsbewußtsein logisch nicht besser begründet als Haß, die Hilfe für Leidende nicht besser als Unterdrückung. Wie dem auch sein mag, Kant ist der theoretischen Bemühung treu geblieben, den Gedanken an Gott in einer Weise zu begründen, die der bürgerlichen Ära angemessen war. Erst wenn Moral, humane Entscheidungen der einzelnen, durch allumfassende Verwaltung gesellschaftlich einmal belanglos geworden sein werden, verliert Theologie ihre pragmatische Notwendigkeit.

Reformation wie Neuere Philosophie verdanken sich bei solcher Unentbehrlichkeit von Religion in weitem Maß dem Zweifel, dem steigenden Bewußtsein des Gegensatzes zwischen weltlich-wissenschaftlicher Erkenntnis und Offenbarung. Inzwischen ist der Abstand noch größer geworden. Akademische Philosophie hat weitgehend kapituliert. Ihre scheinbar avancierteste Richtung, der Neo-Positivismus, hat als Spezialdisziplin vorbehaltlos der Wissenschaft sich angeschlossen; sie ist ein Fach wie andere, wenn auch von zweifelhafter Nützlichkeit.

Wissenschaft mit ihren vielen, immer weiter sich vermehrenden Spezialbereichen, Fächern, Unterfächern, Unterunterfächern beliefert Technik, Industrie, Verwaltung, nicht zuletzt die Rüstung. Sie dient der Herstellung von Mitteln für das Leben der Gesellschaft wie des einzelnen und ist selbst ein Mittel, das wie materielle Arbeit in den Werktag gehört. Andere, von ihr wie unter sich getrennte Sphären, Theater, Reisen, Sport, Lektüre, Berichte über interessante Forschungsresultate eingeschlossen, bilden die Mußestunden. Auch die Religion, wie sehr sie noch von manchem ernst genommen wird, hat mehr und mehr der Freizeitgestaltung sich eingefügt. Viele Feiertage tragen kirchliche Namen, werden in den Ländern je nach ihren Konfessionen eingehalten. Im Anschluß an die verdienstvollen Untersuchungen zuständiger Institute aus den letzten Jahren und Monaten könnten intensive Meinungsforschung, klinische Interviews, etwa für das Weihnachtsfest, erstaunliche Ergebnisse zutage fördern. Daß selbst das Ereignis zu Bethlehem ernsthaft geglaubt, ja im eigentlichen Sinn bezweifelt wird, erscheint mir kaum wahrscheinlich; die Bilder und Figuren werden fabriziert und angeschaut, aber nicht nur die historische Richtigkeit der Darstellung, sondern selbst die Wahrheit des durch sie Bezeugten dürfte eine recht bescheidene Rolle spielen. An den Motiven, von der weihnachtlichen Sitte sich nicht auszuschließen, hat Religion wohl nur noch geringen Anteil; die zahllosen Begünstigten, ferner kommerzielle Interessen, Erinnerung an eigene Kindheit, nicht zuletzt die Freizeit sind wirksamer als Frömmigkeit.

Der gesellschaftliche Fortschritt in den sogenannten entwickelten Ländern ist so weit gediehen, daß nicht allein verblaßt, was göttliche Wahrheit hieß, sondern daß selbst der Zweifel an ihr, um mit der Jugend zu reden, bereits romantisch geworden ist. Solche Haltung könnte auf Argumente sich berufen, nicht weniger glaubhaft als die religiöse und philosphische Tradition. Ich vermag nur anzudeuten, was im Augenblick besonders naheliegt: eine Reflexion zur Erdgeschichte.

Menschen gibt es, so wird angenommen, seit vierzig- bis fünfzigtausend Jahren. Den Laien gelten solche Perioden als gewaltig; nach wissenschaftlicher Forschung jedoch wird die Erde erst in vier bis fünf Milliarden Jahren aus klimatischen Gründen unbewohnbar. Wenn die Menschengattung nicht durch naturbewirkte oder von ihr selbst verschuldete Katastrophen verschwindet, stehen ihr zumindest noch einige Jahrmilliarden bevor. Die bis jetzt zurückgelegte Zeitstrecke könnte, falls Entwicklung überhaupt sich fortsetzt, jenen fernen Nachfahren als ähnlich erscheinen wie dem Erwachsenen heute seine frühen Kindmonate, in denen er zu lallen, noch nicht zu sprechen vermochte. Schon heute weiß der halbwegs Orientierte von der Spannung zwischen biblischen Erzählungen und naturgeschichtlicher, geschichtlicher, biologischer, physikalischer Realität. Selbst die grobe Kenntnis raumzeitlicher Dimensionen, die im Verhältnis zum astronomisch bestimmbaren Universum armselige Größe unserer gesamten Galaxie, der Milchstraße, zu der als recht bescheidenes Element die Sonne und noch winzigere Elemente, die Planeten und die Erde, mit ihrem Schimmelüberzug[1] und seinen Mikroorganismen gehören, solche immer mehr verbreitete Kenntnis macht es schwer und schwerer, an den überkommenen religiösen Vorstellungen festzuhalten, etwa am Menschen als dem Ebenbild des Schöpfers des gesamten Kosmos, an den unsterblichen Seelen aller jener Mikroorganismen, an der Bekümmerung des Ewigen um jede von ihnen sowie um ihre Kollektiveinheiten, die Nationen, die Stämme und sonstigen Gruppen. Nicht allein der schließlich kompromißbereite Katholizismus, auch die Reformation mit ihrem Bibelglauben wie die philosophischen Lehren vom gemeinsamen Ursprung logischer und theologischer Ideen oder gar vom absoluten Geist, die positiven Systeme insgesamt, erscheinen immer weiteren Kreisen als Illusion.

Die geistige Ernüchterung, die notwendig durch Technik, durch steigende Beherrschung der Natur bewirkte soziale, politische und geistige Umwälzung betrifft das Bewußtsein der Menschen wie ihre psychische Substanz überhaupt. Der Rückgang religiöser Überzeugung bildet eine Seite der Veränderung der Familie, der Erziehung, des Tempos wie der Weise, aus der Kindheit in die Jugend, schließlich in das sogenannte reife Alter zu gelangen. Sowohl die Art, mit primitiven Trieben umzugehen, sie zu bilden, zu sublimieren, wie die Richtung und der Inhalt der den einzelnen bestimmenden Interessen sind von dem Prozeß betroffen. Mit den religiösen sind die anderen

[1] Vgl. Schopenhauer, Die Welt als Wille und Vorstellung, Anfang von Teil 2.

kulturellen Motive schlechthin als ideologisch und autoritär kompromittiert, nur die als zweckbedingt bejahten werden anerkannt. Mit der Religion, mit der Idee der Wahrheit, die selbst den Märtyrern des Atheismus noch eigen war und im positivistischen Begriff der Richtigkeit nicht aufgeht, erlischt die Sehnsucht nach dem Absoluten, nach dem Anderen, die mit dem emphatischen Zweifel identisch ist. Die Verdrängung des Zweifels am eigenen religiösen, nationalistischen oder sonstigen Bekenntnis hat, wie die Geschichte des Christentums, des Kommunismus, vieler alten und neuen historischen Bewegungen beweist, seit je den Fanatismus hervorgebracht. Dasselbe gilt auch für den Teil der rebellischen Jugend, die von allem sogenannt Romantischen, von jeder Transzendenz sich lossagt, dem Positivismus sich verschreibt und den Verlust, den sie dadurch erleidet, ignoriert. Ohne von ihrer Verneinung des überholten und wahrlich bedenklichen Zustands vieler Institutionen im geringsten abzubauen, könnte sie des Preises innewerden, den sie für ihren Verzicht auf den Zweifel bezahlt.

Noch die Überzeugung, aus der progressives, unkonformistisches Denken und Handeln sich herleiten, der Mut, der sie kennzeichnet, entbehren der Wahrheit, wenn sie die Angst und die Frage nicht in sich bewahren. Es scheint mir kein Zufall, daß eben das theologische Symbol der Wahrheit, Jesus, der Stifter des Christentums, als Sterbender gemäß dem jüdischen Psalm den Zweifel an seiner Einheit mit dem göttlichen Vater ausspricht: »Eli, Eli lama asabthani.« Wie viele, die nicht beim eigenen Sterben, sondern bei ihren schlimmen Taten auf seine oder andere Lehren sich beriefen, wähnten, ihrer Sache völlig gewiß zu sein. Bewußter Zweifel hätte sie zu Menschen machen können.

Daß westliche Kultur in einer Krise sich befindet, die an Schärfe die vergangenen Übergangsperioden übertrifft, ist eine triviale Feststellung. Mit einiger Exaktheit die Situation zu bestimmen, bedürfte nuancierter Überlegung. Hier wage ich einige der viel erörterten Momente kurz zu bezeichnen, die mir theoretisch, wie auch im Hinblick auf die Praxis, als wichtig erscheinen: das Elend der Theologie, das Versagen der Marxschen Konzeption, einen bescheidenen Gedanken zu dem, was geschehen kann.

Wie auch immer der Begriff Kultur zu definieren sei, sie geht in Kunst und Wissenschaft nicht auf, auch nicht in Sitten und Gebräuchen. Die Art des Denkens, Fühlens und Verhaltens des einzelnen, soweit sie nicht rein physiologisch oder durch den materiellen Zweck bestimmt wird, gehört zum Begriff von Kultur. Weitgehend ist das innere Leben, bewußt und unbewußt, das Produkt der geistigen Überlieferung. Religiöse Ideen verschiedenen Ursprungs haben bei der Entwicklung der Sprache, nicht zuletzt der deutschen, eine Rolle gespielt, sie erscheinen in den Regungen wie in deren Ausdruck bei jedermann, Atheisten wie Gläubigen.

Religion als solche jedoch hört auf, im Leben des einzelnen bestimmend zu sein. Vorstellungen wie göttliche Allmacht, Weltschöpfung, Erbsünde, Fortleben der Seele nach dem Tod, ewige Gerechtigkeit galten der übergroßen Mehrzahl europäischer Menschen durch viele Jahrhunderte für nicht weniger real als die dreidimensionale Welt und die Dinge in ihr. Angesichts des Fortschritts und der Ausbreitung von Wissenschaft wurden sie, zumindest seit der Reformation, einem besonderen Bereich, dem Glauben, zugewiesen. Nunmehr sind sie, wie ich meine, in der Regel aus Gewohnheit, Konformismus und als Grund der Feiertage anerkannt.

Der Unterschied zwischen den historischen Wendepunkten im Verhältnis von Religion und Wissenschaft zur Gegenwart ist offenbar. Man denke an die Bahnbrecher der neuen Weltvorstellung in Renaissance und Barock, etwa den Domherrn Kopernikus, Galilei und Kepler. Nicht nur aus Furcht bejahten sie die Offenbarung. Selbst Isaac Newton, der Entdecker des Gravitationsgesetzes, war in seinen älteren Jahren, zu Beginn des achtzehnten Jahrhunderts, an theologischen Fragen nicht weniger interessiert als an Naturforschung. Nach ihm erschöpfte sich die Wahrheit nicht in Wissenschaft. Er läßt noch andere Einsicht gelten als mathematisch geordnete, durch Instrumente vermittelte Wahrnehmung; er war kein Positivist.

Um das Schicksal von Religion in der Gegenwart zu begreifen, bedarf es weiterer Reflexion als des Gedankens an die Reihe überwältigender Erfolge in physikalischen, astronomischen, medizinischen Institutionen. Entscheidend ist die durch Wissenschaft ermöglichte Technik und die aus ihr folgende Änderung gesellschaftlichen Lebens, das den Ausblick auf ein Jenseits, auf Strafe und Belohnung in der Ewigkeit entbehrlich macht. Die Steigerung der Kriminalität, die wachsende Unruhe unter der Jugend, deren »Wildheit« Goethe noch beschützen wollte (Gespräch mit Eckermann, 12. Mai 1828), sind Symptome des Übergangs zur strafferen Ordnung. Die in steigendem Maß das Leben bestimmenden sozialen Faktoren, Manipulation durch Massenmedien, Freizeitgestaltung, Administration schlechthin werden perfektioniert, gleichen das Verhalten der Individuen einander an, ersetzen Religion und die in ihr begründete Moral bei der Steuerung des Verhaltens. Wird der Prozeß zur umfassenden Ordnung nicht durch Katastrophen unterbrochen und zurückgeworfen, so führt er zur Gewöhnung an akurates Reagieren auf Zeichen, zu seiner Aufnahme des geforderten Verhaltens in die menschliche Substanz als gattungsmäßigen Instinkt. Religion wird überflüssig.

Nicht allein die Religion, auch andere Sphären der Kultur verdanken die Entfaltung weitgehend ihrer gesellschaftlichen Funktion. Seit ihrer historisch bedingten Entbehrlichkeit, die längst vor der heutigen Rebellion etwa im Gang moderner Kunst sich ausdrückt, wird von allen nicht rein scientivischen Ideen durch die jungen Aktivisten lediglich die unbestimmte Freiheit proklamiert. Der Rest gilt als Romantik. Die Gesinnung war im bürgerlichen neunzehnten Jahrhundert bereits formulier. »Alle Erziehung«, sagt um 1840 Georg Herwegh, »soll nur darauf hinauslaufen, den Menschen zu einem freien Mann zu bilden, oder vielmehr, da der Mensch so lange frei ist, bis er einem deutschen Professor in die Hände gerät, die angeborene Freiheit zu erhalten, zu entwickeln, ihr Inhalt und Fülle zu geben.«[2]

Auch Marx und Engels erklärten Freiheit als das der Epoche einzig angemessene Ziel. Der historische Materialismus bildet die Begründung. Nach ihm ist jede Ordnung der Gesellschaft durch den Stand der Naturbeherrschung bedingt. Beim Bau der Pyramiden mußten Menschen, von der Peitsche angetrieben, die Steine schleppen, es bedurfte der Sklaverei. Je differenzierter, leistungsfähiger die Werkzeuge, desto weniger bedarf es krasser Unterjochung. »Die Handmühle ergibt eine Gesellschaft mit Feudalherren, die Dampfmühle eine Gesellschaft mit industriellen Kapitalisten«, heißt es bei Marx in der Schrift über ›Das Elend der Philosophie‹ (2. Kap. § 1). Da die Herren jeweils ihre alte Machtstellung verteidigen, erfolgte der Übergang zu der dem höheren Stand der produktiven Kräfte angemessenen Gesellschaft durch Revolution. Der Kapitalismus soll, nach Marx, zum letzten solchen Umsturz führen, zur Überwindung der Klassenverhältnisse schlechthin. Der Stand der Technik gestatte gleiche Freiheit für jedermann. Die sich verschärfenden Wirtschaftskrisen, die steigende Misere der Arbeiter erzeugen ihre Solidarität im Kampf um jenen neuen Zustand, mit dem, nach allem Elend, die wahre Geschichte der Menschheit beginnen wird. Durch solche Verkündigung wurde die Marxsche Analyse der Gesellschaft, die von ihm als Wissenschaft bezeichnete Kritik politischer Ökonomie, zur neuen, anti-religiösen Religion.

Das Vertrauen in sie ist jetzt nicht weniger erschüttert als der Theismus, der einst dem Leben keinen realistischen, sondern transzendenten Sinn verlieh. Nicht nur hat die Prophezeiung vom steigenden Elend sich als falsch erwiesen; insbesondere die vom Reich der Freiheit wie die Lehre insgesamt sind kompromittiert. In den Ländern, die den Marxismus zur offiziellen Doktrin erklären, funktioniert er, wie einst in ganz Europa das Christentum: als Rationalisierung der Herrschaft, als Instrument von Innen- und Außenpolitik. Sollte in den hochindustrialisierten westlichen Ländern die Naturbeherrschung so weit sich

[2] Herwegh, Werke, Berlin o. J., II. Teil, S. 159.

entwickelt haben, daß, wie Marx erhoffte, Klassenunterschiede ihren Grund verlieren, dann wird, wie erwähnt, die rationale, allumfassende Verwaltung den Menschen selber automatisieren. Die Reaktion auf Zeichen, rationales Verhalten, wird zum eingeborenen Instinkt, das autonome Subjekt erweist sich als ein Zwischenstadium, ephemer, als bloßer Übergang der erstrebte Endzustand, als die vollendete Zweckmäßigkeit. Dogmatische Systeme, religiöse, idealistisch-philosophische wie materialistische, im tiefsten miteinander verwandt, sind desavouiert. Die Jugend ahnt es bereits. Der bloße Schrei nach Freiheit, seiner Abstraktheit insgeheim bewußt, drückt die in Wut verwandelte Verzweiflung über den geschwundenen, als Romantik denunzierten Sinn des eigenen wie des fremden Lebens aus.

Von den zergehenden Ideen etwas zu bewahren, sind Theologen, Sozialisten, fortschrittliche Intellektuelle jeder Richtung aufrichtig bemüht. Die verschiedenen Kirchen suchen sich zu nähern, ja mit aufgeschlossenen Marxisten zu verhandeln. Durch die Milderung der Gegensätze hoffen sie, die Lehren wie den Kultus schließlich so zu gestalten, daß trotz manchen Differenzen geistige, nicht bloß wissenschaftliche Bildung bei Erwachsenen wie bei der Jugend nicht ganz illusorisch wird. Bei allem Verständnis für solche Anstrengung scheint sie mir, entgegen ihrem Willen, die Fragwürdigkeit der Lehre wie der Bräuche zu bestätigen, die sie retten will. Die durch Wissenschaft vermittelte, gesellschaftliche Änderung hat längst den Glauben erschüttert, der, zur Zeit der Reformation bereits als eine Konzession, an die Stelle der Gewißheit getreten war. Die veränderte Bedeutung der Familie in der Gegenwart betrifft das ganze Denken und Fühlen. Mit der Verehrung des irdischen Vaters schwindet die des göttlichen, damit schwinden die religiösen Kategorien, die ohne ihn sich nicht halten können. Schon die Färbung der Stimme des Vaters, wenn er von biblischen Dingen erzählt, verrät den Unterschied zum Wirklichen. Kann religiöse Überlieferung, so ist zu fragen, ernsthaft dauern, wenn anstatt des Positiven nicht das Negative, anstatt der Gewißheit nicht der Schmerz der Ungewißheit eingestanden wird?

Die Gespräche der Konfessionen untereinander, wie mit Marxisten und Vertretern jeder anderen Weltanschauung, verdienen alle Achtung. Ich frage jedoch, ob nicht ein anderer Weg mit eingeschlossen werden sollte, nämlich die Betonung, daß die gesamten theologischen Systeme und Begriffe im rein positiven Sinn nicht mehr haltbar sind. Den Religionen, das Judentum eingeschlossen, liegt der Gedanke an ein ewiges Wesen, seine Allmacht und Gerechtigkeit zugrunde. Was die menschlichen Organe zu erkennen vermögen, ist jedoch das Endliche, den Menschen mit eingeschlossen. Das Ich, das eigene Bewußtsein, die sogenannte Seele sind, soweit wir selbst zu urteilen vermögen, schon im Leben leicht in Unordnung zu bringen, zu verwirren, zu unterbrechen; Unglücksfälle, schwere Krankheit, ja der Genuß von Alkohol und anderer Stimulantien schaffen es. Daß auf Erden an so vielen Stellen Ungerechtigkeit und Grauen herrschen und die Glücklichen, die es nicht leiden müssen, davon profitieren, daß ihr Glück vom Unglück anderer Kreaturen, heute wie in der vergangenen Geschichte, abhängt, die sogenannte Erbschuld, ist offenbar. Den im eigentlichen Sinn Denkenden ist all dies bewußt, und ihr Leben, selbst in glücklichen Momenten, schließt die Trauer ein. Wenn die Tradition, die religiösen Kategorien, insbesondere die Gerechtigkeit und Güte Gottes nicht als Dogmen, nicht als absolute Wahrheit vermittelt werden, sondern als die Sehnsucht derer, die zu wahrer Trauer fähig sind, eben weil die Lehren nicht bewiesen werden können und der Zweifel ihnen zugehört, läßt theologische Gesinnung, zumindest ihre Basis, in adäquater Form sich erhalten. Die Maßnahmen in Hochschulen und Schulen, die zu solcher Änderung notwendig sind, vermag ich hier nicht zu erörtern. Den Zweifel in die Religion einzubeziehen, ist ein Moment ihrer Rettung.

Ich erinnere zuletzt nur an die wahrlich notwendige Aufhebung des Begriffs der Solidarität, den Marx auf Proletarier reduzieren wollte. In der Beschränkung hat er versagt. In der Ausbreitung auf alle Menschen kann er zur produktiven Wahrheit werden, zum heute adäquaten Sinn der Nächstenliebe. Als endliche Wesen, deren Gemeinschaft in Angst vor Leiden und Tod, im Kampf um die Verbesserung, Verlängerung des Lebens aller zu bestehen hätte, würde die richtige Solidarität sich erzeugen, die Religion und große Philosophie in sich vereinigte. Wissenschaft wäre nicht ihr Gegner, sondern ihr wichtigstes Instrument. Solche Andeutung sollte, wie ich meine, weiter entfaltet werden.

Bemerkungen zur Liberalisierung der Religion[1]

Ich möchte den Versuch unternehmen, meine in einem bestimmten Kultur- und Denkzusammenhang entstandene Vorstellung von der Religion mit der Situation zu konfrontieren, in der wir uns heute allesamt befinden, die aber selten in ihrer vollen Tragweite erfaßt wird.

Wenn man vor 100 oder auch nur vor 50 Jahren behauptet hätte, daß die in Europa vorherrschenden Religionen weiterbestehen könnten, ohne den Glauben an Gott ausdrücklich zu enthalten, so hätte man nur Lächeln oder Kopfschütteln hervorgerufen. Heute sind wir soweit, daß vereinzelt sogar schon Bischöfe den herkömmlichen Glauben an einen allmächtigen Gott in Frage stellen und doch weiter als Träger der Amtskirche und als Christen gelten. Angesichts dieses Sachverhaltes erhebt sich die Frage nach der verbleibenden Substanz der Religion. Nach einer weitverbreiteten modernen Auffassung kommt das Göttliche nur in der Gemeinschaft von Menschen, in ihrer Begegnung und Beziehung zum Ausdruck. Die Annahme eines unabhängig von dieser menschlichen Gemeinschaft existierenden, sie überwindenden und begründenden Gottes wird problematisch. Ein solcher Gott gehört offenbar nicht mehr notwendig zu dem, was Religion heißt.

Religion im eigentlich europäischen und nun selbst innerhalb der Glaubensgemeinschaften fragwürdig gewordenen Sinn hat es meines Erachtens erst seit der mittelalterlichen Scholastik gegeben, die die Religion zu einem eigenen Lebensbereich machte und verstandesmäßig untermauerte, so daß Ungläubige nicht nur für Sünder, sondern auch für Toren, deren Vernunft nicht ordnungsgemäß funktioniert, gehalten wurden. In dieser Auffassung, die bis ins 19. Jahrhundert wirksam war und mancherorts auf dem Lande noch wirksam ist, hat die Vorstellung einer Welt, die nicht auf einen allmächtigen Schöpfer zurückgeht und ihm ihre Existenz verdankt, keinen Platz. Ein allmächtiges und – trotz aller Leiden auf der Welt – allgütiges Wesen mußte demnach Ursprung und Ende des Kosmos sein.

Die Religion hat es jedoch nicht verstanden, die von ihr festgehaltene Überzeugung von der Existenz eines allgütigen Gottes in die Praxis der von ihr beherrschten und geprägten Geschichte zu übersetzen.

[1] Die Nachschrift des Vortrages wurde von Norbert Leser und Alfred Schmidt ohne Mitwirkung des Autors bearbeitet.

Ihre Vertreter haben die Annahme eines allgütigen Gottes nicht glaubwürdig gemacht und nicht im Sinne eines göttlichen Schöpfers und Stifters gehandelt, sondern vielfach Grausamkeiten und Schandtaten verübt, die die Religion in den Dienst böser menschlicher Triebe stellten. Hierfür sind die Kreuzzüge und die Hexenverbrennungen traurige Beispiele. Der Unmut der in unwürdigen Zuständen niedergehaltenen Menschen wurde – gerade mit Hilfe der etablierten Religion – auf wehrlose Opfer und Aggressionsobjekte abgelenkt. Aus dieser Praxis erwuchs der Religion eine ernste Gefährdung. Auch der Kommunismus hat ein ähnliches Schicksal erfahren. Der Kommunismus, der auszog, die friedliche Vereinigung aller Länder und vorerst aller Menschen innerhalb eines Landes herbeizuführen und die Klassengesellschaft abzuschaffen, etablierte in den von ihm beherrschten Ländern eine Klassenherrschaft, die die der nichtkommunistischen Welt an Strenge übertrifft. Auch hier wird die Aggression der niedergehaltenen Menschen auf äußere Bedrohungen und Feinde abgelenkt, nämlich auf Länder, in denen es keine derart krasse Klassenherrschaft gibt.

Die Religion, um auf sie zurückzukommen, hat also durch die Praxis der religiösen Vertreter und Bekenner eine Gefährdung erfahren, der in der Neuzeit die geistige Gefährdung durch die Wissenschaft nachfolgte. Dieser seit der Renaissance übermächtig gewordenen Bedrohung, die durch die Entdeckungen von Galilei, Kopernikus, Newton und Kepler, die die Erde vom Mittelpunkt des Weltalls in ein kleines Kügelchen inmitten eines Universums von Milchstraßen verwandelten, sinnfällig geworden ist, versucht sich die Religion zu entziehen, indem sie sich aus dem Bereich des Wissens, der seit der Scholastik mit der Religion verbunden war, herauslöste und sich neben den wissenschaftlich gesicherten Ergebnissen und den noch einer wissenschaftlichen Bestätigung bedürfenden Hypothesen als dritte und eigenständige Größe ansiedelte. Besonders Luther und die Reformatoren haben die Selbständigkeit des Glaubens gegenüber allen Formen des Wissens stark betont.

Doch auch diese Lösung, mit der man eine Gefahr abwehren wollte, beschwor eine neue herauf. Es trat eine der theoretischen Trennung von Welt und Glauben folgende Trennung von Alltag und religiösen Formen ein. Es ergab sich ein Bruch zwischen der diesseitigen Lebens- und Geschäftsmoral und der Jenseitsbeziehung des Menschen, der Glaube wurde ein Schubfach in seinem Leben. Der einheitliche Mensch zerbrach in Stücke und wurde den einzelnen Disziplinen überlassen. Diese Tendenz zur Zerstückelung des Menschen setzt sich in der modernen Wirklichkeit auch auf anderen Gebieten fort: Zum Beispiel geben die medizinischen Einzeldisziplinen den umfassenden Blick auf die Ganzheit des Menschen nicht mehr frei. Solche Spezialisierung gehört zum Niedergang der Kultur.

Ein weiterer Versuch, den Zwiespalt von Gott und Welt zu überwinden, wurde vom Pantheismus unternommen, der Gott und Welt in eins setzte und in Giordano Bruno seinen bedeutendsten Vertreter an der Schwelle der Neuzeit fand. Dieser Pantheismus wurde zu einer Herausforderung an die Religionen und das menschliche Denken und ist eine solche geblieben. Denn es erhebt sich die Frage, warum die Annahme *eines* Gottes der der Existenz *vieler* Götter logisch überlegen sein muß. Zur Erklärung der Tatsache, daß es in einer Kultur (zum Beispiel in der griechischen) Polytheismus, in einer anderen eine monotheistische Grundeinstellung gibt, ist die Soziologie berufen, die als Zweig der modernen Wissenschaft die besondere Aufgabe hat, die Vorstellungsinhalte von Individuen und Gruppen in einem bestimmten sozialen Zusammenhang aus den Lebensbedingungen dieser Individuen und Gruppen abzuleiten. Auch die metaphysischen und theologischen Vorstellungen spiegeln die Daseinsbedingungen einer Gesellschaft wider. Im soziomorphen Weltbild betrachtet der Mensch die Überwelt nach Maßgabe der Verhältnisse seiner Welt. Einer Gesellschaft mit einer Vielzahl von Herren und Sklaven entsprach eher ein polytheistisches, einer Gesellschaft mit starker Konzentration und Zentralisierung der Befehlsgewalt eher ein monotheistisches Weltbild. Daß Einheit der Vielheit vorgezogen wird, hat realistische, keine theoretischen Gründe.

Eine Versöhnung von Wissenschaft und Glauben wollte auch die neuere Philosophie herbeiführen, sofern ihre Vertreter dem Bedürfnis der Menschen entgegenkamen, beide Sphären miteinander in Einklang zu bringen. Die großen Denker der Neuzeit haben sich darauf eingelassen, rationale Argumente für die Grundlage des Glaubens zu liefern. Freilich sind sie dabei häufig hinter ihr sonstiges kritisches Niveau zurückgefallen. So wollte Descartes, der am Anfang der neuzeitlichen Philosophie steht und einer der ganz Großen in der Geschichte des menschlichen Denkens ist, die Existenz Gottes im Gegensatz zu seiner sonstigen Auffassung, daß nur Erfahrungstatsachen sichere Erkenntnis zu bieten vermögen, aus der Idee des einzelnen Wesens ableiten und mit der Überlegung begründen, daß die Wirkung nie stärker sein könne als die Ursache, folglich auch Gott selbst die Ursache unserer Vorstellung von höchster Vollendung, dem Inbegriff Gottes, sein müsse. Dieser Beweis ist nicht sehr überzeugend, und auch spätere Versuche, die in dieselbe Richtung gingen, sind nicht überzeugender ausgefallen. Diese Feststellung gilt sowohl für Leibniz mit seiner optimistischen Welt- und Zukunftsgläubigkeit als auch für Immanuel Kant, der neben der großen Einsicht, daß alles, was wir erkennen und wissen, nur Erscheinung ist, die naive, der kartesischen nicht unähnliche Lehre vom kategorischen Imperativ entwickelte. Der kategorische

Imperativ hat zwei Fassungen. In seiner einfachen Form fordert er, den anderen Menschen nicht als bloßes Mittel, sondern immer zugleich als Zweck zu behandeln. In der zweiten Fassung sagt er, daß man so handeln soll, daß die Maxime des Handelns jederzeit zum Prinzip einer allgemeinen Gesetzgebung werden könne. Die Annahme dieses kategorischen Imperativs als eines jedem Menschen innewohnenden Prinzips ist von der Geschichte der handelnden Menschen nicht gerade bestätigt worden, führte Kant aber zu den Postulaten der Freiheit und der Existenz eines diese Freiheit verbürgenden Gottes. So fragwürdig diese Postulate und ihre Begründungen auch sind: sie entsprechen dem damaligen gesellschaftlichen Bedürfnis nach einer wissenschaftlichen Begründung von Sittlichkeit und Religion.

Andere wiederum gingen in ihrer Anhänglichkeit an die Wissenschaft einen Schritt weiter und setzten die Materie absolut. Auch dieser philosophische Materialismus ist heute überholt. Die Menschen vertrauen – eingestanden oder uneingestanden – nur noch der Wissenschaft und verzichten auf eine philosophische Überhöhung und Einordnung ihrer Ergebnisse. Religion ist zum Problem geworden. An die Stelle der Versuche zur Vereinigung von Glauben und Wissen vermittels der Wissenschaft ist unterdessen getreten, was man als »Liberalisierung« der Religion bezeichnet. Die Theologie selbst versucht, sich den gesellschaftlichen Bedürfnissen und Zeitauffassungen anzupassen, um den Menschen nicht mehr Dinge zumuten zu müssen, die sich heute nur noch komisch und merkwürdig ausnehmen. So wird es von jungen Juden als unzumutbar empfunden, Schläfenlocken und einen Kaftan zu tragen. Wo es solche Bräuche noch gibt, sind sie gleichsam symbolisch für die Überholtheit der Religion.

Wenn man angesichts dessen einen Ausblick auf die Zukunft der Religion wagt, wird man, der immanenten Logik der Geschichte folgend, als Haupttendenz den Rückgang der Bedeutung des einzelnen bemerken müssen. Während die Religion dem einzelnen eine ewige Seele zuspricht, geht die gesellschaftliche, vor allem wirtschaftliche Entwicklung zunehmend über den einzelnen hinweg. Die Betonung der Einzigartigkeit jedes Individuums wird zur bloßen Erinnerung. Mit der gesellschaftlich bedingten Vernachlässigung des einzelnen geht die der Religion und der Philosophie an den höheren und Hochschulen einher. Philosophie hört auf, ein Gegenstand von Lehre und Pflege zu sein; in einer auf das Unmittelbare und Praktische eingestellten Welt wird die Philosophie nur nach ihrer Nützlichkeit beurteilt und entsprechend gering bewertet.

Zur Illustration dessen darf ich eine Episode anführen, die ich vor einigen Jahren in den Vereinigten Staaten erlebte: Ich sprach mit dem Manager eines Hotels in Nevada über mein Projekt, ein Museum aller

Spiele seit Beginn der Geschichte einzurichten. Der Mann war von meinen Vorschlägen zunächst sehr angetan und wollte sie unmittelbar in die Tat umsetzen, erkundigte sich dann aber im Laufe des Gesprächs nach meinem Beruf. Ich sagte: »Professor.« Da erschrank er unsagbar, denn bisher hatte er mich für einen einigermaßen intelligenten Menschen gehalten. Dann fragte er mich, wie das in Amerika fast immer der Fall ist: »Professor of what?«, und ich antwortete: »Philosophy.« Damit war es endgültig aus.

Zum Schluß möchte ich auf meine eigene Vorstellung über die Liberalisierung, man könnte hier auch sagen Erhaltung der Religion zu sprechen kommen. Der schon erwähnte Immanuel Kant hat uns in einer jeden Zweifel ausschließenden Weise zum Bewußtsein gebracht, daß das, was wir die Realität, die Welt nennen, die wissenschaftlich erforscht werden kann, ein Produkt subjektiver, intellektueller Faktoren ist. Die Arbeit unseres Gehirns, so hat Schopenhauer die kantische Lehre weitergeführt, besteht seit jeher darin, daß wir die Bewußtseinstatsachen, wie Descartes sich ausdrückte, so ordnen, daß sie in einer für unser Leben geschickten Weise zusammenpassen. Unsere subjektive Organisation ist dafür verantwortlich, daß uns Welt als objektive Realität entgegentritt; sie ist kein reines An-sich, sondern Funktion. Wenn dem aber so ist, dann ist die Erkenntnis der Zusammenhänge der Erscheinungen dieser Welt nicht der letzte Aufschluß über die Wirklichkeit, kein Absolutum. Die letzte Wahrheit ist nicht in die menschliche Sprache zu übersetzen, weil alle unsere Begriffe einer subjektiven Organisation entstammen. Da die letzte Wahrheit, die in der Religion zum Ausdruck kommen soll, nicht in die menschliche Sprache und Begriffswelt eingeht, können wir von Religion nur reden, indem wir feststellen, daß die uns bekannte Wirklichkeit nicht die letzte Wirklichkeit ist. Wir vermögen nicht zu bezeichnen, was das Absolute ist und worin es besteht. Auch die dogmatischen Atheisten verstoßen gegen diese Einsicht, wenn sie – wie etwa Schopenhauer – das Nichts als die letzte, vom Jammer dieser Welt erlösende Wirklichkeit ausgeben. Diese Metaphysik ist ebensowenig haltbar wie alle anderen; denn der Begriff »Nichts« ist keineswegs weniger subjektiv als die Begriffe »Gott« oder »Ethos«. Alle unsere Begriffe sind subjektiv. Trotzdem oder eben deshalb können wir sagen, daß die uns umgebende Welt nicht die letzte Wirklichkeit ist. Eine echte Liberalisierung der Religion hat sich auf diese Einsicht zu konzentrieren. Ihr gegenüber sind Fragen der Änderung der Zeremonien und Gebräuche weit weniger wichtig. Die Hauptsache scheint mir die Neufassung des menschlichen Verständnisses von Gott zu sein. Gott als positives Dogma wirkt als trennendes Moment. Die Sehnsucht hingegen, daß die Wirklichkeit der Welt mit all ihrem Grauen kein Letztes sei, vereint und verbindet alle Menschen, die sich mit dem Unrecht dieser Welt nicht abfinden wollen und können. Gott wird so zum Gegenstand der menschlichen Sehnsucht und Ehrung; er hört auf, Objekt des Wissens und Besitzes zu sein.

Ein so verstandener Glaube gehört unabdingbar zu dem, was wir menschliche Kultur nennen. Wir müssen anstreben, daß alle die Menschen sich vereinigen, die den Schrecken der Vergangenheit nicht als endgültig betrachten wollen; daß sie sich zusammenfinden in der gleichen, bewußten Sehnsucht, daß ein der bloß erscheinenden Welt entgegengesetztes Absolutes sei. Die religiösen Gebräuche könnten dabei fortbestehen; denn daß Menschen, welche dieselbe Sehnsucht haben, dieselbe tiefinnere Überzeugung, daß am Bestehenden etwas unrichtig ist – und diese Überzeugung teilen die Religionen mit Marx –, gemeinsame Bräuche haben, um diese ihre Sehnsucht wachzuhalten, ist verständlich. Das, so meine ich, ist die Aufgabe derer, die das Gute an der Vergangenheit so weit bewahren wollen, wie es möglich ist. Sie treten nicht in einen abstrakten Gegensatz zum technischen Fortschritt, wehren sich aber gegen die Verneinung des Individuums in einer perfekt verwalteten Welt. Im Hinweis auf diese Sehnsucht besteht das Wesentliche meines kleinen Beitrags zur Entwicklung und Liberalisierung der Religion.

Pessimismus heute

Dem Herrn Präsidenten danke ich für seine Worte. Ich werde sagen, was mir zur Idee des »Pessimismus heute« jetzt in den Sinn kommt.

Zunächst ein Hinweis auf die Vorgeschichte. Bereits die Antike hat den Pessimismus gekannt. Im dritten Jahrhundert vor Christi Geburt lebte Hegesias, ein Denker, der die Welt so gesehen hat, daß ihm als eine richtige Antwort auf sie der Selbstmord erschien; nicht wenige seiner Anhänger sollen die Konsequenz gezogen haben. Zu seinen Lebzeiten, wie späterhin, wurde er darum wieder und wieder angegriffen oder ignoriert. Wenn selbst in der epikureischen Schule, der Hegesias nahestand, der Pessimismus in so radikaler Weise sich geäußert hat, so gilt ähnliches für die stoische Richtung wie in der gesamten geistigen Geschichte bis zu Schopenhauer und zur Gegenwart. Pessimistische Philosophie hing zusammen mit Wissenschaft und Religion, wie mit Metaphysik. Der Gegensatz von säkularem und religiösem Denken hat in Europa, besonders seit der Renaissance sich entfaltet. Vorher, in weiten sozialen Schichten auch nachher, bis ins neunzehnte, ja ins zwanzigste Jahrhundert hinein, war für viele Menschen der Einzelne, der nicht an Gott oder Götter glaubte und sie leugnete, nicht so sehr ein Atheist, sondern einfach beschränkt, nicht recht im Kopf. Wie kann man, so dachten die meisten, ernsthaft behaupten, die Erde sei da, ohne daß sie geschaffen wurde, ohne von einem allmächtigen Wesen gelenkt zu sein. Erst, seit als Folge der Entdeckungen Galileis und der anderen Begründer des neuen Weltbilds die Erde als Fünkchen im Universum erschien, das um die Sonne schwirrt, die selbst eine verschwindend kleine Kugel unter unendlich vielen anderen bildet, erst dann wurde der Gegensatz von Forschung und Theologie offenbar. Da jedoch beide, selbst noch zur Zeit Schopenhauers und gemäß seiner eigenen Ansicht, für die Aufrechterhaltung der Gesellschaft notwendig waren, bedurfte es des Versuchs, sie zu verbinden. Solche Anstrengung bildet einen der wichtigsten Gründe für die soziale Bedeutsamkeit der großen Neueren Philosophie.

Die Schwierigkeit der Vereinigung war überwältigend. Wissenschaft enthält Erkenntnisse und Hypothesen, das heißt Sätze, die entweder durch Tatsachen bereits erwiesen oder noch exakt zu prüfen sind, das andere gilt als Unwahrheit. Scientivische Forschung bemüht sich, Formen zu finden, die es ermöglichen, an der richtigen Raum- und Zeitstelle, einschließlich zuverlässiger Archive, die richtigen Daten zu bestimmen. Wie soll angesichts solcher positivistischen Gesinnung Religion, Schöpfungsgeschichte und göttliche Herrschaft gerettet werden? Die Reformation dachte, die Frage durch den Begriff des Glaubens zu lösen. Neben der faktischen Richtigkeit und Falschheit gibt es nach ihr eine andersartige, nicht zu prüfende Exaktheit, das göttliche Wort, die von den Reformatoren übersetzte Bibel. So entstand, was für große Teile europäischer Menschheit entscheidend wurde, die Gültigkeit der zwei Bereiche, der voneinander unabhängigen, ja sich widersprechenden Regionen im menschlichen Leben, Glaube und Wissen. Religion wurde ein Schubfach des Geistes, Wissenschaft ein anderes. Beide waren akzeptiert, nicht bloß in der Theorie, sondern in der Praxis. An bestimmten Tagen, zu bestimmten Gelegenheiten, verhielt man sich gemäß der Religion, im übrigen entsprechend realistischer Zweckmäßigkeit.

Eines der wichtigsten Motive der Neueren Philosophie besteht darin, Grundbegriffe der Religion, vor allem den Gottesbegriff, mit Wissenschaft in Einklang zu bringen. Wer unvoreingenommen philosophische Werke seit Descartes aus persönlichem, nicht geistesgeschichtlichem Interesse liest, wird erfahren, wie die Genialität bedeutender Philosophen, die in den erkenntnistheoretischen Bezirken sich eindeutig bewährt, beim Übergang zu den Gottesbeweisen in ein bescheidenes Kombinationsvermögen sich verwandelt. Descartes selbst hat bekanntlich, um die unumstößliche Wahrheit zu finden, vorgeschlagen, an allem zu zweifeln, um schließlich das zu entdecken, was zu bezweifeln unmöglich ist. So stieß er auf die Cogitationes, die Tatsachen des Bewußtseins, unleugbare Gegebenheiten, deren Herkunft und Bedeutung, nicht aber deren Gewißheit, in Frage zu ziehen ist. Die Ordnung solcher Fakten, die Verarbeitung von Sinnestatsachen in die raumzeitliche Gesamtstruktur, ist Sache der intellektuellen Funktionen des Subjekts, der Verstandestätigkeit, ein Instrument menschlicher Selbsterhaltung. Mit solcher, der Wissenschaft nahen Konzeption, begann die große idealistische Neuere Philosophie. Der Begriff Gottes jedoch beruht nicht auf exakter Verarbeitung von Wahrnehmungen, sondern auf Gedanken, die durch Tradition, durch bewußte und unbewußte Emotionen, von den religiösen Organisationen abgesehen, fortexistieren. Descartes' Beweis des Daseins eines vollkommenen Wesens scheint mir weitgehend der Scholastik sich zu verdanken, ohne über sie hinauszugehen. In der menschlichen Vorstellung des Allmächtigen soll, nach Descartes, dessen Wirklichkeit miteinbegriffen sein. Der Ewige muß existieren, denn das irdische Subjekt vermöchte die ihm unendlich überlegene Idee, die klar und deutlich seinem Bewußtsein innewohnt, nicht aus eigenen Kräften zu produzieren. Daß Menschen Ihn zu denken vermögen, gilt als Beweis seiner Existenz. »... man muß auf alle Weise zu dem Schluß kommen, daß dadurch allein, daß ich existiere und daß eine Idee eines vollkommensten Wesens, d. i. Gottes, in mir ist, einleuchtend ist, daß Gott auch existiert.«[1] Gegenüber dem Scharfsinn des Cartesianischen Werkes kennzeichnet das Argument den Mangel an Produktivität der Neueren Philosophie, wenn es um theologische Begriffe geht. Leibniz etwa meinte, zu den nicht zu bezweifelnden Ideen unserer Vernunft wie den logischen Prinzipien gehöre, neben der Idee der Wahrheit, auch die Idee Gottes.

Ein weiteres Beispiel für den Versuch, den trostreichen Gedanken an das Sein des Allgütigen zu bewahren, bildet die Kantische Philosophie. Daß sie zum Bedeutendsten gehört, was denkerisch je hervorgebracht wurde, läßt sich nicht leugnen. Sein eigener Beweis des Daseins eines Schöpfers ist dem von ihm negierten scholastischen kaum überlegen. Er erklärt, in jedem Menschen wohne der kategorische Imperativ, das Gebot, stets so zu handeln, daß er wollen kann, die Maxime seines Handelns tauge zum Prinzip einer allgemeinen Gesetzgebung. Er muß wünschen können, daß alle im gleichen Sinne vorgehen wie er selbst, da jeder jeden anderen nicht bloß als Mittel, sondern zugleich als Zweck betrachten soll. Es ist kühn, zu sagen, daß solcher Imperativ, letztlich die Achtung vor dem Einzelnen schlechthin, in jedem Menschen angelegt sei, noch kühner ist die Folgerung, die Kant aus der Behauptung zieht: das eingeborene Gebot setze die Freiheit, ihm zu gehorchen voraus und sie könne dem Subjekt allein von Gott gegeben sein. Die Existenz des höchsten Wesens ist für Kant damit bewiesen, sie folge letzten Endes aus den der Vernunft einwohnenden Geboten. Nur der Schöpfer könne sie gegeben haben. Der Beweis scheint mir nicht zwingender als der von Descartes. Bei den meisten großen Denkern nimmt der Scharfsinn ab, wenn sie zur Begründung der Gewißheit eines positiven Jenseits übergehen, wenn sie optimistische Ideen als berechtigt demonstrieren wollen.

Die Geschichte der Philosophie zeigt, daß ihr erstrebtes Ziel, die Versöhnung von Wissenschaft und Religion, theoretisch nicht zu leisten ist. Damit schwindet, was schon seit der Renaissance ernsthaft gefährdet war: der aus dem Transzendenten stammende Sinn des Lebens, der Gegenstand der Sehnsucht jener Menschen, die das Grauen dieser Zeit schon seit Jahrtausenden erkannten und erfuhren. Die mit dem Fortschritt der lebensnotwendigen und lebensgefährdenden Wissenschaft verbundene Auflösung des theologischen Sinnes betrifft, notwendig wie ungeahnt zugleich, den nichttheologischen Vorzug des Guten vor dem Bösen schlechthin, die wahre Liebe, die Treue zu Lebenden und Toten, das Glück und die Trauer. Warum sollten sie besser sein als ihr Gegenteil, wenn nicht aus Zweckmäßigkeit, die einmal das Gute, einmal das Schlechte empfiehlt? Gesundes Menschenleben, so definierte Freud, sei

[1] Descartes, Meditationen über die Grundlagen der Philosophie, Leipzig 1915, S. 42.

Fähigkeit zu Arbeit und Genuß. Die Ziele eines jeden werden, wenn Geschichte ohne allzu große Katastrophen weitergeht, intelligenter, zugleich nicht weniger realistisch sein als die des Tieres. Hingabe an nicht rein pragmatische Tendenzen wird zur Spielerei.

Nachdem die philosophischen Versuche scheiterten, sind nunmehr theologische Instanzen bemüht, den Gegensatz zur Wissenschaft durch Konzessionen in der eigenen Theorie und Praxis zu verringern. Der Sieg des Positivismus wird im Stillen anerkannt. Liberalisierung der Religion, so scheint mir, ist das Eingeständnis des Versagens theoretischer Versöhnung. Der Sinn des Lebens wird zur Halluzination. Schopenhauer zog die Konsequenz: richtig ist die Einsicht in die Schlechtigkeit des eigenen Lebens, das vom Leiden anderer Kreaturen sich nicht trennen läßt, richtig ist die Einheit mit den Leidenden, mit Mensch und Tier, die Abkehr von der Eigenliebe, vom Drang zum individuellen Wohlergehen als letztem Ziel, wünschenswert das Eingehen nach dem Tod ins Allgemeine, nicht Persönliche, in das Nichts. Pessimismus ist die Negation des Lebenswillens. Waren die vergangenen Jahrhunderte gekennzeichnet durch unbeschreibliche Foltern und Morde im Namen der Religion der Nächstenliebe wie heute etwa der Terrorismus im Namen kommunistischer Gerechtigkeit, so verdankt sich ruhiges Dasein mancherorts in der Gegenwart dem Grauen dessen, was geschehen ist und noch geschieht. Schopenhauer hat mit Recht die Lehre von der Erbsünde als tiefe Wahrheit akzeptiert. Durch das Verhalten in vielen Lebensbereichen wird sie jeden Tag aufs neue bestätigt. Man denke nur an die für viele Sphären fortgeschrittener Gesellschaft symptomatische Politik und Diplomatie. Minister westlicher Länder drücken den Kollegen links- und rechtsfaschistischer Systeme freundlich die Hand, auch wenn sie wissen, daß sie Massenmörder sind. Es gilt, sie vor der Menge lächelnd zu begrüßen, während jeder Mensch erschrecken müßte, der die Zeitgeschichte kennt. Zugleich sind die Lächelnden im Recht, weil es im Interesse ihrer Länder und der Entspannung geschieht. Solche Szenen sind jedoch ein Beispiel, daß die Kollektive wie die Einzelnen von der Erbsünde untrennbar sind; erfreuliches Leben setzt die vergangene und gegenwärtige Untat voraus.

Wenn der Gedanke an ein allgütiges Wesen, eine höhere Ordnung im Jenseits, an ein Anderes als diese Welt der sich ausbreitenden pragmatisch wissenschaftlichen Gesinnung schließlich weichen muß, bleibt als letzte metaphysische Wahrheit der Pessimismus, zu dem Schopenhauer sich bekennt. Sein Pessimismus ist nicht radikal; religiöse, christliche, buddhistische Ideen sind seinem Werke immanent. Die Nähe zum Christentum habe ich bereits erwähnt. Buddhistisch ist der Glaube, am Ende kehre alles Lebende in die Einheit zurück, aus der es stammt. Die Individualität sei vergänglich, weise jedoch auf ein Anderes, auf das

Absolute, auf das Ewige. Der Wille ist nur schlecht, nach Schopenhauer, wenn er als ein Individuum gegen andere sich auswirkt, nicht schlecht, wenn das Individuum, anstatt sich zu bejahen, seine wahre Identität mit anderen Wesen realisiert, ihr Leiden als sein eigenes empfindet. Nach dem Sinn der Lehre Buddhas wird der egoistisch-narzistische Lebenswille des Einzelnen verschwinden, heimgehen in die Gesamtheit, die Schopenhauer als Wille schlechthin, als das »An sich« begreift.

Solche, letzten Endes nicht mehr pessimistische, der Religion verwandte metaphysische Erwartung bedarf philosophischer Reflexion. Auch für Kant galt Vielheit nicht als absolut, sondern als Ergebnis subjektiver Formen der Anschauung. Für die jüdisch-christliche Religion wie für Denker ihres Bereichs ist Einheit höher als Vielheit, das Absolute, Unbedingte ein Singular. Warum, so könnte man fragen, gilt Gott, der Eine, mehr als die Götter in antiker Weltansicht? Selbst der Heimgang in das All, in das Allgemeine wie das Nichts, gründet auf dem Vorzug des Begriffs der Einheit vor der Vielheit. Ließe soziologisch etwa sich vermuten, solche Rangordnung sei eine Konsequenz von früheren Herrschaftsformen? Jedenfalls scheint ihre Gültigkeit in Religion und Philosophie logisch nicht gewisser als das Gegenteil. Thesen über eine andere Wirklichkeit als die Erscheinung, als die reale Welt, betreffen ein Gebiet, in das gedanklich auszuschweifen, selbst nach Kant, der das von ihm verkündete Gebot in seinem eigenen Werk verletzte, vergeblich ist. Durch solche Fragen wird der Pessimismus verstärkt. Die Lehre vom Jenseits, vom Himmel, vom Paradies, läßt mit exaktem Denken heute nicht mehr sich vereinen. Die Idee der göttlichen Autorität erscheint als antiquiert wie alle nicht pragmatisch-positivistischen Erwartungen. Selbst die Liebe, die erotische Sehnsucht ist aufgrund des technischen Fortschritts überholt, denn geschlechtlicher Genuß wird durch die Pille leichter erfüllbar als der Appetit durch kultivierte Nahrung. Kunst und Poesie, die ehemals Liebe, Trauer, Hoffnung zum Ausdruck brachten wie bei Romeo und Julia, Faust und Gretchen, sind museal geworden. Auch die wissenschaftliche Erforschung physiologisch-psychologischer Funktionen hat schon aufgehört, ein Bild des Menschen zu vermitteln. Scientivische Einsicht löst sich auf in raffinierte Spezialkenntnisse, ohne durch Zusammenfassung jeweils kompensiert zu werden. Wahr ist, daß der durchschnittliche Arzt noch vor etwa fünfzig Jahren keineswegs die einzelnen Organe so scharf kannte wie die Spezialisten heute, doch vermochte er dem einzelnen Patienten viel mehr Zeit zu widmen, kannte oft dessen Leben seit der Jugend, dessen Vater, die Familie, kurz den Patienten selbst. Heute müssen Teams von Spezialisten sich zusammenfinden, wenn sie über einen Kranken, über die Symptome nicht bloß spezialistische Urteile bilden, sondern die Therapie im Hinblik auf seinen ganzen Zustand formulieren wollen. Viele Jugendliche spüren, daß in der Medizin wie in manchen anderen Disziplinen, trotz akkurater Kenntnis kleinster Einzelheiten, etwas nicht in Ordnung ist. Das vernunftgemäße Denken, das den intellektuellen Fortschritt der Spezialisierung in den einzelnen Wissenschaften kompensieren sollte, bleibt, wie der Stand der Universität und Schule bezeugt, hinter der Entwicklung zurück. Selbst Philosophie, die einst ein Bild der Welt durch Zusammenfassung der Resultate der Wissenschaften zu gewinnen suchte, hat im Grunde resigniert. Der Prozeß ist notwendig. Der Einzelne kann zum Verständnis des Ganzen, wie bescheiden auch immer, nicht mehr wirklich erzogen werden. Ohnehin verliert er jenseits seines festumgrenzten Arbeitskreises jede Kompetenz. Er wird mehr und mehr zum Rädchen in der gewaltigen sozialen Apparatur, zum Diener seiner, durch das gute oder schlechte Leben der Gesellschaft bestimmten Funktion. Autonomie des Subjekts, die zumindest in der ungerechten Klassengesellschaft manchen der Oberklasse zu eigen war, gehört bereits weitgehend der Geschichte an.

Seit Schopenhauer hat der Pessimismus durch die soziale Entwicklung noch weitere Gründe gefunden. Das Schicksal des Einzelnen, das im Leben wie im Tode ein höchst wichtiges Thema der Philosophie, und erst recht der Theologie, gebildet hatte, verliert nicht nur im Jenseits, sondern in der schlichten Wirklichkeit seine Bedeutung. Je rationaler, je gerechter die Gesellschaft funktioniert, desto mehr ist jeder ersetzbar, desto weniger differenziert ist seine Individualität. Die innere Logik der Geschichte weist nicht bloß auf Abschaffung der Klassenunterschiede, sondern auch der Unterschiede zwischen den durchs Kollektiv bestimmten Einzelnen. Wenn Kriege und andere Katastrophen den Gang zum internationalen, allumfassenden Funktionieren der Selbsterhaltung auf der Erde nicht verhindern, wird die Menschheit zur einheitlichen Gattung wie andere Lebewesen, und die Phantasie, die Religion und Sehnsucht, eigenes autonomes Denken erscheinen als überholte Einbildung der Species. Dem Grauen der Vergangenheit schließt eine regulierte Zukunft sich an. Das Chaos in der Gegenwart und absehbarer Zukunft ist der Übergang. Was einst Kultur hieß und aus vielen Gründen von der Ungerechtigkeit nicht lösbar war, die Kunst als Ausdruck individueller Emotionen, die einem höchsten Wesen, einem Anderen als bloßer Vorstellung gewidmete Religion, verliert den Sinn, und der Verlust ist nicht mehr gutzumachen. Der Denkende, Nonkonformistische kann jedoch versuchen, von der Kultur nicht wenige Momente zu bewahren, neben vielen anderen, auch die für Schopenhauer wesentlichen Tugenden, Mitleid und Mitfreude, ja, die nicht moderne Sehnsucht nach einem anderen als dem Diesseits.

Schon Empedokles, sagt unser Philosoph, »hat das Elend unsers Daseins vollkommen erkannt ... und die Welt ist ihm, so gut wie den wahren Christen ein Jammertal. Schon er vergleicht sie, wie später Plato, mit einer finsteren Höhle, in der wir eingesperrt wären. In unserm irdischen Dasein sieht er einen Zustand der Verbannung und des Elends.«[2] Der antike Pessimismus, so ließe sich fortfahren, hat sich nicht allein durchs blutige Mittelalter, den Terror der Gegenwart, sondern auch durch Einsicht in die gesellschaftliche Entwicklung verstärkt. Wenn auch die Revolutionen wie der technische Fortschritt neue Ordnungen mit größerer materieller Gleichheit bewirken, so hat Kultur die Fähigkeit zum Glück, wie sie den Herren einst gehörte, sich auf die ehemals Unterdrückten nicht entsprechend ausgebreitet. Die Vorstellung von Marx, daß zuletzt die richtige Gesellschaft und damit die Entfaltung aller guten Kräfte in den Menschen notwendig verwirklicht werde, ist trotz seines Scharfsinns Utopie, noch kühner als die klassischen.

Bei Schopenhauer ist, soweit ich sehe, der Pessimismus nicht so unbedingt, wie er der heutigen Situation entsprechen würde. Er hat gelehrt, die Rückkehr jener, die der Eigenliebe ledig sind, in den allgemeinen Willen, bilde eine Art Erlösung. So ist er, wie durch andere Teile seines Werkes, mit dem Christentum verbunden. Er kennt einen Trost. Heute läßt sich sagen, daß die Gründe, auf die wir uns dabei berufen können, immer schwächer werden. Einzig bleibt die durch den Fortschritt selbst gefährdete Sehnsucht, die den vom Elend der Vergangenheit, dem Unrecht der Gegenwart und der Aussicht auf eine des geistigen Sinns entbehrende Zukunft wissenden Menschen gemeinsam ist. Sie könnte, wenn solche Menschen sich zusammenfänden, eine Solidarität begründen, die, in undogmatischer Weise, theologische Momente in sich enthält. Mit ihrer letztlich negativen Haltung verbände sich, was hier in Frankfurt als »Kritische Theorie« bekannt ist. Die durch ihre Sehnsucht Verbundenen vermöchten über ein Absolutes, Intelligibles, über Gott und Erlösung nichts auszusagen, das Wissen, jedes Wissen nicht als absolute Wahrheit zu verkünden, jedoch die Solidarität zu verbreiten, zu bezeichnen, was im Angesicht des, wenn auch teuer zu bezahlenden so doch notwendigen Fortschritts, zwecks Minderung des Leidens zu verändern oder zu bewahren ist. Mit theoretischem Pessimismus könnte eine nicht unoptimistische Praxis sich verbinden, die, des universalen Schlechten eingedenk, das Mögliche trotz allem zu verbessern sucht. Ihr eigenes Urteil über Gut und Schlecht wird den in jener Solidarität Tätigen nicht als absolute Wahrheit gelten. Der Relativität des eigenen Urteils, soweit es nicht auf Feststellung von Fakten sich beschränkt, sind sie sich stets bewußt.

Aus dem Stegreif habe ich versucht, etwas zur Angemessenheit des

[2] Schopenhauer, Sämtliche Werke, ed. Grisebach, Leipzig o. J., Bd. IV, S. 51.

Pessimismus an die heutige Welt beizutragen, wie auch noch anzudeuten, inwiefern er produktiv sein könnte. Schopenhauer, wie selbst Hegel, den er zum Gegner erklärte, ja die Große Philosophie in ihren so vergeblichen Versuchen haben solche Reflexion erst möglich gemacht. Pessimismus vereinigt historisch-philosophische Erfahrungen mit dem Erbe der Großen Theologie. Seine Verbreitung könnte mehr Gutes bewirken als die mehr und mehr ausschließlich professionelle Erziehung überall.

Schopenhauers Denken im Verhältnis zu Wissenschaft und Religion

In der Geschichte der Neueren Philosophie gilt Schopenhauers Werk als Muster des Pessimismus. »... wer würde im Leben, wie es ist, ausharren, wenn der Tod minder schrecklich wäre? – Und wer könnte auch nur den Gedanken des Todes ertragen, wenn das Leben eine Freude wäre! So aber hat jener immer noch das Gute, das Ende des Lebens zu sein, und wir trösten uns über die Leiden des Lebens mit dem Tode, und über den Tod mit den Leiden des Lebens. Die Wahrheit ist, daß beide unzertrennlich zusammengehören, indem sie ein Irrsal ausmachen, von welchem zurückzukommen so schwer wie wünschenswert ist«[1], heißt es im zweiten Band seines Hauptwerks, und er zitiert Voltaire: »le bonheur n'est qu'un rêve, et la douleur est réelle«. Er erklärt, »daß Tausende in Glück und Wonne gelebt hätten, höbe ja nie die Angst und Todesmarter eines Einzigen auf; und ebensowenig macht mein gegenwärtiges Wohlsein meine früheren Leiden ungeschehen.«[2] Das Christentum, mit dem er sich weitgehend einig wähnte, »da ... in den Evangelien Welt und Übel beinahe als synonyme Ausdrücke gebraucht werden«, hätte zumindest bis ins achtzehnte Jahrhundert, ja noch in der Gegenwart manches hinzugefügt, nicht zuletzt den Gedanken an Himmel und Hölle, an das Einzelschicksal im Jenseits. Selbst christliche Opfer des römischen Sadismus verstanden, wie der Historiker Harnack ausführt, den eigenen Tod unter der Folter in der Arena als kurzen, wenn auch qualvollen Weg in die ewige Seligkeit. Das vom Bewußtsein eigener Schuld durchdrungene Leben wahrhaft religiöser Menschen hatte den Sinn, der heute in Frage steht. Selbst Schopenhauers psychologische Deutung ist zweifelhaft. Der Trost über den eigenen Tod stammt nicht allein aus dem Leiden im Leben, so wenig wie der über das Leiden allein aus dem Tod, wenn ohne ihn das Glück auch schließlich erlöschen müßte. Noch fragwürdiger ist Metaphysik, deute sie das Jenseits, das An-sich als ein Positives, das Gute, oder als ein Negatives, das Schlechte und das Nichts. Menschliches Denken vermag die Tatsachen der Wahrnehmung zu ordnen, nicht über sie hinauszugehen, es sei denn als die aus dem Theologischen stammende Sehnsucht nach einem anderen als diese Welt. Der Begriff von übermächtigen Wesen, sei es in der Einzahl oder Mehrzahl, ist nicht subjektiver als der des Nichts.

[1] Schopenhauer, Sämtliche Werke, ed. Grisebach, Leipzig o. J., Bd. II, S. 677 f.
[2] a. a. O., S. 678.

Etwa bis zur Renaissance, ja für manche soziale Gruppen noch bis ins neunzehnte Jahrhundert hinein, war der allmächtige und allgütige Gott, die Verbindlichkeit seiner Gebote, nicht weniger gewiß und realistisch denn physikalische und chemische Theorien heute. Wer die Erschaffung der Welt gemäß der Bibel leugnete, galt nicht als Ketzer allein, sondern als geistig beschädigt. Die Idee des Lebens als Diesseits schließt den Gedanken ans Jenseits ein. Ihn zu beweisen, seit Religion durch Wissenschaft erschüttert war, hat psychisch wie sozial ein Hauptmotiv gebildet, Philosophie in westlicher Zivilisation fortzusetzen. Noch ist Verwaltung nicht so umfassend wie es in Zukunft, falls Katastrophen den Prozeß nicht vereiteln, der Fall sein wird. Philosophie in der Neueren Zeit hat weitgehend die gesellschaftliche Funktion geübt, durch Gottesbeweise den Gedanken an Belohnung und Bestrafung nach dem Tod und damit den inneren Antrieb zu sozial erforderlichem Handeln mit dem wissenschaftlich-technischen Fortschritt zu versöhnen. Die Aufgabe ist immer schwieriger, zuletzt unlösbar geworden. Schon bei Descartes setzt die scharfsinnige Überlegung bei dem Rückgriff auf das Argument für Gottes Dasein aus. Er meint, gäbe es kein Vollkommenes, Höchstes entsprechend der in mir lebendigen Vorstellung, so könnte sie nicht in meinem Geiste sein, denn die Ursache sei nie schwächer als die Wirkung. Im Gegensatz zu Kant gehört bei ihm das Dasein zur Vollkommenheit. Daß ich Gott zu denken vermag, garantiere die Gewißheit seiner Existenz. Die Dürftigkeit der protheistischen Demonstrationen selbst bei großen philosophischen Denkern ist in späteren Jahrhunderten zur Regel geworden. John Locke, der Vater des Empiriokritizismus, kehrt zum kosmologischen Gottesbeweis zurück. Leibniz, der Rationalist, erklärt die Idee eines höchsten Wesens als der Vernunft immanent wie die logischen Gesetze, ohne deren Beachtung wahre Besinnung nicht möglich ist. Selbst Kant, der geniale Kritiker der üblichen Gottesbeweise, bildet keine Ausnahme. Aus dem kategorischen Imperativ wird die Gewißheit eines höchsten Wesens postuliert, während doch im Hinblick auf das Grauen in Vergangenheit und Gegenwart die Behauptung, jedem menschlichen Subjekt sei Achtung des Nächsten als ein inneres Gesetz zu eigen, nicht weniger unerweisbar scheint als die monotheistische Lehre vom Ewigen.

Hatte in der Philosophie wie in der Religion die Überzeugung vom Wirken überirdischer Gerechtigkeit eine letztlich optimistische Gesinnung verbürgt, so war, trotz seines Atheismus, Schopenhauer nicht bloß Pessimist. Mit christlicher Theologie verband ihn neben der gemeinsamen These von der Erde als Jammertal auch die Idee eines den Tod überdauernden gerechten Schicksals der Einzelseele. Die Wiedergeburt zur leidvollen Existenz wie andererseits die Rückkehr in die absolute Einheit, so lehrt er, seien der moralischen Substanz des Individuums, seinem Maß an Mitleid und Mitfreude oder seinem Haß in diesem Leben angemessen. Solche Verheißung entsprach in neuer, mehr rationaler Weise dem Bedürfnis nach der ewigen Gerechtigkeit, deren steigende Bezweiflung, ja deren Verneinung in der Gegenwart das Malaise der jüngeren wie der älteren Generation unbewußt mitbedingt. Schuldloses Leiden, Triumph des Bösen, alle Greuel der Jahrtausende werden somit in keiner Ewigkeit aufgewogen. Mögen Empörung und Befriedigung, ja der Begriff von Recht und Unrecht als Reaktion auf bestimmte Ereignisse geschichtlich ererbt, durch psychologische und soziale Entwicklung einverleibt sein, die Vorstellung der Endgültigkeit irdischen Geschehens widerspricht dem noch wahrhaft fühlenden Menschen in der Gegenwart.

Bei allem Verständnis für Wissenschaft, das Instrument praktischer wie intellektueller Aktivität, gilt es, den Gedanken an ein Transzendentes, Unbedingtes zu bewahren, nicht als Dogma, sondern als ein die Menschen verbindendes geistiges Motiv. Es gehört zu den nicht ganz verblaßten kulturellen Momenten, die jedoch aufs schwerste gefährdet sind. Die Auflösung der Familie, der Rückgang wahrer Autorität, nicht zuletzt die Vernachlässigung längst notwendiger Reformen des Unterrichts in Schulen und Hochschulen sind nur einige der Gründe, die der Entfaltung des einzelnen entgegenstehen. Die Problematik war Schopenhauer bereits bekannt. Wenngleich die Gewißheit eines positiv Absoluten, Göttlichen zu Recht ihm als problematisch erschien, so hat er die sozio-psychologische Dynamik religiöser und säkularer Bekenntnisse doch eingehend erörtert. Man denke an das Verhältnis von Religion und Treue zur Heimat. Sofern die Liebe zum eigenen Volk nicht in Nationalismus, schlechten Patriotismus, in Haß gegen andere Gruppen umschlägt, erfüllt sie, nach Schopenhauer, weitgehend eine metaphysisch begründete, ethische Funktion. Die Nation pflegt den einzelnen zu überdauern, ja sein Ende gewissermaßen aufzuheben; er hat so viel mit seinen Mitbürgern gemeinsam, Sprache, Gebräuche, Stolz und Minderwertigkeitsgefühl je nach dem Schicksal des Kollektivs, daß er bei allen Unterschieden dem Instinkt nach mit der Heimat eins ist. »Wer für sein Vaterland in den Tod geht«, heißt es in der ›Preisschrift über die Grundlage der Moral‹[3], »ist von der Täuschung frei geworden, welche das Dasein auf die eigene Person beschränkt; er dehnt sein eigenes Wesen auf seine Landsleute aus, in denen er fortlebt, ja, auf die kommenden Geschlechter derselben, für welche er wirkt; – wobei er den Tod betrachtet wie das Winken der Augen, welches das Sehn nicht unterbricht.« Wäre solche Gesinnung für die Juden seit Jahrtausenden nicht bestimmend gewesen, so hätten sie als Volk nicht überlebt. In der Bibel gibt es Stellen, die an den ein-

[3] a. a. O., Bd. III, S. 654.

zelnen und das Volk zugleich gerichtet sind; die Differenz wird aufgehoben. Man denke ans Gebot der Nächstenliebe: »Und wenn bei dir weilet ein Fremdling in euerem Land, sollt ihr ihn nicht drücken. Wie der Eingeborene unter euch sei euch der Fremdling, der bei euch weilet, und du sollst ihn lieben wie dich selbst.«[4] Daß der einzelne mit seinem Volk bedingungslos sich identifizierte, ja des Fortlebens in ihm nach dem eigenen Tod gewiß war, scheint mir ein Grund, warum im Judentum die Ewigkeit der Seele als individueller kein Glaube wurde.

Das Verhältnis des Schopenhauerschen Pessimismus zum Positivismus, der philosophischen Verabsolutierung von Wissenschaft, der Identifizierung ihrer Erkenntnisse mit Wahrheit schlechthin ist schwer zu bestimmen, wie sehr er selbst den Unterschied betont. Aus scientivischer Naturerkenntnis, wie aus seiner eigenen Philosophie folgt die menschliche Nichtigkeit. »Im unendlichen Raum zahllose leuchtende Kugeln, um jede von welchen etwan ein Dutzend kleinerer, beleuchteter sich wälzt, die inwendig heiß, mit erstarrter kalter Rinde überzogen sind, auf der ein Schimmelüberzug lebende und erkennende Wesen erzeugt hat; – dies ist die empirische Wahrheit, das Reale, die Welt.« Damit beginnt der zweite Band von Schopenhauers Hauptwerk. Wie sehr Wissenschaft heute die These differenzieren mag, im wesentlichen stimmt sie mit ihr überein. Für Schopenhauer jedoch ist sie ein *bloß* empirisches Urteil über die Welt der Erscheinung, über das Verhältnis von Mensch und Universum, nicht über die metaphysische Substanz. Immerhin steht seine Lehre der Wissenschaft näher als religiöser Deutung der Wirklichkeit; denn der Urgrund der Welt ist nach ihm ja kein gütiger Gott, sondern der törichte Wille, der verborgene Trieb zum Dasein und Leben; empirische Forscher wissen von keinem Urgrund, jedoch vom inneren Antrieb in Mensch und Tier, der – von der Freud'schen Schule abgesehen – noch ein allzu seltenes Thema bildet. Nicht zuletzt auf solcher inneren Beziehung zu fortgeschrittener Erkenntnis beruht die Zeitgemäßheit seines Werkes. Wichtige Elemente seiner Metaphysik, so der Wille zum Leben im einzelnen Menschen, könnten psychologisch etwa als Libido gedeutet werden; jedenfalls scheinen Wissenschaften ihm bedeutsamer als Religionen, wie sehr sie »dem Volke notwendig ... und ... eine unschätzbare Wohltat«[5] sind. Er bejaht die Ansicht Epikurs, daß der Tod uns nichts angehe, weil »wann wir sind, der Tod nicht ist, und wieder, wann der Tod ist, wir nicht sind«[6]. Die Furcht vor dem Sterben stamme allein vom blinden Willen zum Leben; nicht auf die Dauer des eigenen Daseins, sondern die richtige Fortsetzung in künftigen Geschlechtern komme es an. »Der

[4] Drittes Buch Moses, Kap. 19, Vers 33–34.
[5] Schopenhauer, a. a. O., Bd. II, S. 194.
[6] a. a. O., Bd. II, S. 548.

Endzweck aller Liebeshändel, ... ist wirklich wichtiger, als alle anderen Zwecke im Menschenleben[7]«, er betrifft in seiner Differenziertheit, seiner spezifischen Bestimmtheit in jedem Einzelfall »die Zusammensetzung der nächsten Generation[8]«. Der Patriotismus, insbesondere wenn er im Reich der Wissenschaft sich geltend machen will, bleibt trotz seiner positiv bewerteten Nähe zur Religion bedenklich, »denn was kann impertinenter sein, als da, wo das rein und allgemein Menschliche betrieben wird und wo Wahrheit, Klarheit und Schönheit allein gelten sollen, seine Vorliebe für die Nation, welcher die eigene werte Person gerade angehört, in die Wagschale legen zu wollen?«[9]

Schopenhauer verhält sich kritisch zu Gedanken und Emotionen, die in Konflikt zum faktisch Erweisbaren stehen, soweit nicht vom schlechten Willen zum Leben oder dem einzig berechtigten metaphysischen Jenseits, dem Nichts, die Rede ist. Nicht weniger als Marx hat er das damalige Elend des Proletariats erkannt und verurteilt, ohne freilich die problematische Utopie der freien Entfaltung der Kräfte als Endzustand zu proklamieren. »Wie der Mensch mit dem Menschen verfährt, zeigt z. B. die Negersklaverei, ... Aber man braucht nicht so weit zu gehen: im Alter von fünf Jahren eintreten in die Garnspinnerei, oder sonstige Fabrik, und von Dem an erst 10, dann 12, endlich 14 Stunden täglich darin zu sitzen und die selbe mechanische Arbeit verrichten, heißt das Vergnügen, Athem zu holen, theuer erkaufen. Dies aber ist das Schicksal von Millionen, und viele andere Millionen haben ein analoges.«[10] Die Notwendigkeit des Staates beruht nach Marx auf sozialer Ungerechtigkeit. Es gilt, die Gesellschaft gerechter und friedlicher zu gestalten. Schließlich wird das Individuum in der Realität so nichtig, wie Schopenhauer es gedeutet hat. Die Zukunft gehört dem Kollektiv, letzten Endes der Gattung. Zwar ist auch sie nur Erscheinung des Willens zum Leben, die unabsehbare Perpetuierung eines Fehltritts, Individuen sind Mittel, Völker relativ kurzlebige Zwischenstadien der Gattungsgeschichte. Was in der gegenwärtigen Periode sich ereignet, der Rückgang sozialer Bedeutung des Einzelnen, seine zunehmende Ersetzbarkeit, ist nach Schopenhauers Philosophie konsequent; jedenfalls wird die Lehre von der Verkehrtheit der Angst vor dem Tod, der Eitelkeit des Daseins menschlichen Ichs, dadurch bestätigt. Die zunehmende Automatisierung, befürchtet und beklagt von jenen, die mit Kultur noch verbunden sind, erweist sich nicht nur historisch, sondern als notwendiger Fortschritt; rationale Organisation, ja in bescheidenem Maße Gleichheit breitet sich aus. Wenn Schopenhauer sich auch nicht

[7] a. a. O., Bd. II, S. 627.
[8] ebd.
[9] a. a. O., Bd. V, S. 516.
[10] a. a. O., Bd. II, S. 680 f.

dazu geäußert hat, so entspricht die Konstituierung der Menschheit als höchste, raffinierteste Tiergattung im Gegensatz zu den theistischen, utopistischen und anderen Illusionen paradiesischer Zukunft durchaus seiner Philosophie. Die Alternative lautet Freiheit und Unterdrückung, oder Gerechtigkeit und total verwaltete Welt. Freiheit und Entfaltung der Kräfte sind notwendig mit Unterdrückung durch die Stärkeren verknüpft, Gleichheit jedoch mit dem Rückgang der Intelligenz, die eine Gesellschaft der Gleichheit ermöglichte. Annäherung aller Funktionen erscheint als sinngemäßes, notwendiges und zugleich bedenkliches Ziel der Menschenrasse.

Schopenhauers Lehre trifft sich mit der Wissenschaft; nicht zufällig verweist Freud wiederholt »auf die weitgehenden Übereinstimmungen der Psychoanalyse mit der Philosophie Schopenhauers«[11]. Tiefe Emotionen, Treue zu den Toten, ja leidenschaftliche Liebe, wie sie das Motiv großer Tragödien bildet, nicht weniger als der Haß werden in der Analyse zum Objekt der Therapie. Die besonders für den Mann kennzeichnende »sexuale Überschätzung gestattet die Entstehung des eigentümlichen, an neurotischen Zwang mahnenden Zustands der Verliebtheit, der sich so auf eine Verarmung des Ichs an Libido zugunsten des Objekts zurückführt«[12]. Von der Trauer sagt Freud: »Wir sehen nur, daß sich die Libido an ihre Objekte klammert und die verlorenen auch dann nicht aufgibt, wenn der Ersatz bereit liegt«[13], ja, so könnte man fortfahren, wenn die Kraft zu vernünftiger Tätigkeit nicht erloschen ist. Allzu tief und allzu lange zu trauern, hält Freud für ebenso unrichtig wie andere unpragmatische Verhaltensweisen. »Die schwere Trauer«, heißt es in der Metapsychologie, »die Reaktion auf den Verlust einer geliebten Person enthält... den Verlust der Fähigkeit, irgend ein neues Liebesobjekt zu wählen – was den Betrauerten ersetzen hieße – die Abwendung von jeder Leistung, die nicht mit dem Andenken des Verstorbenen in Beziehung steht... Eigentlich erscheint uns dieses Verhalten nur darum nicht pathologisch, weil wir es so gut zu erklären wissen.«[14] Seit je wird der erfolgreich Analysierte zum Positivisten, er praktiziert instrumentelle Vernunft. Weder der Verlust eines geliebten Menschen, noch der eines Krieges soll das eigene Leben entscheidend beeinflussen. Schopenhauers hilfreicher Hinweis auf die Notwendigkeit des Geschehens sowie auf alle, die noch schlimmer betroffen sind, kommt nüchtern-wissenschaftlicher Denkweise näher als der metaphysischen, als der Hoffnung auf das Absolute, die er selbst auf Abkehr vom Willen zum Leben, auf »gänzliche Meeresstille des Ge-

[11] S. Freud, Ges. Schriften, Wien 1928, Bd. XI, S. 172.
[12] a. a. O., Bd. VI, (1925), S. 171 f.
[13] a. a. O., Bd. XI, S. 293.
[14] a. a. O., Bd. V (1924), S. 536.

müts« beschränken wollte. Er hat jene tiefe Ruhe, deren bloßen »Abglanz im Antlitz, wie ihn Raffael und Correggio dargestellt haben«, als »unerschütterliche Zuversicht und Heiterkeit... ein ganzes und sicheres Evangelium«[15] geschätzt. Sofern der gegenwärtige Gang der Gesellschaft den religiösen Glauben abzuschaffen tendiert, sind die Gedanken Schopenhauers nicht pessimistischer als die auf exakte Forschung sich beschränkende Erkenntnis. Im Gegenteil, die Verneinung des Willens, der »Friede, der höher ist als alle Vernunft«[16], die bei Schopenhauer, wenn auch einzig durch das Nichtsein erfüllbare, jedoch zumindest noch bewahrte Hoffnung auf Erlösung droht als Restbestand des Idealismus, als Romantik, zusammen mit der Theologie dahinzugehen. Dann gilt die Welt nicht mehr als Erscheinung, die mit allen ihren Schrecken die Idee eines Anderen, eines Jenseits wenigstens offen ließ, sondern ausschließlich als Struktur von Tatsachen, als einzig wahre, vom gesunden Denken anerkannte Realität.

Die pessimistische Lehre galt als unerträglich sowohl für die, denen das Leben, die Erde, die Welt trotz aller Schlechtigkeit und allem Elend nicht zuletzt auch das Gute zu verwirklichen schien, als auch für jene, die auf solche Möglichkeit, wenn nicht in dieser so in einer anderen, jenseitigen Region vertrauten. Zu ihnen gehörten nicht nur die Theologen, sondern große Philosophen, von Platon und Aristoteles bis zu Immanuel Kant, ja zu Bertrand Russell und anderen Positivisten der Gegenwart. Zwiespältig sind nicht wenige Denker, etwa der nicht zu Unrecht als Optimist gedeutete, wissenschaftlich und diplomatisch aktive Gottfried Wilhelm Leibniz. Theoretisch wie praktisch hat er für sich und andere, für Deutschland und Europa, für Wissenschaft und Philosophie als tätiger Mensch zu wirken versucht. Er war das Muster eines fortschrittlichen, engagierten Menschen. Läßt sich jedoch eine dunklere Vorstellung des Kernes einer Lehre denken als daß, wie nach Leibniz, die grausame Welt, die wir kennen, »die beste aller möglichen Welten« sei! Zu solcher Gesinnung bildet das Prinzip pessimistischen Denkens, die Überzeugung, Nichts sei besser als Etwas, den Gegensatz. Der Begriff des Nichts, gar noch als Ideal, bedürfte einer Analyse, die in ihrer Kompliziertheit der Bestimmung des Absoluten, des Intelligiblen, wie Kant es nannte, nicht nachsteht. Das Nichts, in das der vom Willen zum Leben nicht mehr beherrschte Geist eingehen möchte, ist – wie oben gesagt – nicht weniger ein Begriff des Subjekts als das Etwas, er bleibt, wenn auch als negativer, mit der Erscheinung verknüpft, eine menschliche Vorstellung wie das Diesseits oder Jenseits, der Himmel, die Seligkeit. Bei aller Negation ist Schopenhauers metaphysische Idee der religiösen nicht bloß entgegengesetzt; sie fordert vom Menschen

[15] Schopenhauer, a. a. O., Bd. I, S. 526.
[16] ebd.

die Freiheit vom Egoismus, die Hingabe, das Vertrauen auf in der Welt nicht Feststellbares, auf das nicht mehr oder noch nicht Vorhandene. Die Kennzeichnung des Jenseits als des allgemeinen Willens[17] ist jedoch eine, wenn auch berechtigte Überschreitung des von Kant selbst überschrittenen, von ihm ausgesprochenen Verbots, ins Reich des Intelligiblen auszuschweifen. Schopenhauer hat den Hoffnungsschimmer, den Kants agnostische Lehre, die Welt der Erfahrung sei bloße Erscheinung, noch übrig ließ, ausgelöscht, indem er die Nichtigkeit des Einzelnen ins Transzendente übertrug.

Das Werk des Philosophen Schopenhauer ist nicht überholt. Er bejaht die Wissenschaft als einzig verläßliche Erkenntnis. Alles Positive jenseits der Erscheinung wird verneint, es sei denn die sogenannte Seelenwanderung, »der Glaube an Metempsychose, an Palingenesie«[18], das heißt, die Vorstellung von der »Succession der Lebensträume eines an sich unzerstörbaren Willens«, der schließlich durch »Erkenntnis in stets neuer Form belehrt und gebessert, sich selbst aufhöbe«[19]. Der Wille, der »Sitz der Begierden und Leidenschaften«, der dem Individuum zugrundeliegt, gilt ihm als das schlechte Wesenhafte. Die Frage ist, wie in solcher Metaphysik das seinen Träger überdauernde Geschick sich denken läßt. Der Leib ist vom Willen zum Leben, nicht von der Seele durchherrscht, deren Begriff nach Schopenhauer in »tropischer«, übertragener Bedeutung zu verstehen ist. Wird sie im Tod vom Bewußtsein geschieden, so muß ihr Fortleben auf diesem oder einem anderen Planeten nach der Verwirklichung ein dem betroffenen Einzelnen fremdes Geschehen bilden. Der Vorgang kann ausschließlich auf das Unbewußte sich beziehen, das Schopenhauer schon vor Freud als ein entscheidendes Moment im Einzelleben betrachtet hat. Wie sehr auch in seiner Lehre die bedenkliche Wiedergeburt dem christlichen Gedanken von Himmel und Hölle, der überirdischen Gerechtigkeit nahekommt –, das jeweilige erkennende Subjekt erlebt das Schicksal des mit ihm verbundenen Einzelwillens vor der Geburt und nach dem Tod so wenig wie die Einzelheiten der Existenz eines ihm unbekannten Wesens in einer anderen Milchstraße des Universums. Auch nach dem bekämpften Hegel »ist der Tod die Seite der Entzweiung, worin das Fürsichsein, das erlangt wird«, also das künftige Selbst, »ein anderes ist als das Seyende, welches in die Bewegung eintrat«[20]. Mit seiner These von der Wiedergeburt in die schlechte Welt oder dem Eingang ins Nichts hat der Autor der »Welt als Wille und Vorstellung« den Versuch der Neueren Philosophie fortgeführt, die transzendente Gerech-

[17] Vgl. Bd. I, S. 162 f.
[18] Vgl. Schopenhauer, a. a. O., Bd. II, S. 590 ff.
[19] a. a. O., Bd. II, S. 591.
[20] Hegel, Phänomenologie des Geistes.

tigkeit, wie andere religiöse Ideen, mit rückhaltloser Anerkennung von Wissenschaft zu verbinden. Das Ich, das einst sein irdisches Dasein als Lohn oder Strafe im Jenseits überdauern sollte, zerfällt im Sterben, wird ephemer; schon während des Lebens »der finstere Punkt im Bewußtsein«[21] muß es mit dem Leib vollends vergehen.

Angesichts der schwindenden sozialen Bedeutung des Einzelnen stimmt Schopenhauers Urteil über das Ich auch mit gesellschaftlichen Tendenzen der Gegenwart überein. Daß er als entscheidend für die Seele nicht das Ich, sondern den Willen zum Leben betrachtet, der beide, Mensch und Tier, kennzeichnet, bildet ein fundamentales Element seiner pessimistischen Philosophie. Nicht wenige der geistigen Eigenschaften, die der Mensch dem Tiere voraushat, sind Phänomene des Übergangs. Dazu gehören Kultursphären wie Religion, Achtung der großen Tradition, Philosophie; daß sie in der verwalteten Welt der Zukunft ihre Funktion verlieren und bei aller Differenziertheit als infantil erscheinen werden, kündigt durch ihren Wandel heute schon sich an. Die eilige Liberalisierung der Theologie, die Wendung des Ästhetischen zum Abstrakten, die Auffassung der Philosophie als antiquierter Disziplin der Wissenschaft sind Symptome solcher Entwicklung. Alles nicht durch realistische Zwecke, egoistisch oder altruistisch, Begründbare erscheint immer mehr als Naivität. Pragmatischer Motive entbehrende Emotionen gelten als sentimental, für die große Psychologie, wie schon gesagt, als krankhaft. Die Treue zu Toten, selbst manchen Tieren zu eigen, verdanke sich bloßem Instinkt oder dem Aberglauben. Nur aus gesellschaftlichem Takt, aus immer engerer Bindung an den Spezialismus, aus Anerkennung der zumindest seit der Reformation gezogenen Grenzen zwischen exakter Erkenntnis und geltendem Glauben scheint vorerst Wissenschaft nicht auszusprechen, daß nach ihren eigenen Prinzipien das monotheistische Bekenntnis nicht wahrscheinlicher ist als das polytheistische, als der Hexenwahn, der Satanismus, als jede Art von Illusion. Der Weg der Menschheit zur raffiniertesten Species auf dem Planeten wird fortgesetzt. Die künftige Entwicklung der Vernunft entspricht der Wissenschaft. Mit solchem, die Idee des Jenseits verneinenden Bekenntnis zu leben, ist zeitgemäß und zugleich schwer für den Denkenden, es sei denn, er mache wirklich das Nichts zu seiner metaphysischen Hoffnung. Individuelles Dasein scheint gegenüber der Statistik zunehmend irrelevant. Das Unrecht in Vergangenheit und Gegenwart, der Tod der Gemarterten, die Lust der Missetäter bleibt für die Betroffenen, zumindest für das Ich der Opfer, das letzte Wort.

Alle Theorien, die ein die Welt beherrschendes Wesen meinten bestimmen zu können, sind bereits historisch geworden. Die Existenz

[21] Schopenhauer, a. a. O., Bd. II, Kap. 41.

eines allmächtigen, allgütigen Gottes, zu der sowohl Theologie als manche der großen Aufklärer sich bekannten, ist in Wahrheit nicht exakter zu begründen als der absolute Geist, der allgemeine Wille oder das Nichts. Wie auch immer ein die Welt der Erscheinung Transzendierendes, positiv oder negativ Unbedingtes sich darstellt, es widerspricht der Einsicht, daß alle vom Verstand anerkannte Realität den intellektuellen Funktionen des Subjekts weitgehend sich verdankt und somit selbst als Moment der Erscheinung zu begreifen ist. Je weiter der Fortschritt, desto gefährdeter wird nicht nur der Glaube, sondern die wahre Sehnsucht nach dem Anderen. Alles nicht rein positivistische Denken und Fühlen erscheint mehr und mehr als Phänomen der Kindheitsperiode der Menschheit, die, nicht weniger als die des Einzelnen, heute entschieden reduziert werden soll. Alter wie Kindheit werden zum Negativen gegenüber dem jugendfrisch Erwachsenen. Bewußt oder unbewußt erfährt er alles nicht strikt Sachliche, nicht tatsächlich zu Erweisende, ebenso wie das Denken, das nicht von vorneherein auf praktische Zwecke sich bezieht, als reine Spekulation. Auch Schopenhauers Philosophie, soweit sie über den Positivismus hinausgeht, seine Lehre über die metaphysische Bedeutung, über den objektiven, auf Transzendentes verweisenden Sinn von Mitleid und Mitfreude ist für den durchschnittlichen Intellektuellen nicht weniger fragwürdig als die Treue zu Gottvater und die mit ihr verbundenen Begriffe schlechthin. Religiöse Gebräuche dienen der Mehrzahl der Bevölkerung gerade noch als Rationalisierung von Feiertagen, gegebenenfalls als Gelegenheit für persönliche Beziehungen. Der gegenwärtige Lauf der Gesellschaft ist eine Rechtfertigung des Pessimismus, die Schopenhauer ahnte, aber noch nicht zu analysieren vermochte. Die menschliche Seele entwickelt sich zur automatischen, dem Computer verwandten Funktion. An ein anderes als die durch Wissenschaft erfaßbare Realität reicht kaum mehr eine Emotion. Je entschiedener menschliches Denken auf rein instrumentelle Aktivität sich reduzieren muß, desto genauer entspricht Bewahrung von Kultur dem Schopenhauerschen »Eingeständnis, daß unser Zustand ein höchst elender und zugleich sündlicher ist«[22], selbst dann, so ließe sich hinzufügen, wenn nach den barbarischen Epochen der Vergangenheit die Gleichheit in der als Gattung funktionierenden Menschheit sich ausbreiten sollte.

Schopenhauers pessimistische Lehre ist ein Trost. Im Gegensatz zur heutigen Gesinnung bietet seine Metaphysik die tiefste Begründung der Moral, ohne mit exakter Erkenntnis in Widerspruch zu geraten, vor allem ohne die Vorstellung überweltlicher, ewiger, guter oder böser Geister. Mit der Idee des Todes verbindet der durch sie Bestimmte nicht allein die Gewißheit des Erlöschens des Ichs, sondern die Sorge,

[22] Schopenhauer, a. a. O., Bd. II, S. 197.

in nicht vorauszusehendem Abstand – Zeit ist subjektiv – als Lebewesen, Pflanze, mikroskopisch kleines oder größeres Tier, sei es auf Erden oder einem anderen Gestirn, je nach dem nicht erloschenen Trieb zum Leben wieder dazusein. Solche Ahnung weist auf Identität des Lebenden schlechthin und vermag lang vor dem Sterben Solidarität mit aller Kreatur zu begründen. Jeder ist noch mit dem schwächsten Wesen eins. Dem ernsthaft Meditierenden steht die Lehre von der Einheit des Willens heute näher als die den überkommenen Dogmen verbundenen Argumente der Neueren Philosophie; sie wollte Religion und Wissenschaft versöhnen, für den überirdischen Schöpfer strenge Beweise liefern, ohne die sozial bedingten religiösen Gebote der Konfessionen in Frage zu stellen. Schopenhauer hat die Liebe zum Nächsten, ja zur Kreatur philosophisch begründet, ohne die heute fragwürdigen Behauptungen und Vorschriften der Konfessionen auch nur zu berühren. Sein Denken ist nicht ganz so pessimistisch wie die Verabsolutierung der Wissenschaft.

Anhang: Universität und Studium

Akademisches Studium

Immatrikulations-Rede Sommersemester 1952

Am Tage der feierlichen Immatrikulation ist es üblich, daß der Rektor die Fragen berührt, vor die der junge Student und die Studentin sich gestellt sehen, wenn sie nach Abschluß ihrer Schulbildung der Universität sich anvertrauen. Indem ich Sie von Herzen an der Johann-Wolfgang-Goethe-Universität willkommen heiße, möchte auch ich mich zur Auffassung bekennen, daß akademisches Studium in der Tat anders ist als die Arbeit in einer Schulklasse oder die Existenz an einer Fachschule. Wenn ich mir vorgesetzt habe, auf dieses Besondere mit einigen Worten einzugehen, so werden Sie mich nicht dahin mißverstehen, daß die Sphäre der Universität etwa als ein privilegierter Bezirk aus dem Leben der Gesellschaft herausgehoben werden sollte. In einer Welt, die nicht bloß die Male der jüngsten furchtbaren historischen Ereignisse im Antlitz trägt, sondern aufs bedrohlichste zu neuen Taten sich anschickt, in Deutschland, durch dessen eigene Mitte sich die schmerzvolle Grenze zieht, die die Erde in zwei fremde Teile spaltet, hat, wie ich meine, die junge Generation kein Interesse daran, auch noch künstlich soziale Schranken aufzuführen, wo das Leben sie längst als eitel und hinfällig erwiesen hat. Wenn die Universität sich von anderen Sektoren der Gesellschaft abhebt, so soll es sich nicht um die Pflege vermeinter Unterschiede, um die Sicherung und Rückversicherung der Mittelmäßigkeit durch Cliquenbildung und Protektion handeln. Sie soll ausgezeichnet sein dadurch, daß man in ihr leidenschaftlicher ums Ganze bemüht und freier von Illusionen ist als anderswo, vor allem aber dadurch, daß ihre Mitglieder, Professoren und Dozenten, Studentinnen und Studenten, bei aller Verschiedenheit der Auffassungen miteinander verschworen sind im gemeinsamen Glauben, daß es trotz allem eine Zukunft gibt, daß die Menschen der zerstörenden Kräfte draußen und in ihrem eigenen Innern Herr werden und die Welt menschlich einrichten können. Dieser Glaube soll auf die Gestalt der Universität in allen ihren Zweigen und Lebensformen einwirken und ihrer Entwicklung den Weg weisen. Wenn aber die Universität die schlechte Besonderheit verschmäht, so bekennt sie sich entschieden zu der notwendigen Besonderheit, die zu ihrer eigensten Aufgabe, nämlich zur Erziehung zum Geiste, gehört. Auf der Universität werden einzelne Fächer gelehrt, aber sie will nicht den Fachmann heranziehen. Sie gibt Mittel an die Hand, durch die man im gegenwärtigen Leben vorwärtskommen kann, ja, sogar an hervorragenden Stellen der Gesellschaft andere vorwärts bringen kann. Aber sie will zugleich den Einzelnen stärken gegen das Leben und gegen die Gegenwart; nur so kann dem Leben und der Gegenwart geholfen werden.

Wer von Ihnen, liebe Kommilitonen und Kommilitoninnen, in diesem Semester zum ersten Male zur Universität kommt, hat es in keiner Hinsicht leicht. Der Unterschied in der Art, wie Sie sich gegenüber dem festen Unterricht in der Schule das Wissen auf der Universität aneignen können, ist bekannt. Sie haben bei weitem größere Freiheit in Wahl und Einteilung des Studiums, haben Gelegenheit zu spontaner Diskussion und Mitarbeit. Zugleich tritt mit der Notwendigkeit, sowohl über das gebotene Material wie über Ihre eigene Interessenrichtung und deren Fruchtbarkeit fortwährend selbständig zu urteilen, ein neuer Anspruch an Sie heran. Ich setze voraus, daß Sie aus sich selbst heraus bereits um die mit solchem Neuen bei aller Freiheit verknüpfte größere Verantwortung wissen. Allein schon die Frage nach der Orientierung in der Menge des Gebotenen, die Planung Ihres Studiums, enthält ernste Schwierigkeiten. In gesteigertem Maß gilt, was Schelling vor hundertfünfzig Jahren seinen Jenenser Studenten gesagt hat: »Der Jüngling, wenn er mit dem Beginn der akademischen Laufbahn zuerst in die Welt der Wissenschaften eintritt, kann, je mehr er selbst Sinn und Trieb für das Ganze hat, desto weniger einen anderen Eindruck davon erhalten, als den eines Chaos, in dem er noch nichts unterscheidet, oder eines weiten Ozeans, auf den er sich ohne Kompaß und Leitstern versetzt sieht ... die Verlegenheit, in der sich der Bessere in Ansehung der Wahl sowohl der Gegenstände als der Art seines Studierens befindet, macht, daß er sein Vertrauen nicht selten Unwürdigen zuwendet, die ihn mit der Niedrigkeit ihrer eigenen Vorstellungen von den Wissenschaften oder ihrem Haß dagegen erfüllen.« Schelling hat Recht. Man frage Studenten des dritten und vierten Semesters, vor allem solche, die die Universität nicht mit einer Fachschule verwechselt sehen möchten, nach ihren Erfahrungen. Wie oft tritt einem Enttäuschung und Ratlosigkeit entgegen. Und dies nicht einfach deshalb, weil solche Studenten zu schwach wären, das Technische, das Handwerkszeug eines Faches aufzunehmen, sondern weil sie die Brücke nicht mehr sehen zwischen dem Fachlichen und dem, was den Namen der Wahrheit verdient und um dessentwillen sie zur Universität gekommen sind.

Zu den Problemen, die sich für die Besten unter Ihnen aus der traditionellen Organisation des Studiums ergeben, tritt heute der allgemeine wirtschaftliche Druck, die gesteigerte Unsicherheit des Lebens und die besondere Lage der deutschen Hochschulen hinzu. Zwar können Sie wahrnehmen, daß im Zuge der Wiedererrichtung der zerstörten

Städte, die sich in Deutschland mit beispielloser Kraft vollzieht, die äußeren Schäden dieser Universität behoben werden. Die Regierung in Hessen und die Verwaltung Frankfurts, das heißt, die gesamte Bevölkerung des Landes und die Bürgerschaft dieser Stadt, wirken zusammen, daß die größte Universität des Landes nicht bloß ausgebessert, sondern um notwendige Bauten, wie das neue Studentenhaus, vermehrt wird. Sehr viele Institute jedoch liegen noch in Trümmern, die Bibliothek ist durch den Krieg verheert, die Hörsäle reichen nicht aus. Schwerer als all dies aber wiegt das Mißverhältnis der Zahl der Studenten zu der des Lehrpersonals. Die amerikanische Universität, an der ich vor wenigen Wochen zu Gast war, hat keine viel größere Zahl von Studenten als wir, aber ein Vielfaches an Lehrern. Dadurch kann der Dozent bei uns des einzelnen Studenten sich selten so annehmen, wie er es wünschte. Die Erschwerung spezifischer Kontakte zwischen akademischem Lehrer und Student wirft diesen noch mehr auf sich zurück, als das moderne Leben es ohnehin tut, und die Universität, deren Bestimmung dem inhumanen Betrieb der Massengesellschaft genau entgegengesetzt ist, muß sich mit aller Macht dagegen wehren, zu dessen Vorhalle zu werden.

Vielmehr wird im akademischen Studium erfordert, daß der Stoff, die Menge der Kenntnisse, die Methoden, kurz das Allgemeine, vom besonderen Subjekt, von jedem Studenten mit dessen eigensten Interessen durchdrungen und begriffen werden. In der Massenkultur ist es umgekehrt; da gerinnen die geistigen Gehalte, weil sie von den des Denkens entwöhnten Menschen nicht mehr eigentlich erfahren werden, zu bloßen Schemata, zu Wortfetischen, die dann Räder im gesellschaftlichen Getriebe sind. Die Universität, und das heißt auch Sie, die jetzt zu ihr kommen, müssen gegen diese Tendenz ankämpfen, selbst wenn es Ihnen noch so bequem scheint, sich ihr zu überlassen. Es ist immer leichter, sich zum Objekt machen zu lassen von dem, was im eigenen Kreise gerade vorherrscht. Die Anstrengung, deren es bedarf, nicht mitzulaufen, bringen nur noch wenige auf. Die gesellschaftlichen Vorbedingungen zu solcher Anstrengung schwinden in der Massengesellschaft rapide dahin.

Ich möchte hier vor einem Irrtum warnen, der bei der Deutung der neuzeitlichen geschichtlichen Ereignisse sehr leicht begangen wird. Man spricht von totalitären Staaten dann, wenn ein Führer, dessen überlebensgroße Fotografie nur oft genug auf Transparanten und Häuserfronten erschienen ist, zusammen mit seiner Clique auf eine der nun schon bewährten Methoden im Namen von Einheit, Freiheit und Gerechtigkeit die Macht ergreift und außer seiner eigenen keine Parteien mehr kennt. Die Rolle der Einzelnen, der Gruppen und Klassen, die den Übergang ermöglicht haben, pflegt von Historikern, wenn nicht von Juristen, so genau und ungenau erforscht zu werden, wie es beim Mangel vieler Dokumente eben möglich ist. Aber die tieferen Ursachen, die in bestimmten Eigentümlichkeiten des modernen Lebens liegen, stehen nicht ebenso im öffentlichen Licht. Dazu gehört vor allem der Umstand, daß im mechanisierten Leben die Menschen in zunehmendem Maß darauf angewiesen sind, sich zu Objekten zu machen. Schon der Verkehr in der volkreichen Stadt läßt sich allein durch Zeichen und Kommandos bewerkstelligen, denen der Einzelne rasch und automatisch gehorchen lernen muß. Die Auswahl bei den typischen modernen Produkten, vom Auto bis zur Zigarette, erfolgt nicht mehr so sehr aufgrund genauen und spontanen Abwägens von Nuancen, sondern nach normierten Standards unter dem Diktat der Reklame. Auf den modernen Durchschnittsmenschen hämmern nicht bloß wie ehedem die Zeitungen los, sondern alle Abteilungen des Rundfunks, der Film, und zahllose Zeitschriften, illustriert und literarisch, spezialisiert nach allen Einkommens- und Berufslagen, nach Bildungsgraden und kultureller Konsumtionsfähigkeit, suggerieren ihm die jeweils angemessenen Interessen und Verhaltensweisen. Selbst für den scheinbar Anspruchsvollsten sind fortgeschrittene Ansichten einschließlich der Kritik an diesem Zustand vorgesehen und vorgekaut. Die Straßen, ja, die Landschaft, werden Inseratenträger, alles wirbt, verkündet, fordert, kommandiert, vom elektrischen Schalter in der Wohnung, der fordert: Dreh mich an! bis zum gehobenen Schundroman, den man unbedingt gelesen haben muß. Der technische Fortschritt, der schließlich das Wort zur Funktion der Maschine und den Menschen zur Empfangsstation macht, so daß die Sprache selbst und das Gefühl für sie zu verschwinden drohen, ist nicht aufzuhalten und soll auch gar nicht aufgehalten werden, denn er schafft trotz allem die materiellen Elemente für einen Zustand, in dem die Menschen ihm nicht mehr dienen müssen. Aber zunächst tendiert er dazu, sie zu Objekten zu machen, präpariert sie dafür, auf die je gewaltigste Reklame, aufs gigantischste und häufigste Führerbild anzusprechen; er schafft die totalitäre Masse, noch ehe der totalitäre Staat da ist; nicht etwa die Masse mit eigenen Regungen und Zielen, wie sie in manchen ausgezeichneten Augenblicken der Geschichte auftrat, sondern die Masse als Material der Chauvinisten und Demagogen der Länder, die, der Selbstprüfung unfähig, ihre verdrängten Instinkte mittels des Agitators auf die böse Umwelt projizierten.

Gegen diese Entwicklung gibt es kein Mittel als die Erkenntnis. Die Universität ist der Ort, an dem die Erinnerung ans Menschliche bewahrt und das Menschliche mit allen Möglichkeiten lebendig erhalten werden soll. Sie ist der Ort, an dem die Individuen gebildet werden, die den Prozeß reflektieren und mithelfen können, daß er dennoch zum

Guten führt. Indem Sie als Studenten aus freien Stücken es über sich bringen, der wissenschaftlichen Sache gerecht zu werden, ihr in alle Schattierungen zu folgen, als Forschende hingegeben und aufgeschlossen zu sein, bilden Sie sich zu denkenden, aktiven Menschen, die der Welt, wie sie ist, Widerstand leisten können. Nur wer denkt, wer ein gewisses Maß gewollter Passivität sich nicht verkümmern läßt, kann aktiv sein; das bloße Tun bleibt immer lediglich eine Funktion bestehender, vorgegebener Verhältnisse. Im Wunsch nach Bildung aber steckt eben dieser Wille, seiner selbst mächtig zu werden, nicht abhängig zu sein von blinden Mächten, von scheinhaften Vorstellungen, überholten Begriffen, abgetanenen Ansichten und Einbildungen. Was Sie als das Andere gewinnen können, ist trotz all dem, worin Sie durch die Erfordernisse des Studiums eingespannt werden, die eigene Freiheit, und indem Sie durch den Entschluß zum unnachgiebigen Denken ihr sich verpflichten, zeugen Sie dafür, daß Sie keine Fatalisten sind, daß man sich bei aller Not nicht unbedingt der Welt fügen muß, sondern daß es von den Menschen abhängt, die Welt besser zu machen. Sie alle ahnen das, und wenn Sie es leugnen, tun Sie sich selbst Gewalt an.

Wir verschreiben uns nicht, wie man uns so gerne vorwirft, einem »verstiegenen Idealismus«. Die Universität wird Ihnen Elemente zu Ihren künftigen Berufen liefern. Ohne solches handgreifliche Interesse, ohne den Motor der Selbsterhaltung gelangten wir nicht zur Einsicht, die die Selbsterhaltung begrenzt. Aber Sie sollen nicht dem Willen zum Fortkommen stur sich überlassen. Wenn Sie sich zum Zweck, nützliche Erkenntnisse zu gewinnen, der Universität nur recht bedienen, müssen Sie so viel Sinn für ein an Wahrheit orientiertes Leben gewinnen, so viel Blick für die grauenvolle Wirklichkeit und die Aufgaben eines jungen geistigen Menschen in Deutschland, nach allem was geschehen ist, daß Ihnen der Kitsch auf keinem Gebiet mehr genugtun kann. Es kommt darauf an, daß jeder und jede unter Ihnen auf seine besondere Weise erfährt, daß der Traum von einem sinnvollen Leben, das eben darum ein glückliches ist, auf der Universität nicht vergeht, sondern sich konkretisiert. Ob Ihnen das gelingt, hängt weitgehend von Ihnen selbst ab. Die Freundschaften, Gruppierungen und Vereinigungen, die sich im Zusammenhang mit der echten Anstrengung des Studiums und weltanschaulichen oder religiösen Interessen bilden, und auch die, welche der junge Student an der Universität schon vorfindet, können dazu helfen, den sich formenden Willen zu festigen und zu entfalten, und die Fähigkeit der Identifikation mit anderen zu stärken. Sie können aber jenen Willen hemmen und verbiegen, wenn sie Scheinbefriedigungen und Fiktionen an die Stelle von echtem Glück und von Wahrheit setzen, wenn sie zur Flucht aus den wirklichen theoretischen und praktischen Konflikten dienen, und den Überschwang, der sich umsetzen muß in den ernsthaften Kampf gegen das, was an der Welt unrichtig ist, ablösen durch die Treue zu einer durchlöcherten Ideologie. Das hat mein Vorgänger von dieser Stelle aus wiederholt gesagt. Wir achten die Studenten, die eine andere Meinung haben, nicht gering. Aber wir wollen nicht, daß sie sich ihren Traum und ihr Ideal zu leicht abkaufen lassen. Wir glauben, daß die abgespaltene Welt, in die sie sich auf solche Weise hineinbegeben, zu viele Kräfte binden könnte, die heute frei sein und ernstere Wege des Glücks begehen müssen. Wir haben das Vertrauen, daß alle Gruppen und Verbindungen an dieser Universität mit uns daran arbeiten, nicht bloß die fortschrittlichen Formen von Lehre und Forschung zu verwirklichen, sondern auch die besten studentischen Gemeinschaftsformen zu finden und zu pflegen. Die Vorbereitung auf Ihren künftigen Beruf, Ihre Heranbildung zum geistigen, seiner selbst mächtigen Menschen, und Ihre Teilnahme am geselligen studentischen Leben sollen in ungebrochener Wechselwirkung sich über Ihr gesamtes Studium erstrecken. Wenn es schon falsch ist, daß Sie sich in Ihrer Mußezeit in eine Sonder- und Scheinwelt flüchten, so freilich erst recht beim Studium selbst. Man kann auch durch das Lernen – ich glaube, Sie wissen es – dümmer werden. Ich denke an die Gefahr, von der ich schon gesprochen habe: die Borniertheit der Spezialisierung. Sich ihr zu entziehen, verlangt eine zähe Energie. Daß aus dem Lernen nie das wird, was man im unverbildeten Bewußtsein Büffeln nennt, sondern daß Sie den kritischen Geist und den Gedanken ans Ganze bewahren, ist eine Forderung, für deren Erfüllung ich kein Rezept weiß. Dazu bedarf es gewiß der Orientierung in anderen als Ihren eigenen Fächern. Aber Sie müssen sich wiederum auch hüten, sie allzu wahllos zu betreiben. Was immer Sie anfassen, selbst wenn es ein von Ihrem eigenen höchst abgelegenes Gebiet betrifft, sollen Sie ernsthaft und mit langem Atem tun. Die Häufung vieler oberflächlicher Erkenntnisse, und wenn sie aus allen Fakultäten kommen, macht zusammen nicht die Wahrheit aus. Wenn Sie sich dagegen in das Besondere und Einzelne versenken, bis es zu sprechen beginnt, wenn Sie sich bei der Oberfläche, beim Sammeln und Klassifizieren von Stoffen nicht bescheiden und nicht ruhen, bis Sie dieses Besondere, sei es ein naturwissenschaftliches Theorem, ein juristischer Grundsatz oder die Schönheit eines Goetheschen Gedichts ganz erfassen, dann wird auch in diesem Einen etwas vom Ganzen Ihnen aufgehen. Sie müssen wissen, daß die Arbeitsteilung der Wissenschaften, die ein Ausdruck der gesamtgesellschaftlichen Arbeitsteilung ist und mit den sozialen Grundfragen zusammenhängt, sich durch keine Synthese beseitigen läßt. Es gibt nicht eine Art Dachorganisation der Wissenschaft, die das durch den Rationalisierungsprozeß Getrennte durch einen weiteren Schritt der Rationalisierung künstlich wieder zusammenbringt. Auch ein reformiertes Studium Generale, wie große Qualitäten es in anderer Hinsicht vielleicht haben mag – ich bin selbst kein Anhänger davon – wird uns hier nicht helfen. Die Welt, in der wir heute leben, ist kein Kosmos; sie ist nicht universal, sondern bis in ihr innerstes Gefüge durchfurcht von Widersprüchen; und es wäre die Unwahrheit, wollte man sie in einem geistigen Bilde beschwören, das Universalität beansprucht. Überall über das eigene Fach hinausblicken, sich nicht als Arzt oder Jurist oder Historiker in seinem wissenschaftlichen Interesse verhärten und stumpf machen gegen das Leiden der Menschen, am Ganzen teilzunehmen, der Grenzen des Expertentums bewußt sein, und doch unermüdlich in seinem Fach besser werden, das ist die Aufgabe, die jeder nach eigener Anlage und eigenem Gewissen bewältigen muß.

Lassen Sie mich an eine Erfahrung appellieren, die gewiß auch Sie schon gemacht haben. Es gibt Menschen, die an sich durchaus intelligent, gebildet und scharfblickend sind und die gerade in dem Augenblick zu verdummen scheinen, in dem sie, wie sie glauben »unter wissenschaftlicher Verantwortung« reden und jede Regung der Phantasie sich verbieten, die über das hieb- und stichfest Beweisbare hinausgeht. In den heutigen empirischen Sozialwissenschaften etwa, wie ich sie aus der eigenen Arbeit und engster Anschauung kenne, geht höchste Vervollkommnung der Techniken mit einer solchen Neigung zum Verdummen zusammen: je strenger und raffinierter die Kriterien des objektiv Richtigen, um so banaler und gleichgültiger werden oftmals die wissenschaftlichen Gegenstände, die nach solchen Kriterien überhaupt sich behandeln lassen. Das sollen Sie im Auge behalten, und so sehr Sie sich hüten, Ungenaues für Genaues jemals auszugeben, sollen Sie doch das, was der streng exakten Formel sich entzieht, nicht aus dem eigenen Horizont verlieren. Sie sollen versuchen, Ihre eigene lebendige Erfahrung unablässig dem gegenüberzustellen, was Ihnen in der fachwissenschaftlichen Arbeit aufgeht. Das haben die wirklichen Denker immer getan und eben dadurch die wissenschaftliche Disziplin fruchtbar gemacht. Vielleicht darf ich ein Beispiel nennen, das in Frankfurt besonders naheliegt. Unsere Universität ist aus einer Handelsakademie hervorgegangen, und deren Tradition bringt es mit sich, daß heute noch eine sehr große Zahl von Studenten in der Wirtschafts- und Sozialwissenschaftlichen Fakultät eingeschrieben ist. Kaum in einem anderen Bereich haben Sie größere Möglichkeiten, durch kritisches Bewußtsein Einsicht ins Wesentliche zu gewinnen, in die Kräfte und Gesetze der Wirtschaft, durch die sich das Getriebe unserer Gesellschaft, bis in die Verzweigungen der Kultur hinein, am Leben erhält. Nirgends aber ist zugleich auch die Gefahr größer, daß Sie, wenn Sie des kritischen Impulses sich entäußern und sich nur auf Examina und Fortkommen konzentrieren, zu sturen Facharbeitern und Technikern werden und den Sinn dieses Studiums in sein Gegenteil verkehren. Ich glaube, daß über die ernstesten Fragen der Philosophie, über die Totalität des Lebensprozesses, in welchem die Menschen nur ein Moment sind, nur der wirklich urteilen kann, der eine Bilanz zu lesen versteht. Dadurch aber wird nicht der Bilanzfachmann von selbst zum Erben der Philosophie. Den Studenten der Nationalökonomie ist die Verantwortung auferlegt, die technischen Kenntnisse, die sie erwerben, zu messen an den Strukturgesetzen der Wirtschaft als Ganzes, in der diese Techniken gelten. Wenn Sie das versäumen, dann werden Sie auch in Ihrem scheinbar so gesicherten technischen Bereich eines Tages die Folgen der Borniertheit spüren, von Ihrer Rolle in der Welt ganz abgesehen. Ihre akademischen Lehrer werden Ihnen nach besten Kräften helfen. Was Sie, liebe Kommilitonen und Kommilitoninnen, von uns haben, hängt dabei nicht allein vom fleißigen Nachschreiben ab. Indem Sie mit offenen Sinnen beobachten, wie wir an Probleme herangehen, wie wir uns mit Schwierigkeiten herumschlagen, wie wir auf Ihre scharfsinnigen oder naiven Fragen antworten, geht etwas von unserer eigenen Haltung zur Wahrheit in Sie über. Sie werden nicht bloß in Hörsälen, Seminaren und Laboratorien mit uns zusammenwirken, sondern auch über die Organisationen der Studentenschaft an der Selbstverwaltung der Universität teilnehmen. Ich lege Ihnen aufrichtig ans Herz, sich um diese Selbstverwaltung intensiv zu kümmern und dafür zu sorgen, daß sie in Ihrem Sinn die Dinge vorantreibt. Es gibt keine Verbesserungen und Reformen, zu deren ernsthaften Prüfung Sie nicht den Anlaß geben könnten. Auch diejenigen unter Ihnen, ja gerade diejenigen, denen die Beschäftigung mit Verwaltungskram recht fern liegt, sollten sich zwingen, einmal den Versuch zu machen. Sie haben als akademische Bürger das Recht und die Pflicht zur Kritik, aber auch das Recht und die Pflicht zum guten Willen und zur positiven Mitarbeit.

Begriff der Bildung

Immatrikulations-Rede Wintersemester 1952/53

Diejenigen unter Ihnen, welche heute ihr Studium beginnen, tun gut daran, für einen Augenblick darüber nachzudenken, was sie von diesem Studium sich erwarten. Im Vordergrund steht wohl zumeist der praktische Zweck, sich die Vorkenntnisse für bestimmte Berufe anzueignen, die akademischen und staatlichen Diplome zu erwerben, an deren Nachweis manche, ja allzu viele Laufbahnen heute gebunden sind. Zuweilen mag die Tradition der Familie eine Rolle spielen, der

Umstand, daß freie und gelehrte Berufe in ihr heimisch sind, das Vorbild oder der Wille des Vaters, der Druck der Verhältnisse. Zu solchen Momenten tritt jedoch eine Vorstellung, die manche unter Ihnen vielleicht nicht sehr deutlich zu bezeichnen vermöchten, von der ich aber glaube, daß sie in verschiedenen Graden des Bewußtseins allen jungen Studenten eigen ist, auch wenn die Härte des Lebens sie davon abhält, sich ihr hinzugeben. Es ist der Gedanke, daß das Studium an der Universität nicht bloß bessere wirtschaftliche und gesellschaftliche Möglichkeiten erschließt, nicht bloß eine Karriere verspricht, sondern zur reicheren Entfaltung der menschlichen Anlagen, zu einer angemessenen Erfüllung der eigenen Bestimmung die Gelegenheit bietet. Der Begriff, der sogleich sich darbietet, wenn diese Vorstellung sich aussprechen will, ist der der Bildung. Erwarten Sie nicht, daß ich ihn definiere. Es gibt Bereiche, in denen es vor allem auf saubere und eindeutige Definitionen ankommt, und die Rolle von Definitionen in der Erkenntnis soll gewiß nicht unterschätzt werden. Wenn man aber dem Wesentlichen und Substantiellen nachgehen will, das in Begriffen sich anmeldet, dann muß man versuchen, des ihnen einwohnenden Lebens, ihrer Spannungen und Mehrdeutigkeiten inne zu werden, auf die Gefahr hin, daß man dabei auf Widersprüche stößt, ja, daß man sich selbst der Widersprüche schuldig macht. Definitionen mögen widerspruchslos sein, die Wirklichkeit aber, in der wir leben und die von den Begriffen getroffen werden soll, ist widerspruchsvoll. Eine Weise der Erkenntnis, die davon nicht Zeugnis ablegte, ließe ihrem Gegenstand selbst keine Gerechtigkeit widerfahren. Man soll nicht aus dem Bedürfnis intellektueller Sicherheit, nur um ja keinen Fehler zu begehen, mit Ideen wie mit Spielmarken hantieren, sich auf das definitorische Verfahren festlegen. Seien Sie mißtrauisch gegen jenes übertriebene intellektuelle Sauberkeitsbedürfnis, das da bei jeder Diskussion vorweg verlangt, man müsse erst einmal genau wissen, was mit einem Begriff gemeint sei, ehe man ihn überhaupt verwenden könne. Der Prozeß der Klärung und Bestimmung der Begriffe ist nicht etwas, was der Erkenntnis vorangeht, die Begriffe sind nicht Instrumente, die man recht scharf schleifen muß, damit sie schneiden, sondern eben jener Prozeß vollzieht sich nur, indem Sie die Begriffe selber auf Gegenstände anwenden und Akte der urteilenden, inhaltlichen Erkenntnis selbst vollziehen.

Das gilt auch für den Begriff der Bildung. Er ist dem des Geformten verwandt. Ungebildet nennen wir gewöhnlich einen Menschen, wenn er uns als ungeschliffen erscheint, wenn er Natur darstellt, die nicht gesellschaftlich gestaltet, nicht gesellschaftlich vermittelt ist. Nicht nur das deutsche Wort »Bildung« weist auf Bilden, Formen eines Naturstoffes hin, sondern die meisten Ausdrücke in den verschiedensten Sprachen, welche die Sphäre überhaupt bezeichnen; so heißt das lateinische *eruditio*, der altüberlieferte Ausdruck gerade für die gelehrte Bildung, daß ein Mensch aus dem Zustand der Roheit herausgenommen sei; und das Wort »Kultur« selbst kommt von *colere*, pflegen, und bezieht sich ursprünglich auf den Ackerbau als eine regelmäßige und geordnete Praxis, der die blinde Produktivität des Bodens unterworfen ist. Bildung wäre danach die Umformung der ungeformten, primitiven Natur; der Mensch wird Herr über das, was ihm draußen und drinnen als befremdlich und bedrohlich erscheint. In der Bildung besteht Natur als solche fort, doch sie trägt die Züge der Arbeit, der menschlichen Gemeinschaft, der Vernunft. Je mehr eine Natur durch die Bedürfnisse der menschlichen Gemeinschaft geformt war und sich zugleich als Natur in dieser Form erhielt, wie im Brot der Geschmack des Korns, die Traube im Wein, der bloße Trieb in der Liebe, der Bauer im Bürger und Städter, desto mehr scheint der Begriff der Bildung im ursprünglichen Sinn erfüllt.

An solcher überkommenen Bestimmung des Begriffs Bildung heute festzuhalten, scheint uns aus vielen Gründen verwehrt. Ich weise nur auf einen einzigen hin: Die Änderung in der Beziehung von Gesellschaft und Natur, die in den letzten hundert Jahren sich vollzogen hat. Die Lebensbereiche, die von der Gesellschaft unabhängig sind, das ist auch Ihnen bewußt, schrumpfen immer mehr zusammen. Es gibt nichts Unbetretenes mehr. Es sieht so aus, als wäre überhaupt kein Stückchen unerfaßter Natur mehr übrig, weder draußen noch drinnen. Symbolisch für das Draußen scheint mir ein Bericht aus Innerafrika, daß die dort dank vieler Schongesetze noch nicht ganz ausgerotteten wilden Tiere eine Störung der Flughäfen bildeten und die Sicherheit gefährdeten. Wir brauchen aber nicht an Afrika zu denken. In Europa, von Amerika ganz zu schweigen, erhält bald jedes Dorf genügend Elektrizität und Rundfunk um, seinen technischen Voraussetzungen nach, in Kürze dem zu widersprechen, was die Neu-Romantik an Naturverbundenheit dort aufzuspüren behauptet. Symbolisch für das Drinnen ist die Tendenz des Großbetriebes, die menschlichen Beziehungen bis ins Kleinste zu regulieren. Nicht bloß werden Verkäuferinnen im Lächeln ausgebildet und der Betriebsleiter in Menschenbehandlung, sondern es wird gang und gäbe, das mühsam gelernte, wohl gar durch Psychotherapie bewirkte, unverpflichtende, neutrale Wesen, das durch Bekundung von Affekten sich keine Schwierigkeiten schafft und mit den Spielregeln der Gesellschaft auf gutem Fuße steht, als das natürliche anzusehen – und das natürliche in seiner Befangenheit als unnormal. In all dem kündigt sich ein Zustand an, in dem Natur von der Gesellschaft nicht bloß aufgesogen, sondern zunichte gemacht, nicht gehegt, sondern negiert, nicht als Wertvolles gepflegt, sondern als

Material verwertet wird. Es ist gegenüber dem früheren Wesen der Arbeit der durch die Technisierung, den Industrialismus gesetzte Unterschied. Der Prozeß der Bildung ist in den der Verarbeitung umgeschlagen. Die Verarbeitung – und darin liegt das Wesen des Unterschieds – läßt dem Gegenstand keine Zeit, die Zeit wird reduziert. Zeit aber steht für Liebe; der Sache, der ich Zeit schenke, schenke ich Liebe; die Gewalt ist rasch. Man könnte also vertreten, dem Begriff der Bildung wäre im wörtlichsten Sinn seine Substanz dadurch entzogen worden, daß es nichts Ungebildetes, keine unbeherrschte Natur im menschlichen Bereich überhaupt mehr gibt, die zu bilden wäre, und daß es vielleicht eher darauf ankommt, an diese, an das noch nicht ganz von menschlicher Planung und Selbstdisziplin Bewältigte zu mahnen, als das Reich der Bildung auszudehnen, das ohnehin total zu werden scheint.

Die Ausmerzung der Natur, ihre Vernichtigung zu bloßem Material, führt in die Krise der Bildung, von der so viel die Rede ist. Das alte lateinische Sprichwort, auch wenn man die Natur mit der Forke austriebe, sie kehre stets wieder – naturam expellas furca, tamen usque recurret – gehört offenbar im Gegensatz zu dem, daß Handwerk einen goldenen Boden habe, und daß der Krug so lange zum Brunnen gehe, bis er bricht, zu denjenigen, die noch nicht außer Kurs gesetzt sind. Die moderne Psychologie hat mit großem Nachdruck entwickelt, daß die unterdrückte Natur, die zivilisatorisch gewaltsam zurückgedrängten Triebe, nicht einfach verschwinden, sondern in andere Energien sich umsetzen und zwar proportional zum Anwachsen des Drucks gerade in zerstörerische. Diese bedrohen den Bau selbst. Wenn ich es paradox ausdrücken soll, so produziert der industrielle Prozeß zugleich auch ein neues und vielleicht ungeahntes Maß an Barbarei. Dies gilt sowohl für den einzelnen Menschen unserer Zeit, hinter dessen beherrschter, selbstsicherer, routinierter Haltung nicht selten die destruktive, hämische, verzweifelte Geste bereit steht, als von der ganzen Gesellschaft. Auch in dieser ist die Unbildung keineswegs auf ländliche Bezirke beschränkt, auf die der Begriff des Rohen ursprünglich von den mittelalterlichen Städtern gemünzt war. Die fortgeschrittenen Schichten sind nicht die am wenigsten anfälligen. Man wird Zweifel daran hegen, ob ein Bauer aus dem neunzehnten Jahrhundert wirklich so viel ungebildeter war, als ein Jüngling es ist, der seine »Freizeit« – so nennt man das heutzutage – damit verbringt, sich in einem Strandbad systematisch braunbraten und dazu sein Radio dudeln zu lassen. Wenn auch die scheinheilige Ansicht, daß gerade das Ländliche und Bodenständige die Kultur garantiere, eine romantische und schließlich totalitäre Fälschung ist, so können wir darum der Humanität der Verkehrshauptstädte uns keineswegs für versichert halten. Die durch den eiligen Fortschritt sich verstockende Natur ist allenthalben bereit.

Wir müssen uns überhaupt hüten, jenen Prozeß der universalen Vergesellschaftung, jenes Geformt- und Erfaßtwerden eines jeglichen Einzelnen durch die Totalität, allzu buchstäblich und simpel uns vorzustellen. Gerade das Tempo, das die technische Entwicklung und mit ihr die Durchorganisation der Gesellschaft während der letzten Dezennien angenommen hat, bewirkte, daß immer weitere Sektoren des Lebens und der Menschen in diesen Prozeß hineingerissen wurden, die ihrer eigenen geschichtlichen Entwicklung nach nicht reif dazu waren. Unendlich viel Krudes und Ungeformtes wird von der allgegenwärtigen Formung dünn übersponnen. Der Widerspruch zwischen diesem Übersponnensein und dem Darunterliegenden, im weiten Maße Formlosen, hat seine verhängnisvollen Aspekte: die alten traditionalistischen Bildungselemente werden aufgelöst, ohne daß der neue Zustand des Geistes bereits am Bewußtseinsstand der Subjekte seine Stütze hätte, und so wächst tatsächlich heran, was Spengler den modernen Höhlenmenschen nannte. Wenn wir heute von der Problematik der Bildung, ihrem Umschlag ins Gegenteil, sprechen, dürfen wir dabei nicht den Rückstand des Ungebildeten, Nichtmitgekommenen, im buchstäblichen Sinn Rohen, vergessen, der von der jüngsten Phase der Zivilisation mitgeschleppt, jedoch keineswegs der eigenen Substanz nach durchdrungen ist. Die geistige Urteilsfähigkeit der Bevölkerung, die in so schreiendem Mißverhältnis zum hohen Stand der Wissenschaften und der Technologie sich befindet, die Versuchung zum Betrug, den dieser intellektuelle Zustand der Massen ständig für skrupellose Mächtige bedeutet, sind gerade den industriell fortgeschrittenen Völkern gemeinsam, und die jüngste Geschichte kennt die Folgen, die in der zugleich totalen und oberflächlichen Vergesellschaftung des modernen Lebens angelegt sind. Lassen Sie uns hoffen, daß Ihre Generation nicht noch weitere und neue zu tragen hat, daß sie die Kraft – und vor allem die Zeit – findet, Einsicht zu gewinnen in das Wesen des anscheinenden Verhängnisses, und schließlich die Macht, es abzuwenden, ehe sie in es hineingezogen wird. Das ist die Bildungsaufgabe, zu der wir gegenwärtig, an deutschen Universitäten, aufgerufen sind.

Aber nun will ich endlich den Einwand nennen, der Ihnen gewiß auf den Lippen liegt. Sie werden sagen, ich hätte den Unterschied von echter und unechter Bildung, von Geist und Ratio, von Kultur und Zivilisation übersprungen. Kultur sei jener zuerst erwähnte Begriff der Bildung, die in bloßer Gewalt über die unterjochte Natur sich nicht erschöpfe, sondern sie zugleich versöhnlich am Leben erhalte. Die moderne Erfassung der Natur durch die Gesellschaft dagegen, und die aus ihr sich ergebenden gesellschaftlichen Beziehungen zwischen den Menschen, sei bloße Zivilisation. Sie werden geneigt sein, Perioden echter und unechter Bildung dogmatisch zu unterscheiden und bestimmte geschichtliche Zustände als Muster für die guten und andere als solche für die schlechten heranzuziehen, während doch in den gepriesenen Epochen die Mehrheit der Menschen sich in dumpfer und unfreier Arbeit verzehrte. Sie werden mit dem traditionellen, idealistischen Bildungsbegriff Bildung dort sehen, wo ein Mensch sich selbst, gewissermaßen wie ein Kunstwerk zu gestalten sucht, sich sozusagen selbst zum Objekt der eigenen Formung wird, und nicht, wo er seine Kraft an die Formung der Welt wendet und in den äußeren gesellschaftlichen Prozeß eingreift. Sie könnten, wie zuletzt noch die George-Schule, ästhetische Gestaltung für Kultur halten und die Wirksamkeit in der Welt für unedle Zivilisation. Ich möchte Sie davor warnen – und eben diese Warnung ist vielleicht ein Stück Bildung – mit solchen Gegensätzen allzu rasch zu hantieren; das eindringende Verständnis in die sich ungleichartig entfaltenden Momente geschichtlicher Strukturen läßt sich durch keine schematische Klassifikation ersetzen. Es wird gerade zur Bildung gehören, die Sie an der Universität gewinnen, daß Sie sich solcher handlicher Antithesen entschlagen und nicht so denken, als wären die wichtigsten Dinge zwischen vernünftigen Menschen ohnehin längst abgemacht. Werden Sie vielmehr mißtrauisch, wenn einer die Phänomene in Schafe und Böcke einteilen will. Es könnte in unserem Fall so sein, daß eben das, was man der angeblich bösen Zivilisation vorwirft, in der scheinbar so guten Kultur unserer Väter schon enthalten war und sich notwendig aus ihr entfaltete. Die sogenannte Bildung der Persönlichkeit, die Verinnerlichung, die Rückwendung des gestaltenden Willens auf sich selbst, so viel Positives sie auch gewirkt haben mögen, trugen doch zweifellos zur Verhärtung der einzelnen Menschen, zum Hochmut, zum Privilegbewußtsein und der Verdüsterung der Welt bei. Indem unter dem Titel der Bildung der gestaltende Wille, und das heißt die Liebe, von der Realität auf das seiner eigenen Formung lebende Individuum sich zurückwandte, kündigte die Barbarisierung der Menschheit bereits im neunzehnten Jahrhundert sich an. Es könnte – weiter – in unserem Fall so sein, daß eine der geistigen Ursachen der Bildungskrise gerade im Festhalten des aufs vereinzelte Ich bezogenen Bildungsbegriffs gelegen ist, in der Vergötzung des sich selbst genügenden Ichs, die vielleicht ein notwendiges historisches Durchgangsstadium, jedoch ganz und gar keine ewige Norm war. Wenn aber ein solcher innerer Zusammenhang zwischen dem traditionellen Kulturbegriff und der Zivilisation besteht, wäre die Aufgabe, über den alten Bildungsbegriff, der sich gegen die Hingabe ans Zivilisatorische, Gesellschaftliche, bloß absetzt, hinauszugehen.

In der Geschichte des deutschen Geistes ist dies selber angelegt. Wenn Herder, Schiller, Humboldt und Schleiermacher auf der ihrer Periode angemessenen Verinnerlichung insistierten, hat das realistische Ingenium von Hegel und Goethe tiefer gesehen als die individualistischen Denker, deren Kult des Individuums auf das Ende substantieller Bildung und eben damit auf die Abschaffung des Individuums hinausläuft. Jene beiden haben gewußt, daß der Weg der Bildung einer der Entäußerung ist; man könnte auch schlicht sagen: einer der Erfahrung. Gebildet wird man nicht durch das, was man »aus sich selbst macht«, sondern einzig in der Hingabe an die Sache, in der intellektuellen Arbeit sowohl wie in der ihrer selbst bewußten Praxis. Nicht anders als in dem Eingehen in sachliche Arbeit vermag das Individuum über die Zufälligkeit seiner bloßen Existenz hinauszukommen, an der der alte Bildungsglaube haftet und in der ohne jene Entäußerung bloß das beschränkte eigene Interesse und damit das schlechte Allgemeine sich durchsetzt. Steht die Erfahrung von Kunst nicht im Zusammenhang mit einem Leben, das in der Welt und von der Welt etwas will, so bleibt sie leer und blind, und machte der Konsument im Auto alle italienischen Städte mit Museen und Domen ab, sei er in den Konzertsälen der Welt zu Hause und besitze die Platten aller Symphonieorchester. Mit dem Aneignen ist es nicht getan. Wer nicht aus sich herausgehen, sich an ein Anderes, Objektives ganz und gar verlieren und arbeitend doch darin sich erhalten kann, ist nicht gebildet, und der sogenannte Gebildete, der dazu unfähig ist, wird stets Male einer Beschränktheit und Befangenheit aufweisen, die seinen eigenen Anspruch auf Bildung Lügen strafen. Das Andere, Objektive aber ist heute nicht bloß das Besondere, was Ihnen in Ihrem Beruf als ein abgetrennter Sektor des gesellschaftlichen Lebens begegnet, Ihr spezifisches Arbeitsgebiet, das, was zu Ihrem persönlichen Fortkommen gehört, sondern ebenso und in erster Linie das, ohne was die Entfaltung des einzelnen gar nicht möglich ist; ich meine die vernünftige und menschliche Einrichtung, die Verbesserung und Durchbildung des gesellschaftlichen Ganzen. Wenn Nietzsche meint, daß das Wachsen der Dummheit und der Schurkerei zum Fortschritt gehöre, so wußte er doch auch, daß man in einer dummen Welt nicht weise, und in einer schlechten nicht gut sein kann. Bildung ist so sehr Bildung des äußeren Ganzen, wie gerade damit Bildung seiner selbst. Niemand ist gebildet, der nicht in der Hingabe an seine eigene Sache ihren Zusammenhang mit dem Ganzen erkennt und der nicht dieselbe Freiheit von Schlagwörtern, Clichés und Vorurteilen, die man im akademischen Beruf in seiner Wissenschaft sich erwerben soll, gegen den Zeitgeist auch in den öffentlichen Dingen tätig anwendet.

Die Auskunft, daß Industrialismus und Massengesellschaft uns zwar zum Bewußtsein der Problematik des überkommenen Bildungsbegriffs, aber doch nicht zu seiner Freigabe zwingen, war eine Reflexion auf Ihre Vorstellung von dem, was von der Universität Sie erhoffen dürfen. Wir sind zur Einsicht gelangt, daß zur Verwirklichung der individuellen Bildung die im Studium zu erwerbende innere Freiheit, der Mut und die unbeirrbare Hingabe ans Ganze mithinzugehören. Wenn solche Auskunft, so nüchtern und schlicht sie gemeint ist, doch wie eine hochgespannte Forderung klingen mag, so möchte ich jetzt einen Zug an Ihrer Erwartung bezeichnen, durch den sie einer unmittelbaren Erfüllung fähig ist. An der Universität studieren Sie nicht nur, sondern indem Sie mit den anderen Studenten wie mit Ihren Lehrern zusammenkommen, finden Sie sich in einer Gemeinschaft, die ja schon auf Bildung und damit auf Wahrheit, Freiheit, Humanität bezogen ist. Sie begegnen einem Kreis, dem es auf Dinge ankommt, die durch gemeinsamen Besitz nicht vermindert, sondern eher gesteigert werden, auf wesentliche Dinge, von denen nicht nur Ihr eigenes, sondern das Dasein der Gesamtheit abhängt. Dies aber ist eine höchst menschenwürdige Beziehung, und die wie immer unklare Vorstellung solcher Gemeinschaft ist, wie ich meine, in dem Bild inbegriffen, das Sie von Ihrer künftigen Universitätszeit hierher mitbringen. – Zu dieser Erwartung lassen Sie mich noch ein Wort sagen.

Es gibt eine moderne Denkweise, die annimmt, daß ein Mensch nur dann vernünftig handelt, wenn sein eigenes oder fremdes Wohl die letzte Absicht sei. Die Menschen gelten dabei immer als das letzte Ziel, jede andere Zwecksetzung als Aberglaube; sinnlos sei es, wenn man sich Sachen hingäbe, anstatt sie bloß als Mittel für die Menschen anzusehen. Aber diese menschenfreundliche Philosophie weiß nichts davon, daß die Menschen zu leeren Hülsen werden, wenn sie nicht vermögen, in der Sache aufzugehen. So jedoch allein erhalten sie Inhalt und Substanz und gewinnen sich als Menschen zurück. Daß den Menschen alles in der Welt außer dem Menschen zum bloßen Instrument wird, trägt mit dazu bei, daß schließlich – im Widerspruch zur guten Absicht – die Welt bloß verwaltet, die Humanität zur Phrase wird. Jede echte menschliche Beziehung ist vermittelt, sie gründet in einer gemeinsamen Bekümmerung um ein Anderes, sei es das *summum bonum*, Gerechtigkeit oder irgendein schlichtes Werk. Erst ein solches Interesse gibt der Beziehung Bestand. Die Universität aber ist ein Ort, wo solche Beziehungen sich anspinnen und damit auch die jugendlichen Bindungen und Freundschaften entstehen, die im Kleinen das Wesen der Gesellschaft vorwegnehmen, wie sie einmal im Großen als die richtige Gesellschaft sich gestalten soll. Ich glaube, daß der Wunsch nach solchen echten, wenn Sie wollen utopischen Bindungen, der zutiefst mit dem nach wahrer Bildung zusammenhängt, zu der Vorstellung gehört, die Sie hierher mitbringen, und ich hoffe aus ganzem Herzen, daß er sich für Sie erfüllen wird.

Ebenso jedoch wie ich Sie davor warnen mußte, Ihren Anspruch auf Bildung durch einen antiquierten, der Zivilisation sich bloß entgegensetzenden Kulturbegriff abkaufen zu lassen, so würde ich um Ihretwillen es bedauern, wenn Sie anstatt die ernste menschliche Beziehung aus der wissenschaftlichen, ästhetischen oder sonstigen Sache entstehen zu lassen, das Verhältnis umkehrten und die Beziehung zum Selbstzweck machten. Richtige Freundschaft gehört zu den Dingen, die sich schwer organisieren lassen, fast so schwer wie Brüderlichkeit. Wenn Sie sie suchen, laufen Sie Gefahr, daß sie vor Ihnen flieht. Sie ergibt sich aus einer Not, aus einem gemeinsamen konkreten Anliegen in der Welt, aus dem Widerstand gegen das Schlechte, einem großen politischen oder religiösen Glauben, nicht aus dem Glauben an die gute menschliche Beziehung als Selbstzweck, denn dieser Glaube ist leer und abstrakt. Er wird, um den treffenden Bryschen Ausdruck[1] zu gebrauchen, zur verkappten Religion, die die Liebe zur Wahrheit auslöscht. Das soll Sie wahrlich nicht abhalten, die Gruppen und Vereinigungen, die sich an unserer Universität gebildet haben, alte und neue, und welche Ihnen den Weg zu Studenten und Studentinnen in ähnlicher Lage bahnen, aufmerksam zu prüfen und, wenn Sie es für richtig halten, der einen oder anderen beizutreten. Aber wir wünschen uns, daß Sie die wahre Ordnung Ihrer Interessen nicht verkehren, daß Sie die Sache, um deretwillen Sie hier sind, nämlich die Wahrheit, nicht anderen Pflichten gegenüber zurückstellen. Wir wünschen vor allem, daß Sie den kompromißlosen Willen zur Mitarbeit an einer besseren Einrichtung der Welt nicht durch die verkehrte Loyalität zu einer unwahr gewordenen Ideologie sich schmälern lassen. Jeder Ihrer Schritte als Studenten, und zumal als Studenten der Frankfurter Universität, die ihr Entstehen und Fortbestehen sowohl dem Staate und damit allen Schichten der Bevölkerung, wie besonders auch dem aufgeschlossenen Geist der freien Bürger dieser Stadt verdankt, jeder Ihrer Schritte, die gesehen werden, schließt eine Bedeutung und Verantwortung ein, die sich an noch so ehrwürdigen und künstlich erneuerten Bräuchen und Auffassungen einzelner Bünde nicht messen lassen, sondern einzig am eigenen entfalteten Denken und Gewissen. Dies ist von meinem Vorgänger von dieser Stelle aus bei der feierlichen Immatrikulation stets ins Bewußtsein gerufen worden, und ich wiederhole es heute in dem Glauben, daß mehr als je die Zukunft einer freien Welt darauf gestellt ist, daß unter deutschen Studenten genügend Männer – und Frauen – mit Zivil-

[1] Carl Christian Bry, Autor des Buches ›Verkappte Religionen‹ (1. Aufl. 1924). Anmerkung des Herausgebers.

courage und Widerstandskraft, mit innerer Unabhängigkeit erstehen, die nicht wie die manipulierten Massen überall auf brausende Worte und Führerrufe reagieren, sondern – in der Welt des Gegengeistes – geistige Menschen sind. Wenn wir als Lehrer dazu beitragen können, Sie so zu bilden, dann haben wir die spezifische Aufgabe der Universität erfüllt.

Zu den Beziehungen, die an der Universität aufgrund vernünftiger Interessen sich ergeben können, gehören vor allem jene, die Sie im Zuge Ihrer Mitwirkung an der studentischen Selbstverwaltung anknüpfen. Es ist mir wohl verständlich, daß der AStA und das Studentenparlament, die Fachschaften und die Vollversammlungen für viele unter Ihnen zunächst keine Verlockung bilden. Geben Sie dieser Abneigung nicht nach. An den meisten öffentlichen Übeln der neuen Geschichte war wenigstens ebenso sehr wie die Aktivität der Bösen die Inaktivität der Besseren schuld. Ich bitte Sie im Namen des Senats um Ihre Mitarbeit an diesen Dingen. Sie werden durch die alltäglichen Fragen, denen Sie dort tätig begegnen müssen, in einem entscheidenden Sinn tiefer fürs Allgemeine gebildet, als in manchen anderen Sektoren des studentischen Lebens. Dies gilt besonders dann, wenn Sie sich durch die Routine der Verwaltung Ihre eigenen Ziele nicht nehmen lassen und lernen, sich als junge Menschen durchzusetzen.

Fragen des Hochschulunterrichts

Wenn von der Tradition der Hochschulen die Rede ist, so sollte man nicht bloß an deren ehrwürdiges Alter denken, sondern ebenso auch daran, daß ihre Formen geprägt sind von ihrem Ursprung in den klerikalen Bildungsstätten des Mittelalters. In Deutschland wird man dessen nicht unmittelbar inne; wer aber Oxford und Cambridge kennt, diese seltsam universalistischen Gebilde, die sich als eine Mannigfaltigkeit von Kollegien ohne sichtbare »Universität« darstellen, der erfährt, wieviel an unverwandeltem Mittelalter noch gegenwärtig ist. Man muß einmal die Atmosphäre eines solchen Kollegiums, die uns wie eine Synthesis aus Kloster, Klub und Lehrstätte anmutet, mit Verwunderung geatmet haben, um jäh sich an etwas zu erinnern, was fürs Wesen unserer eigenen Universitäten kaum weniger gilt, aber sich nicht mehr äußerlich, sondern nur noch in der Sache selbst, vorab im akademischen Unterricht, manifestiert.

Der akademische Unterricht ist archaisch. Sein Kernstück, die Vorlesung, trägt nicht umsonst den gleichen Namen wie jene klösterlichen

Komplexe in England, den des Collegiums. Charakteristisch für ihre Form ist der undurchbrochene, fortlaufende Vortrag, im äußersten Gegensatz etwa zu dem in elementaren und mittleren Schulen üblichen Unterricht. Versuche, ihn aufzulockern, indem man den Studenten die Gelegenheit zum Fragen gibt – mein eigener Lehrer Cornelius hielt es so – haben sich in der Breite des akademischen Lebens nicht recht durchgesetzt; vielleicht, weil es nur wenigen leicht wird, auf das einmal erworbene Privileg des ungestörten Redens zu verzichten, vielleicht auch, weil doch solche »question periods« oft die Konstruktion des Gedankenganges in Unordnung bringen, zu Abschweifungen führen und wohl gar verwirren. Ich erwähne das, weil ich die gängige Verachtung sogenannter Äußerlichkeiten nicht teile und überzeugt bin, daß gerade an ihnen, wenn man bei ihnen verweilt, mehr vom eigentlichen Geist der Sache sich entnehmen läßt, als wenn man allzu behend auf das sogenannte Wesentliche kommt. Ich betrachte also die zäh festgehaltene Form des Kollegs als Symptom des Archaismus unseres Unterrichts. Das Wort Vorlesung erinnert ans Lesen. Das heißt aber hier nichts anderes, als daß Einer Vielen etwas vorliest – zu ergänzen wäre: weil ihnen das zu Lesende nicht ohne weiteres zugänglich ist. Die Vorlesung entstand vor der Buchdruckerkunst. Man denke daran, daß die Anfänge zweier der ältesten Universitäten, Bologna und Paris, von denen die eine mehr für praktische Berufsausbildung, die andere für geistige Erkenntnis stand, mit zwei einflußreichen, um die Mitte des zwölften Jahrhunderts erschienenen Werken, dem Decretum von Franciscus Gratian und den ›Sentenzen der Väter‹ von Peter Lombard, dem Magister Sententiarum, zusammenhängen.

Bologna wurde zum Zentrum der Studien des kanonischen Rechts, nachdem die Pandekten schon vorher dort studiert worden waren. Das Bedürfnis der rasch wachsenden handels- und gewerbekräftigen lombardischen Staaten trieb die Hörer an die Stätten, wo die Texte und Kommentare des bürgerlichen Rechts zu finden waren. Selbst der Heilige Stuhl, der zunächst das Wachsen säkularer Bildung mit Mißtrauen verfolgt hatte, wurde bald der Notwendigkeit inne, eine Verständigung herbeizuführen, und förderte, besonders nach dem Erscheinen des Decretums, das Studium von bürgerlichem und kanonischem Recht an gemeinsamer Stätte außerhalb von Kirchen und Klosterschulen. Und wie Bologna der Ort wurde, wo Rechtskundige nicht bloß aus der Lombardei, sondern aus aller Herren Länder, vor allem auch aus Deutschland, zusammenkamen, so zog Paris, wo sich als Wissenschaft der Wissenschaften seit Roscellin und Abelard die Dialektik entwickelt hatte, vollends nach dem Erscheinen der Sentenzen, die nach reiner Theologie und Philosophie verlangenden jungen Studenten an. Wie sehr auch die Person des Lehrers, die leibhaftige Gegenwart der großen doctores, gesucht wird, wie sehr das Argumentieren und Disputieren zur frühesten Gestalt der Universität gehört, die Lehrtätigkeit an ihr ist vom wirklichen Lesen des Textes nicht abzulösen. Die Art des Vortrags selbst, die spezifische Gestik des Denkens, die Auswahl des Stoffes, die Nuancierung der Bedeutsamkeiten durch den Tonfall der Stimme, all dies hat gewiß von Anfang an schon eine entscheidende Rolle für den Hörer und sein Studium gespielt – eine viel wichtigere als gemeinhin ermessen wird. Wenn aber heute die Unersetzlichkeit der Vorlesung viel ausschließlicher von diesen beiherspielenden Momenten abhängt als ehemals, so liegt dies vor allem daran, daß das Vorlesen jeder Art, also auch das Ablesen eines für den bestimmten einmaligen Zweck der Vorlesung ausgearbeiteten Textes, weitgehend überholt ist.

Die traditionelle Form des Kollegs ist archaisch, zunächst in dem technischen Sinn, daß es eine Funktion erfüllt, die anders, nämlich wenn Studenten gedruckte und in beliebig viel Exemplaren zugängliche Bücher lesen, in vieler Hinsicht angemessener zu erfüllen wäre. Im Buch kann man schwierige Passagen beliebig oft vernehmen, kann zurückblättern, kann sich des Ganzen so versichern, wie es beim Vortrag nicht möglich ist, dessen Hörer stets in Gefahr ist, den Faden zu verlieren, gerade dann, wenn es sich um Entscheidendes und dicht Gedachtes handelt. Wird also etwa gesagt, die geschlossene Vorlesung diene am besten der Übermittlung des Stoffes, so wird man zu erwidern haben, daß gerade diese Funktion durch sie nur unzulänglich erfüllt werde. Das hat Kant noch sehr wohl gewußt, wenn er die Baumgartenschen Texte seinem Kolleg zugrunde legte und dem Vortrag wesentlich die freie Reflexion darüber vorbehielt, oder Hegel, wenn er die »Grundlinien der Philosophie des Rechts« eigens »zum Gebrauch für seine Vorlesung« drucken ließ, um sich in den Vorlesungen in eingängigerer Sprache kommentierend darüber auszulassen. Solcher Brauch, der möglich war zur Zeit des relativ geschlossenen Systems, hatte den technischen Fortschritt in die Entwicklung des akademischen Studiums hineingenommen, während heute, nach dem Zerfall der Systeme, Stoffübermittlung und Reflexion vor allem in den Geisteswissenschaften in der Vorlesung nebeneinanderhergehen müssen. Wenn in den Naturwissenschaften die Dinge anders liegen, so scheint mir dies nicht zuletzt darin begründet zu sein, daß sie den philosophischen Anspruch, den sie etwa im 17. und 18. Jahrhundert erhoben, weitgehend gemildert haben und für seine Einlösung an andere Disziplinen verweisen. Wenn das Problem des Verhältnisses von verbürgtem, sachlichem und methodischem Wissen und Spekulation im naturwissenschaftlichen Lehrbetrieb selbst daher auch eine geringere Rolle spielen mag, so sind diese Wissenschaften als Teile der Gesamtuniversität doch zutiefst an ihm beteiligt.

Ich weiß recht wohl, daß meine These von der Überholtheit der geschlossenen Vorlesung durch die Form des Buches im allgemeinen und die des Lehrbuches und Kompendiums im besonderen heute dem Einwand sich aussetzt, daß die Verteuerung der Bücher und der trostlose Zustand der Bibliotheken nach den Bombardements Bücher für einen großen Teil der Studenten unzugänglich macht und dadurch der traditionellen Vorlesung aufs neue etwas von ihrem alten Recht verleiht. Ich bin auch weit entfernt davon, den gegenwärtigen Zustand bequem als Ausnahmezustand abzutun. Der Fortschritt von Gesellschaft und Technik vollzieht sich nicht gradlinig, und die Katastrophen, die sich ereignen, sind keine dem Lauf des Weltgeistes fremden Einbrüche und Unglücksfälle, sondern gehören wesentlich zur geschichtlichen Bewegung selber. Wohl aber darf man sagen, daß hier, wie in ungezählten anderen Momenten des zeitgenössischen Lebens sich eine geschichtliche Regression geltend macht. Im Angesicht der offenbaren Möglichkeit, mit den modernen Druckverfahren jedes, aber auch jedes Schriftwerk jedem Studenten zukommen zu lassen, erweist sich kraß die Absurdität des gesamten heute herrschenden Zustandes. An einem scheinbar so Äußerlichen wie der Schwierigkeit der Beschaffung von Büchern für Studenten in einem Zeitalter des fessellosen technischen Fortschritts läßt sich etwas von dem aberwitzigen Widerspruch gewahren, der heute herrscht zwischen den gesellschaftlichen und politischen Verhältnissen einerseits und andererseits den durch die Technik potenzierten Kräften der Menschheit. Nebenbeigesagt gibt es ganze Forschungsgebiete, wie etwa die Orientalistik, in denen immer noch jegliche ernste Arbeit durch die Unzugänglichkeit der Literatur paralysiert wird.

Aber der Archaismus des akademischen Unterrichts beschränkt sich nicht auf jenes Äußerliche, sondern betrifft den Gehalt der Methode selber. Das Modell des geschlossenen akademischen Vortrags ist die Lehre und gehört mehr zur Theologie als zur Wissenschaft im Sinne Bacons und Descartes'. Nur wo ein Inhalt dogmatisch und unbefragt vorgegeben ist, kann er undurchbrochen, ja gleichsam unabhängig vom Wie der Darstellung kommuniziert werden. Die akademische Vorlesung, so könnte man sagen, ist eine mißglückte Säkularisierung der Predigt. In der Form des akademischen Vortrags liegt beschlossen, die Autorität der Lehre, also die des heiligen Textes und seiner Exegese, zu ersetzen durch das, was man persönliche Autorität nennt. Wir werden durch die Verfahrungsweise des akademischen Unterrichts dazu gedrängt, uns so zu gebärden, als wären wir wenn schon nicht Prediger so doch Weise. Da es aber um den Begriff der Weisheit in einer Welt, die Kontinuität und Allseitigkeit der Erfahrung nicht mehr duldet, kaum besser bestellt ist als um den der Lehre im genuinen Sinn, so werden wir immer wieder, zumal durch das Quantum von Macht, das uns nun einmal als Prüfenden über die Zukunft der uns anvertrauten jungen Menschen verliehen ist, in Versuchung geführt, die eigene Autorität, deren Substanz selber anachronistisch ist, zu überspielen. Keiner war solcher Gefahr sich mehr bewußt als Max Weber. Aus dem Verständnis für die inneren Zusammenhänge von Vorlesung und Predigt heraus ist er gegen die apologetischen Elemente im akademischen Vortrag so empfindsam geworden, daß seine Vorlesungen in der letzten Periode sich darauf zu beschränken schienen, eine Anzahl möglicher Definitionen und Beurteilungsweisen für Phänomene zur Wahl zu stellen, ohne irgend eine darunter vor den anderen als angemessener auszuzeichnen. Seine auf die Soziologie gemünzte Trennung von Wissen und Wert, sein, wie ich meine, charakterologisch so respektabler und sachlich recht problematischer Wissenschaftspessimismus entsprang vermutlich demselben Gefühl vom Gegensatz zwischen Lehre und moderner Wissenschaft, der der Vorlesung heute den Charakter des Unzeitgemäßen verleiht. Er hat sich gegen die Lehre entschieden. Heute aber, seit den Erfahrungen mit den Methoden der »progressive education« und anderen erzieherischen Experimenten wissen wir, daß er die Dinge zu einfach sah. Wo vom Autoritätsanspruch des akademischen Lehrers überhaupt nichts übrig gelassen ist, wo der Student den Professor von vornherein als einen unterbezahlten Spezialisten betrachtet, der ihm die Ware bestimmter Kenntnisse verkauft und ihm sonst nichts zu sagen hat, ist zugleich auch jenes humane, durch Identifikation mit dem Erfahrenen weitertreibende Element gefährdet, von dem in unserem akademischen System trotz allem zuweilen noch einiges sich verspüren läßt. Ich melde hier bereits an, daß der Archaismus unseres Unterrichts und die Humanität selber eigentümlich miteinander verflochten sind. Wenn ich Ihnen etwas von den immanenten Widersprüchen des akademischen Unterrichts sage, so meint das nicht nur Kritik am Überholten, sondern zugleich auch den Hinweis auf sehr komplexe Konstellationen des Rechten und Falschen.

Vielleicht kann ich die Problematik, um die ich mich bemühe, mit einem drastischen Vergleich deutlich machen. Bis ins neunzehnte Jahrhundert hinein hat die Malerei unter anderem auch die Funktionen erfüllt, die dann der Photographie zugefallen sind, also die Züge von Menschen für die aufzubewahren, die ihnen nahe waren, repräsentative Portraits zu entwerfen, ja, wohl auch zuweilen schon besonders denkwürdige Ereignisse festzuhalten. Nach der Erfindung der Photographie ist in stets wachsendem Maß nur *die* Malerei noch substantiell gewesen, welche darauf verzichtete, Funktionen zu übernehmen, die von der Photographie, sei es besser oder sei es auch nur billiger, erfüllt wurden. Große Malerei hat sich seit dem Impressionismus entwickelt in der Entdeckung von Aufgaben, denen die Photographie nicht beikommen konnte. Alle Malerei aber, die den photographischen Aufgaben treu blieb, ist in der Konkurrenz zwischen dem getreueren photographischen Abbild auf der einen Seite und der autonomen, am eigenen Formgesetz orientierten Malerei auf der anderen hoffnungslos zerrieben worden. Nun, ich meine, unser ganzer akademischer Unterricht benimmt sich ein wenig so, als ob wir im Zeitalter der entwickelten Photographie das, was diese bieten kann, mit Leinwand und Pinsel umständlich, anspruchsvoll und dabei ohne rechtes Selbstvertrauen leisten wollten. Damit der akademische Unterricht sich als lebensfähig bewährt, müßte er zunächst seiner eigenen Form sowohl wie der sozialen Bedingungen inne werden, unter denen er ausgeübt wird. Dabei zeigt sich freilich, wie wenig es mit einem bloßen »up-to-date-Bringen« der Verfahren sein Bewenden haben kann.

Die erste und einleuchtendste Forderung scheint die zu sein, auf alle Leistungen zu verzichten, die von der Druckerpresse besser besorgt werden; also jeglicher bloßen Wiedergabe von Stoff sich zu entschlagen. Man sollte, im Zug einer solchen Erwägung, verlangen, daß die Studenten das, was man so die notwendigen Kenntnisse nennt, sich durch häusliche Lektüre aneignen, sollte diese Kenntnisse voraussetzen, und nun wirklich dem Element der geistigen Freiheit in Gestalt der Reflexion, der deutenden Interpretation, der Kritik, des produktiven Weitertreibens von Ideen sich überlassen. Ich kann nicht leugnen, daß mir vom Katheder aus gesehen dieses Verfahren das verlockendste ist. Noch vor dreißig Jahren, als die Problematik des akademischen Unterrichts bereits so fühlbar war wie heute, aber er zugleich doch an Menschen einigermaßen fragloser Bildung sich wandte, konnte man sich tatsächlich so verhalten. Kein Aufrichtiger aber könnte sich heute der Einsicht entziehen, daß man so nicht mehr durchkommt. Der Begriff der Regression, auf den ich anspielte, ist äußerst schwer zu nehmen. Man hat Untersuchungen darüber angestellt, wer psychologisch überhaupt noch fähig ist, wirklich zu lesen, und die Resultate sind beunruhigend. Die Schwächung des Subjekts, die schwindende Fähigkeit zur Konzentration, das Eingespieltsein auf die sinnliche Erscheinung gegenüber der autonomen geistigen Arbeit, wie es in der Radiosucht zutage kommt, haben allenthalben die Fähigkeit zum verantwortlichen Lesen angefressen und damit bereits jenen Typus des Denkens von Konsequenz und langem Atem, der selber das Lesen zum Modell hat. Unerträglich ist vielen bereits die Einsamkeit, welche die Vorbedingung jeder fruchtbaren Versenkung darstellt. In einem Zustand, in dem die sogenannte lebendige Rede als Form der Übermittlung von der Technologie überholt ist, verlangen paradoxer

Weise die subjektiven Bedingungen der Rezeption genau nach jener Rede als einer Entlastung. Wollte man sich wirklich jenem verlockenden und abstrakt gesehen allein zeitgemäßen Verfahren überlassen, in der Vorlesung ganz der geistigen Durchdringung des Stoffes sich zu widmen, dann hätte man allgemein damit zu rechnen, daß den Studenten einerseits der Stoff unbekannt bliebe und sie andererseits die Reflexion nicht recht verstünden.

Die Folgerung, die daraus zu ziehen wäre, daß der geschlossene akademische Vortrag seinem Sinn nach Lehre ist, daß dieser Sinn aber heute nicht mehr oder nur durch den Betrug weihevollen Brimboriums einzubringen ist, wäre, die Form der Vorlesung ganz zu opfern und durch die der Arbeitsgemeinschaft oder, wie ich es lieber mit unserem alten Wort nennen möchte, des Seminars zu ersetzen. Aber auch das hat seine Schwierigkeiten. Offenbar lieben es die Studenten gar nicht, wenn sie in Vorlesungen aktiv mittun sollen. Daß aber eigentliche Seminare nun einmal notwendig Stoff voraussetzen und ihn nicht zureichend übermitteln können, steht außer Frage: wer etwa ein Seminar hält über die Hegelsche Phänomenologie des Geistes, der darf nicht, wenn das Seminar sich nicht über viele Semester erstreckt, hoffen, seine Studenten gleichzeitig mit dem ganzen Werk bekannt zu machen und es bis ins einzelne zu interpretieren. Er muß zufrieden sein, wenn er es fertigbringt, sie anhand des Textes überhaupt Hegel lesen zu lehren. Wiederum befindet man sich einer Aporie gegenüber. Gibt man in einem solchen Seminar das Ganze, so hält man sich notwendig in viel zu weitem Abstand von der konkreten Einsicht und Argumentation und gleitet dort in Orientierung ab, wo es gilt, den bestimmten Gedanken bestimmt zu vollziehen; versenkt man sich aber mikrologisch ins einzelne, so verlieren die Studenten den Überblick, den sie anderswo nicht gewinnen, es sei denn eben in der geschlossenen Vorlesung oder in jener Lektüre, die sie heute vor so große innere und äußere Schwierigkeiten stellt. Man sieht sich daher im Seminarbetrieb der Fächer, in denen Praktika nicht stattfinden können, immer wieder auf Zwischenlösungen wie die Kombination umfassender Referate mit der minutiösen Auslegung einzelner Stellen verwiesen.

Das Bedürfnis der Studenten nach der geschlossenen Vorlesung hat aber noch einen tieferen soziologischen Grund. Sie erwarten inmitten der Bedingungen eines durch und durch vergesellschafteten und verdinglichten Lebens heute gerade so etwas wie Lehre. Ich will damit keineswegs bloß etwas Negatives aussagen. In jenem Bedürfnis wird die Not der Desorientiertheit laut, die Verzweiflung daran, aus der eigenen Autonomie, der Kraft des eigenen Wissens und Denkens, das Komplexe und Undurchsichtige des heutigen Lebens überhaupt noch meistern zu können; wohl auch die Ahnung, daß die Wahrheit doch nicht ganz identisch sei mit unserem verifizierteren Wissen von den Dingen, mit der wohlfundierten Angemessenheit unserer Urteile an ihre Gegenstände. Jedenfalls beginnen unter den Bedingungen des modernen Lebens genau jene Fähigkeiten zu verkümmern, die von der Idee der Wissenschaft selber, als des Inbegriffs lebendigen geistigen Vollzugs, gefordert sind. Auch wer gegen alles Dogmatische so skeptisch sich verhält wie ein akademischer Lehrer, wird immer wieder finden, daß, was immer er vorträgt, und wäre es auch die Kritik am Dogma, eine Tendenz hat, im Geist seiner Studenten zur Parole zu erstarren. Sie hören vorab heraus, ob man »gegen« oder »für« etwas ist. Vermöge dieses formalen Moments weit mehr als durch irgendein inhaltlich-ideologisches werden unsere Studenten, und zwar ganz unbewußt, immer noch im Banne des Führertums gehalten; sie erwarten im Grunde immer noch das, was man im Dritten Reich mit Worten wie »Schulung« und »Ausrichtung« bedacht hat. In diesem Bedürfnis nach Fixiertem, das sie von der eigenen Anstrengung des Begriffs entbindet, meldet sich die höchst beunruhigende gesellschaftliche Bereitschaft an, heteronomen Ordnungen abermals sich gefügig zu zeigen, auch nachdem die Diktatur, wenigstens die nationalsozialistische, militärisch und politisch geschlagen wurde. Die gesellschaftlichen und anthropologischen Voraussetzungen totaler Herrschaft aber sind mit der Niederlage Hitlers nicht zergangen, und keine Erwägung des akademischen Unterrichts, die davon nicht Rechenschaft gäbe, würde der Realität gerecht. Daß dies Bedürfnis nach etwas Festem, woran man sich halten kann, dies Bedürfnis, in dem die Ahnung von der Objektivität der Wahrheit und die Preisgabe der eigenen spontanen Vernunft ungeschieden ineinander liegen, verquickt ist mit den beruflichen Interessen der Fachausbildung, dem, was man an festen, erprobten, in allen möglichen Bereichen des Daseins einsetzbaren Instrumenten haben will, muß ich nicht eigens hervorheben. Weltanschauungen, wie man sie ersehnt, sollen unproblematisch und handlich sein und von überflüssigen Anstrengungen dispensieren.

Je mehr die Basis ökonomischer Unabhängigkeit für unsere Studenten schwindet, je mehr sie ihre Studienzeit auf zu erreichende praktische Ziele abstellen, ja sie womöglich durch eigene Arbeit als Werkstudenten finanzieren müssen, um so mehr schwindet auch die reale Basis jenes autonomen Denkens, die wir gewohnt sind, mit dem wissenschaftlichen Geiste gleichzusetzen. Wer nicht die Muße hat, ohne auf sein Fortkommen zu schauen, zu lernen und zu denken, dem muß das Wort Autonomie oft wie Hohn klingen. Statt dessen sucht er dann auf der einen Seite die Kenntnisse und Fertigkeiten, die ihn beruflich ausweisen, und auf der anderen die weltanschaulichen Parolen, die ihm die Last abnehmen, sich geistig mit Dingen herumzuschlagen, von denen er im allgemeinen überzeugt ist, daß sie zu ändern nicht in seiner Macht liegt. Neue Dogmatik, ja neuer Aberglauben und Technifizierung, so unvereinbar sie scheinen, sind komplementär. Man stößt hier auf die Grenze aller Versuche zur Reform des akademischen Studiums: sie hängen ab von der Lösung der Probleme der Gesellschaft, die alle Wissenschaft und allen Geist trägt.

Die Schwierigkeiten, die sich der Umgestaltung des akademischen Unterrichts, seiner Befreiung von archaischen Zügen entgegenstellen, folgen keineswegs bloß aus dem subjektiven psychologischen Zustand der Studenten und auch nicht bloß aus dem ökonomischen Druck allein, aus dem sie hervorgehen. Vielmehr handelt es sich um gesamtgesellschaftliche Veränderungen, die in jenen ökonomischen Interessen und psychologischen Prädispositionen sich durchsetzen. In dem gleichen Augenblick, in dem die archaischen Züge des akademischen Unterrichts als solche offenbar werden, kehrt die Gesellschaft selbst Tendenzen hervor, welche der Reform entgegenstehen, ja in gewissem Sinne sie bereits als überholt erscheinen lassen.

Ich möchte diese gesellschaftlichen Veränderungen als solche, den Rückgang von freier Konkurrenz und Marktwirtschaft, die Universalität des Planens, den Übergang zur »verwalteten Welt«, kurz die Krise des Liberalismus auch dort, wo seine politischen Formen festgehalten werden, nicht näher ausführen. Sie alle haben von diesen die Tiefe des gesellschaftlichen Gefüges betreffenden Veränderungen etwas verspürt, gleichgültig, in welchen theoretischen Begriffen Sie sie zu deuten geneigt sind. Zuletzt noch hat ein so erfahrener akademischer Pädagoge wie Theodor Litt darauf aufmerksam gemacht, wie diese Veränderungen spezifisch den akademischen Unterricht affizieren: »Was heute in den Hochschulinstituten, und zwar nicht weniger in den geisteswissenschaftlichen als in den naturwissenschaftlichen, getrieben wird«, sagt er, »das ist nichts weiter als eine Abart der allbeherrschenden Technik. Mit dieser Charakteristik ist, wie offenkundig, die Versachlichung und Verfachlichung der wissenschaftlichen Arbeit gemeint, die überall da eintritt, wo die einzelne Wissenschaft oder gar eine Teildisziplin innerhalb einer einzelnen Wissenschaft sich so verselbständigt, daß sie sich in vollkommener Selbstgenügsamkeit und ohne jede Rücksicht auf das, was anderwärts im Reich der Wissenschaft vor sich geht, zu einem aus sich gesteuerten und in sich ablaufenden Arbeitsgetriebe glaubt organisieren zu sollen. Wo solches geschieht, da ist in der Tat die Annäherung an die Produktionsform der Fabrik bedenklich weit gediehen.«[1] Es handelt sich aber – so müssen wir hinzufügen – nicht um einen Sündenfall des Geistes, sondern um den unaus-

[1] Der Bildungsauftrag der Deutschen Hochschule, Schriften des Hochschulverbandes, Göttingen 1952, S. 26.

weichlichen Zwang, der gesamtgesellschaftlichen Tendenz Rechnung zu tragen, wenn die Universität sich nicht in einem Vakuum halten, ihre realste Aufgabe, die Vorbereitung der Studenten auf den Beruf, vernachlässigen und zur ohnmächtigen Ideologie verkommen will.

Unsere Situation ist paradox. Auf der einen Seite müssen wir in den Anspruch der Universität, akademisch zu sein, die Zeitgemäßheit des Wissens mit aufnehmen, auf der anderen bedeutet die Zeitgemäßheit des Wissens ein kaum überwindbares Hemmnis der Erziehung zur Humanität. Mag auch die Heranbildung zum bloßen Funktionär, zum partikularen und verkrüppelten Menschen, wie ihn die verwaltete Welt vorschreibt, die stärksten Bataillone des Weltlaufs hinter sich haben, mag das Bildungsideal, wie es Wilhelm von Humboldt formuliert hat, sowohl im Hinblick auf die wirtschaftliche wie auf die wissenschaftliche Entwicklung nicht mehr klassisch, sondern romantisch sein; der Angestellte kann nicht als Erziehungsziel proklamiert werden, wenn wir nicht den Hegelschen Satz von der Vernünftigkeit des Wirklichen in Hohn verkehren und der Fatalität dessen, was nun einmal ist, blind uns beugen wollen. Und bei all dem können wir aus der abstrakten Vorstellung einer besseren, aber nicht existenten Gesellschaft kein Erziehungsziel herleiten, sondern nur aus den konkreten Bedingungen der Gegenwart. Gerade der jüngst verstorbene große amerikanische Pädagoge John Dewey hat mit Recht darauf insistiert, daß die im echten Sinne fortschrittliche Erziehung nicht von außen her die Menschen erfassen, sondern an das jeweilige Sosein der Schüler anknüpfen sollte. Die Krise der Universitäten ist kein Gärungszustand – von Gärung ist nur allzuwenig zu merken –, sondern eine Aporie. Die Wege sind versperrt, und nur Festredner können glauben, mit »Jedennoch« wäre etwas geholfen. Wir sind genötigt, den akademischen Unterricht selbst in stets höherem Maße zu »verwalten« und damit die Verwaltung der Menschen zu verstärken. Wie ein Spinnennetz überzieht das administrative Wesen oder Unwesen den Unterricht und läßt dem Element der geistigen Freiheit, der souveränen Bewegung des Gedankens, dem die deutschen Universitäten vor hundertfünfzig Jahren ihren großen geschichtlichen Augenblick verdankten, keinen Raum mehr, sondern einzig Schlupfwinkel, macht ihn zum Luxus für solche, die ausgeruhte Köpfe haben, ein geistiges und sonstiges Erbe, und wenig Sorgen. Der Entwicklung der Wissenschaft selber ist es ja immanent, daß sie, je weiter sie fortschreitet und sich differenziert, immer mehr weiße Felder auf der Landkarte des kosmos noetikos besetzt; es ist schon kaum mehr ein Bereich übrig, in dem sich der Gedanke, wie noch vor hundertfünfzig Jahren, frei, deutend, begreifend regen kann, ohne daß er sogleich von irgendeinem Fachmann unter Verweis auf einen unübersichtlichen Vorrat angesammelter

Fakten als unbewiesen, vorlaut, dilettantisch zurückgewiesen würde. Die intellektuelle Fortbewegung der Wissenschaft, vor allem aber ihre Durchorganisation zielt darauf ab, den Intellekt, das spekulative Element des Denkens, ohne das nichts sich bilden kann, zu liquidieren, und Naturschutzparks für das spekulative Element können nicht errichtet werden.

Lassen Sie mich an einem konkreten Beispiel, dem jeder unter Ihnen andere hinzufügen könnte, erläutern, wie der Geist der Administration gegenüber der akademischen Freiheit sich durchsetzt. Niemand wird bezweifeln, daß im gegenwärtigen Deutschland die sozialwissenschaftliche Ausbildung von Studenten zu den wichtigsten Aufgaben gehört. Um der anwachsenden Bedeutung wissenschaftlicher Planung in allen Sektoren des Lebens der Gesellschaft willen erhebt sich allerorten die Nachfrage nach sozialwissenschaftlich Geschulten. In der Tat darf heute kein Mensch mehr sich eingreifende Erkenntnis zutrauen, der nicht über zahllose Aspekte des Gesellschaftlichen genau und zuverlässig unterrichtet wäre. Dem sozialwissenschaftlich Geschulten wird in Deutschland binnen kurzem die gleiche Rolle zufallen wie in Amerika. Nun ist im traditionellen Aufbau der heutigen deutschen Universität für das sozialwissenschaftliche Studium nicht genügend Vorsorge getroffen. Es fehlt an Lehrstühlen, an einer Studienordnung und an Examina, die von den Instanzen, die der sozialwissenschaftlich Geschulten bedürfen, anerkannt würden. Das übliche Studium der Nationalökonomie wird nicht dem Aufgabenkreis neuer Sachgebiete wie Sozialpsychologie, Betriebssoziologie, Markt- und Meinungsforschung, Verwaltungskunde gerecht. Man muß also einen Studienplan und eine Prüfungsordnung für die Sozialwissenschaften ausarbeiten, etwa als Äquivalent dessen, was in der Ökonomie mit dem Grad des Diplomvolkswirts seinen Abschluß findet und zur Promotion die Voraussetzung bildet.

Damit nun ein Student einen solchen Lehrgang bewältigen kann, ist es notwendig, bis ins einzelne zu regulieren, welche Kenntnisse er sich anzueignen hat. Und noch das Minimum dieser Kenntnisse, verteilt auf sechs Semester, ist von solcher Art, daß es die letzte Minute des Studierenden in Anspruch nimmt. Nicht nur was, sondern auch wie und wann er zu lernen hat, ist daher zu fixieren. Demgegenüber auf die akademische Freiheit zu verweisen, käme auf ein Unrecht an dem Studenten selber heraus; nähert man den Lehrbetrieb nicht dem der Schule an, macht man also jene regressive Wendung nicht mit, von der das Studium insgesamt sich bedroht findet, so setzt man den Studenten dem Versagen im Examen mit all den Folgen aus, die das heute für sein ganzes Leben hat. Die Fächer selbst aber, mit denen er sich plagen muß, sind, eben weil er technische Funktionen in der verwalteten Welt zu erfüllen haben wird, in großem Maße technischer Art, vom Studium statistischer Stichprobenmethoden über Ausbildung in Techniken des Interviews, psychologische Orientierung über Menschenbehandlung im Betrieb, bis zu solchen Fächern wie Sozialfürsorgewesen und Hygiene. Es ergibt sich also, daß gerade das Studium der Gesellschaft, dessen eigener Sinn doch die Erkenntnis eben jenes Ganzen wäre, in das wir eingespannt sind, unter dem Zwang des gleichen Ganzen dessen Erkenntnis verwehrt. Denn es wäre illusorisch, zu erwarten, daß dergleichen Detailkenntnisse sich harmonisch zur Totalität des gesellschaftlichen Prozesses zusammenschlössen. Wer mit ihnen so nachdrücklich sich beschäftigt, wie es nun einmal sein muß, wird vielfach gerade von jenem Denken des Ganzen abgehalten, auf das allein es ankäme. Und wer könnte vollends glauben, daß man, wenn man nur all diese Informationen und Verfahrungsweisen sich angeeignet hat, sich dann zur Freiheit des Begriffs erhöhe! Unter den anthropologischen Tendenzen des Zeitalters ist nicht die letzte die Verwandlung von Mitteln in Zwecke. Menschen, die durch ein derart geregeltes Studium hindurchgegangen sind, ganz auf Mittel ausgerichtet werden, müssen fast stets positivistisch-pragmatische Gesinnung, wenn nicht geradezu Feindschaft gegen das Denken entwickeln und sich mit dem, was ihnen durch die Verdinglichung des Geistes angetan wird, auch noch identifizieren.

Die Entwicklung, auf die ich hier verwiesen habe, wird meist unter dem schiefen Aspekt der »Vermassung« diskutiert, als ob es sich primär um Veränderungen in den Menschen handelte und nicht um Tendenzen, die von den Bedingungen, unter denen sie existierten, hervorgebracht würden. Was man so Vermassung nennt, ist ein bloßes Epiphänomen, geprägt von über das Ganze des gesellschaftlichen Lebensprozesses sich ausbreitenden dinghaften Mechanismen, unter dem lobenden Beifall der Massen. Der so viel gescholtene Massenmensch ist nichts anderes als das Produkt einer Ordnung des Lebens, welche die Subjekte ihrer eigenen Subjektivität enteignet, wofern sie am Leben sich erhalten wollen. Daher ist denn auch der bloße Appell an die unversieglichen Kräfte der Persönlichkeit, der Aufruf zur Bildung, kurz alles, was im akademischen Unterricht die Menschen verändern möchte, ohne die Realität anzutasten, die sie zu dem macht, was sie sind, eitel. Wer mit den Studenten lebt, weiß, daß es nicht an ihnen liegt; daß sie potentiell unvergleichlich viel besser sind, als was die Welt aus ihnen macht.

Ich vermag darum auch in der Idee, von welcher so viele unter uns heute das Heil erwarten, der des Studium Generale, nichts positiv Entscheidendes zu erblicken. Die Bildung, als Bewußtsein des wissenschaftlichen Geistes von sich selber, als Ausdruck von dessen Durchsichtigkeit, ist nichts, was zu dem Fachstudium im Verhältnis des Allgemeinen zum Besonderen stünde. Sie ist keine Dachorganisation der Kenntnisse. Wird sie als solche konzipiert, so verwandelt man sie eben dadurch in eine weitere Branche, die zu den einzelnen Wissenschaften mit koordinierender Funktion hinzutritt. Bildung war in der geistigen Tätigkeit selber substantiell gegenwärtig als deren unausdrückliche Beziehung auf das Ganze. Man kann sie nicht durch Ergänzungsmaßnahmen von außen beschwören, wenn die Kraft des Ganzen nicht mehr in der Einzelerkenntnis lebt. Die Studenten, die das Studium Generale als nichts anderes denn als lästige Hypothek auf ihre Zeit betrachten und es etwa so absolvieren, wie man an den höheren Schulen an sogenannten Fakultativfächern teilnimmt, sind nicht als engstirnig zu tadeln. Ihre Skepsis gegen geistige Vitaminspritzen tut der Idee der Bildung mehr Ehre an als diejenigen, welche durch ein Stück weiterer Organisation die Wirkung des allgegenwärtigen Organisierens rückgängig machen möchten. Die Zeiten, in denen in deutschen Universitäten wahrhaft der Geist der Nation sich konzentrierte – sie währten kurz genug, kaum länger als fünfzig Jahre, vielleicht von 1780 bis 1830 – waren dadurch charakterisiert, daß die einzelwissenschaftliche Tätigkeit bis tief in die Naturwissenschaften hinein durchdrungen war von der Bewegung der idealistischen Philosophie. Was immer jene Geister der klassizistischen und frühromantischen Periode, die uns den Begriff der akademischen Bildung eigentlich zu tragen scheinen, die Ritter und Novalis, Niebuhr und Savigny, Schlegel und Wackenroder, einzelwissenschaftlich begannen, gehorchte der Neigung, das Sachliche, dem Subjekt zunächst fremd Gegenüberstehende als seinesgleichen, als selber Geist zu begreifen. Dies Klima allein, das Apriori der Identität von Sache und Geist, von dem alle ihre Bemühungen bewußt oder unbewußt getragen waren, konstituiert den Begriff der Bildung in Deutschland, wie er bis etwa zur Schwelle der fünfziger Jahre geherrscht hat, und dessen Abendröte in Schriftstellern wie Bachofen, Hermann Grimm, Nietzsche und Burckhardt leuchtet. Fast möchte ich so weit gehen zu sagen, daß, nachdem dieses Apriori der Identität vergangen ist – und es ist unwiederbringlich, die Geschichte hat das Moment seiner Unwahrheit hervorgekehrt – damit auch dem Begriff der Bildung im deutschen Sinn der Lebensnerv durchschnitten wurde, und daß alle Versuche, ihn wieder zu erwecken, an eben der Oberflächlichkeit kranken, die sie den anderen vorwerfen. Gegen die Drohung der institutionell vermittelten Barbarei hilft nicht die Rekonstruktion der Bildung und am allerletzten das fruchtlose Bemühen um sogenannte Synthesen. An der Zeit wäre eine Erziehung, die ebenso über den Begriff der Bildung positiv hinausgeht wie über die abstrakte Entwicklung technischer Fähigkeiten, die Ansammlung vergegenständlichter Informationen, die heute die Kultur schon weitgehend ersetzt.

Ich finde mich nun in der beschämenden Lage, in die man heutzutage immer gerät, wenn man das gepriesene Positive formulieren soll. Vielleicht liegt die Schuld nicht nur bei der Ohnmacht dessen, dem die Realität die Einsicht ins Negative aufzwingt, ohne ihm das Positive, wie es vielleicht in anderen historischen Krisensituationen der Fall war, kräftig vor Augen zu führen. Überdies steckt in der Frage nach dem Positiven selbst das Begehren nach Rezepten, Maßnahmen, Parolen, das eben jener Sphäre der Dekultivierung zugehört, gegen die solche Maßnahmen gemünzt sind. Kulturprogramme im allgemeinen, und solche pädagogischer Art zumal, kranken daran, daß Kultur vom Betrieb sich genau dadurch unterscheidet, daß sie bei keinem Institutionellen und Positiven sich bescheidet. Indem das verantwortliche Bewußtsein das Positive, Gegebene geistig durchdringt, löst es jenes immer zugleich auch auf. Am Ende könnte man sagen, daß das Negative des Zustandes, unter dem wir leiden und zu dessen Erkenntnis in unserem engeren Bereich ich einiges beizutragen suchte, in einem Übermaß an Positivität besteht. Besser wäre es, wenn die Menschen dem Element des Negativen und der Kritik sich geduldiger anvertrauten, ohne jedem Gedanken sogleich den Sichtvermerk abzuverlangen, wie er ins Institutionelle umzusetzen sei. Daraus darf ich vielleicht ableiten, was mir die dringlichste Anforderung an den akademischen Unterricht dünkt: den Geist der Kritik in jedem einzelnen Sachgebiet und kraft dessen eigener Disziplin zu wecken; die Studierenden dazu zu bewegen, nichts hinzunehmen einfach deshalb, weil es nun einmal so ist, sondern das Bestimmte, das sie lernen müssen, zu prüfen an seiner eigenen Möglichkeit; die Zusammenhänge, mit denen sie sich beschäftigen, auf ihre eigene Stimmigkeit oder Unstimmigkeit abzuklopfen. Kein Problem wohl wäre überhaupt mit einigem Recht wissenschaftlich zu nennen, das nicht dergleichen Fragen veranlaßte. Gerade hier könnte, so überraschend es klingt, die Geistes- und Gesellschaftswissenschaft am meisten von den Naturwissenschaften lernen. So weit mir bekannt ist, nötigen in diesen permanent wichtige Einzelergebnisse wie zuletzt noch das von den springenden Energiequanten die Gelehrten, Rechenschaft abzulegen, ob solche Ergebnisse dem vorfindlichen Stand der Kenntnis, dem Gesamtsystem, sich einfügen, oder ob sie eine Veränderung der ganzen kategorialen Apparatur und damit der Konzeption von der Wirklichkeit notwendig machen. Mit jedem Schritt muß die Erkenntnis darauf stoßen, daß alle Veränderungen des Einzelnen fruchtlos und gehemmt bleibt, wofern sie nicht ins Ganze eingreift. Die rücksichtslose Versenkung ins Einzelne, die wir als Spezialisten fordern müssen, enthält in sich notwendig auch das Wissen vom Schlechten der Vereinzelung, und davon, daß es bis in seine innerste Zusammensetzung hinein durchs Ganze sich bestimmt. Es ist unsere Pflicht als Lehrer, unermüdlich so lange auf der Erkenntnis zu insistieren, bis sie die Blindheit des je Einzelnen sprengt und den Gedanken auf die Veränderung des ganzen Zustandes lenkt. Für dieses Verhalten weiß ich keinen anderen Namen als den der Philosophie. Sie ist von allen Archaismen unseres akademischen Unterrichts der älteste, älter als Wissenschaft und Theologie. Sie allein schließt die Möglichkeit des Widerstandes gegen das Bestehende und Verhängte ein, ohne daß man als Lobredner der Vergangenheit ohnmächtig dahinter zurückbliebe. Sie kann der im organisierten Dasein versprengten Existenz die Kraft der Erinnerung bewahren, ohne die bei rapide fortschreitender Vermenschlichung der Gesellschaft, heute wo alles um des Menschen willen geschieht, der Mensch als geistiges Wesen abhanden kommt, selbst wenn er als physisches überlebt.

Um aber den Schritt von der allherrschenden, ihrer selbst nicht mächtigen bewußtlosen Aufklärung, die eben deshalb stets in eine zweite Mythologie zurückzuschlagen tendiert, zu ihrer philosophischen Gestalt zu tun, dazu bedarf es vielleicht gerade jener anachronistischen Momente unseres Unterrichts, von denen ich Ihnen zu Anfang sagte, daß in ihnen heute das Ferment des Humanen aufbewahrt sei. Verhältnisse wie das, wenn Sie wollen, unaufgehellte Vertrauen des Studenten zu seinem Lehrer, die Erwartung, von ihm jene Lehre, jenes geheime Wort zu erfahren, vor dem das ganze verkehrte Wesen fortfliegt, sind der Nährboden dessen, was sich vom Betrieb nicht überwältigen läßt. Die innere Ungleichzeitigkeit der Momente, die in Gebilden wie der Universität sich zusammenfügen, ist nicht bloß das Schlechte und Reformbedürftige. Sie bietet auch das Refugium eines besseren Kommenden. Es ist an uns, das, was an Formen der Lehre noch gegenwärtig ist, daran zu wenden, daß das Bewußtsein derer, für die wir die Verantwortung tragen, weiterreiche als ein Zustand, der uns allesamt in Funktionäre verwandeln möchte. In der Unbeirrbarkeit, mit der wir sie zum Sachlichen führen, muß sich aussprechen, daß die Sache und die Wahrheit nicht bloß Mittel zum Zweck sind, sondern etwas objektiv Verpflichtendes, das ihnen, wie immer auch verschwiegen, die Idee eines richtigen Lebens vor Augen stellt. Was wir unseren Studenten übermitteln können, damit sie nicht die Vernunft verraten, das ist keineswegs bloß rational. Wir können ihnen nicht beweisen, warum sie sich nicht zu Angestellten machen lassen sollen, während alles zu ihrer Eingliederung verschworen scheint. Aber wir können ihnen das Bild einer Existenz von Menschen geben, die von dem anderen, das abstrakt sich nicht benennen läßt, nicht ablassen, das Bild von Menschen, die nicht immer gewitzigter werden, um am Ende bloß zu verdummen. Kenntnisse allein genügen dazu nicht, und auch nicht soziologische Diskussionen und Arbeitskreise. Aber wir können durch die lebendige und unausdrückliche Differenz ausdrücken, daß die satanische Notwendigkeit, in die wir eingespannt sind, als Notwendigkeit doch auch ein Schein ist, ein von Menschen Gemachtes, das von Menschen hinweggenommen werden kann, so lange diese nicht selber sich als Anhängsel der Maschinerie bestimmen, die sie ins Schlepptau nimmt.

Es ist bemerkt worden, daß mit dem Übergang zur verwalteten Welt die Sprichwörter außer Kraft gesetzt worden sind, und das trifft gewiß zu. Aber in den Sprichwörtern hat von je auch das ungebrochene Bewußtsein derer sich niedergeschlagen, welche die Zeche der Weltgeschichte zu bezahlen hatten, ohne zu akzeptieren, sie sei das Weltgericht. Diesen sollten wir die Treue halten. Bangemachen gilt nicht.

Verantwortung und Studium

Wer vor fünfzig Jahren, im kaiserlichen Deutschland, vor einem akademischen Publikum, vor Studenten, über Verantwortung gesprochen hätte, wäre kaum in Verlegenheit geraten. Im stillen davon ausgehend, daß der Stand, zu dem die akademische Laufbahn den Zugang eröffnet, eine verhältnismäßig gesicherte und unabhängige Existenz versprach, eine Position, die nicht nur Prestige, sondern auch eine gewisse Macht über andere Menschen mit sich brachte, hätte er an Tugenden appelliert, die seit der Aufklärung allen Menschen, insbesondere jedoch den Privilegierten, zur Pflicht gemacht wurden: Selbstzucht, Vaterlandsliebe und Ehrgefühl. Wie der preußische König, der keinem Römischen Kaiser Deutscher Nation folgte (und vor dem andererseits auch kein Reichstag die Unteren schützen konnte), von sich verkündete, daß er der erste Diener des Staates sei und den Verdacht despotischer Willkür von sich und anderen durch das Bekenntnis zum frei anerkannten Gesetz abwies, so haben die Inhaber sicherer politischer und sozialer Positionen seit jener Zeit sich selbst zu einer Rechenschaft bekannt, die kein übergeordneter Machthaber von ihnen fordern konnte. Erziehung hieß Entfaltung jener inneren Instanz, die statt des äußeren Gebots, statt geheiligten Brauchtums, statt der Autorität von Aristoteles und Dogma nun selbst bestimmen sollte, was Recht und Unrecht sei. Einzig die Zuverlässigkeit und Kraft der moralischen Selbstdisziplin des bevorrechteten Subjekts konnte die Fortdauer ständischen Vorrechts begründen, das, wenn wir von Adel und Heer absehen, vor allem in der Ausübung akademischer Berufe lag. Je mehr aber die Verhältnisse dem Rest der ständischen Ordnung den Boden entzogen, je offenkundiger die Gliederung der Gesellschaft nicht herrschaftlicher Weisung oder gar dem Vorbild einer geheiligten Ordnung, sondern dem komplizierten Kräftespiel der modernen Wirtschaft entsprang, desto ungewisser erschien auch die Rolle der Bildung in der Lenkung des Ganzen, und desto weniger überzeugend klang der Appell an die gesteigerte Moralität ihrer Träger. Weder nimmt der Akademiker heute eine hervorragende Stellung im gesellschaftlichen Ganzen ein, noch ist dieses auch nur sinnvoll genug gegliedert, als daß man etwa in es »hineinwachsen« könnte. All dies hätte aber idealistisch jener Festredner vor fünfzig Jahren vorausgesetzt.

Er hätte ein weiteres Moment für gewiß und feststehend genommen, das zum Begriff der Verantwortung gehört: die menschliche Freiheit. Wer von Verantwortung spricht, denkt Freiheit mit, und wer es ernst meint, muß fragen, wie es heute um sie steht. Selbst Kant – von den Alten ganz zu schweigen – hat ja die Freiheit nicht der bloßen Innerlichkeit reserviert, sondern sie an einen Spielraum für die Willkür geknüpft. Die Skepsis, die ich bei vielen Studenten spüre, wenn das Wort Verantwortung erklingt, rührt daher, daß sie vor den Anforderungen des Fachstudiums und überhaupt der Laufbahn den Spielraum nicht mehr sehen. Der Student von heute hat wenig mehr gemein mit dem Angehörigen der Universitäten in jener produktiven Zeit zwischen 1780 und 1830, als in Deutschland die akademische Bildung der Realisierung am nächsten kam. Der Unterschied zwischen heute und damals betrifft aber nicht die materiellen Bedingungen allein, also das Schwinden des alten Mittelstandes und den größeren Zeitdruck, das ungünstige, echtes akademisches Studium geradezu vereitelnde Zahlenverhältnis von Professoren und Studenten, kurz, die Weise der äußeren Existenz, sondern auch den Inhalt des Studiums selbst. Das aufs Ganze sich richtende Interesse, das Denkerische, spielte zu jener Zeit eine viel bedeutendere Rolle. Man erfuhr die einzelnen Wissenschaften in gewissem Sinn noch als Momente der Philosophie, und dieser ging es, mit oder gegen die Theologie, um dasselbe wie ihr: um das Absolute und die menschliche Bestimmung. Das machte die Würde und die europäische Bedeutung der deutschen kleinstaatlichen Universitäten aus.

Heute liegt der Akzent auf dem Instrumentalen, auf allem, was, wie es heißt, zum Rüstzeug gehört. Rüstzeug sucht der Einzelne im Studium, zum gesellschaftlichen Rüstzeug gehört die ganze Wissenschaft, zum Rüstzeug droht der ganze Mensch zu werden. Man will ihn zuverlässig, leistungsfähig. Auch in diese Entwicklung spielt noch die Aufklärung hinein. Die Forderung, die Studenten zur Treue den Tatsachen gegenüber, zur unbeirrbaren Sachlichkeit, zur wissenschaftlichen Objektivität, zur Abstinenz von Werturteilen und vagen Spekulationen zu erziehen – und darin liegt heute das Pathos der akademischen Ausbildung –, hat auch einen humanen Sinn. Verschwinden sollen die Hirngespinste, das Pseudowissen, der Aberglaube. Der gegenwärtige Begriff der Wissenschaft trägt das Moment der Kritik, das einmal zur militanten Philosophie gehörte, noch an sich. Er ist dem Wesen nach demokratisch, weil er Erkenntnis grundsätzlich der Kontrolle jedes vernünftigen Wesens unterstellt. Wenn aber die abstrakte Sachlichkeit in sture Konzentration aufs je Gegebene sich verwandelt, wenn die Abstinenz von Werturteilen dazu führt, daß man sich nicht mehr denkend um die Ordnung der Ziele bemüht, wenn die Herzen der Studenten nicht bloß von vager Spekulation, sondern zugleich von Phantasie abgeschreckt werden, dann schlägt auch die Treue gegenüber den Tatsachen in Beschränktheit durch die Tatsachen um, und Beschränktheit ist das Gegenteil der Freiheit.

Die Triumphe der Naturwissenschaft und Technik seit hundert Jahren haben den bedrückenden Zustand verdeckt, daß die universitas dieser unheilvollen Dialektik nicht genügend zu widerstehen vermochte. Während die neue Naturwissenschaft nach Form und Inhalt in heftigem Gegensatz zu den Denkgewohnheiten ihrer Zeit entstand, ordnete, zumindest seit den Gründerjahren, die Hochschule sich dem Bestehenden mit begeisterter Fügsamkeit ein. Nicht bloß durch die vorgeschriebene Staatsgesinnung geschah diese Anpassung, sondern durch die zunehmende Reduktion des Intellekts aufs Instrumentale und damit des Menschen auf eine bloße Funktion. Je mehr die Wissenschaft auf ihre Autonomie pochte, als desto anpassungsfähiger an die bestehende Wirklichkeit erwies sie sich. Das neunzehnte Jahrhundert hat den Widerspruch des Denkens zur Realität, der im dreizehnten wie im achtzehnten Jahrhundert in Hochscholastik und Aufklärung, von der Renaissance ganz zu schweigen, fürs theoretische Denken kennzeichnend ist, schließlich zum Stillstand gebracht. Unbewußt und daher desto sicherer machten sich die Aspekte der Disziplinen, durch die sie zum Dienst an der puren Praxis sich eignen, zu den bestimmenden Zügen des an den Universitäten gepflegten Denkens überhaupt. Das gilt gerade für die Gebiete, die der Praxis entfernter stehen: Physik zum Beispiel beweist eine stärkere Resistenz gegen den Konformismus als die neueste Soziologie; kein Wunder, denn diese muß ja fortwährend ihre Nützlichkeit erst beweisen und erbringt ihr Alibi, indem sie eifrig und nicht ganz glücklich die physikalischen Methoden imitiert. Ähnlich steht es mit manchen Zweigen der Psychologie.

Zwischen dem Kultus der Tatsachen in der Wissenschaft, gerade in ihren geistigen Zweigen, und der Widerstandslosigkeit, mit der sich die Völker beherrschen lassen, voran die sogenannten Gebildeten, besteht ein innerer Zusammenhang. Denken hat es nicht etwa mit sinnlosen

Daten zu tun, die es äußerlich aneinanderfügt, sondern Tatsachen sind immer schon Momente begrifflicher Einheiten, an denen die geistige Natur des Subjekts beteiligt ist. Zu genuiner Erfahrung gehört eine bestimmte, freilich je schon an Erkenntnis geschulte Art der Aufmerksamkeit, eine gewisse Unabhängigkeit von Clichés, ein eigener Wille. Ob wir die Welt und zunächst unsere Umwelt richtiger gestalten können, hängt nicht bloß davon ab, was, sondern auch wie wir sehen; in jeder genuinen Theorie steckt, wie in der theologischen, ein affektives Moment und wahrlich in jedem affektiven ein intellektuelles. Das haben die großen Philosophen von Sokrates und Platon bis Leibniz und Hegel gewußt. Die fixe Unterordnung des Denkens unter das, was je als das Sichere, als Tatsache sich gibt, ist im Grunde Unterordnung unter die je herrschenden Denkgewohnheiten und die Erziehung dazu Einübung einer Art geistigen Gehorsams. Man entwöhnt sich der Fähigkeit, die Dinge neu anzuschauen, und akzeptiert die Vorentscheidung der je anderen. Der Widerstand gegen den unheilvollen Zug der Zeit erfordert die Ausbildung anderer intellektueller Kräfte als die, die am bloßen Unterscheiden, Feststellen, Klassifizieren und Kalkulieren sich entfalten. Nicht weil man die Tatsachen im Denken ignorieren oder gar verfälschen dürfte, sondern weil die Jugend in ihrem Studium sich daran gewöhnen muß, wie man das Gegebene auf eigene menschlich lebenswerte Ziele hin strukturiert und umstrukturiert, wie man es unter individuellen Aspekten ansieht und zum Sprechen bringt. Es gibt überhaupt keine Tatsachen an sich, sondern das, was wir Tatsachen nennen, ist immer schon durch die Apperzeption mitbestimmt, und zwar nicht die reine transzendentale, sondern die konkrete des geschichtlichen Subjekts. In jeder menschlichen Wahrnehmung steckt die ganze Vergangenheit der Gesellschaft. Wenn es nicht mehr genug geistige Menschen gibt, die die zugleich schwierige und lustvolle Anstregnung aufbringen, die Welt mit eigenen Augen neu und fruchtbar anzusehen, wenn die Universität den Rückgang der übrigen bildenden Institutionen, vor allem der Familie, nicht etwa kompensiert, sondern fördert, dann verödet die Menschheit bei allen sogenannten Wirtschaftswundern, und diese drohen, anstatt zum Guten auszuschlagen, das Verhängnis zu beschleunigen.

An keiner Bestrebung hat die bis ins Herz der Universität eindringende Unfreiheit, von der hier die Rede ist, einen tragischeren Ausdruck gefunden als am Werk Edmund Husserls, dem Begründer der modernen Phänomenologie und Ontologie. Er ist ausgezogen, den Positivismus zu bekämpfen, der das Faktum zum Maßstab des Gedankens macht, und fand mit seinem fast beispiellosen Scharfsinn als Ausweg eine Methode, die sich noch ängstlicher ans Vorfindliche hält als eine physikalische Theorie, auch wenn er anstatt mit den Tatsachen sich mit dem raffinierten Abzug subtil erfaßter, innerer und äußerer Daten zu schaffen macht. Seine Mathematik der Wesenheiten gewinnt, wie Adorno gezeigt hat, ihren Sinn nicht weniger als die eigentliche im Hinblick auf mögliches Vorfindliches, wie sehr auch, ja gerade weil auf dem unabhängigen idealen Sein der Wesenheiten so sehr der Nachdruck liegt.[1] Husserls bewundernswerter und vergeblicher Versuch des Ausbruchs aus dem Positivismus nicht weniger als Max Webers tyrannisches Gebot, als Denkender beim Positivismus zu verharren, entspringen der Verabsolutierung des geschichtlich bedingten Wissensbegriffs.

Unter den Mißverständnissen, zu denen unsere kritische Stellung dem Positivismus gegenüber Anlaß geben könnte, wiegt keines schwerer als die Ansicht, es gelte, nun der Ausbreitung rationalen, aufhellenden Denkens Einhalt zu gebieten, sei es durch eine antiprogressive Philosophie oder gar durch die Bekämpfung sozialer Reformen, die mit dem Fortschreiten der Wissenschaft und Industrie zusammenhängen. Die Denunziation des Intellekts, die in solcher neuromantischen Attitüde zu finden ist, und etwa seit der Jahrhundertwende für die kulturelle Situation kennzeichnend war, hat, wie ich glaube, an der wenig befriedigenden Rolle der Elite im Zeitalter der Weltkriege ihren Anteil. Die Abwendung der Geistigen von der Wissenschaft ist bloß die andere Seite des Positivismus. Es paßt durchaus zum gängigen, in die blinde Praxis verstrickten Wissenschaftsbetrieb, der die Arbeitsteilung über sich ergehen läßt, ohne sie durch kritisches Bewußtsein wiederaufzuheben, wenn neben der Wissenschaft eine von ihr losgelöste Philosophie, als sei sie etwas völlig Anderes und viel Vornehmeres, ihr apartes Haus aufmacht. Man kann nicht unter Abstraktion von allem fortgeschrittenen Wissen um Natur und Gesellschaft zum Geist vordringen. Nicht die Rationalität, nicht die von allen Kräften der menschlichen Seele gespeiste Vernunft ist ja schuld am Substanzschwund der Wissenschaft – Vernunft und Wissenschaft wurden von allen wahrhaften Denkern, nicht weniger als von Faust gegen den Teufel verteidigt –, sondern gerade der Abfall von ihnen. Anstatt die Wissenschaft auf die Teilfunktionen, aufs Handwerkliche und Expertenhafte festzulegen, das sie unter den gegenwärtigen Umständen angenommen hat, soll ihr Begriff die Erkenntnis der Dinge mit einschließen, die uns als Menschen und nicht bloß als Mitglieder der Industriegesellschaft angehen. Aus den Spezialproblemen, an die sie in der heutigen Situation fast ausschließlich gebunden scheint, soll Wissenschaft reicher und erfahrener stets wieder zum Ganzen zurückführen. Viel spricht dafür, daß durch moderne wissenschaftliche Arbeit der Blick auch für entscheidende gesellschaftliche Fragen geschärft

[1] Th. W. Adorno, Zur Metakritik der Erkenntnistheorie, Stuttgart 1956.

werden kann, nicht zuletzt der Umstand, daß, wie mir scheint, in den letzten Jahrzehnten Naturwissenschaftler in stärkerem Maß als jene wissenschaftsfeindlichen Philosophen die Gefahr erkannt haben, in der die Menschheit schwebt, und für das Recht der Menschen eingetreten sind. Nicht die Wissenschaft eindämmen, sondern sie vorwärtstreiben und zu sich selbst bringen, ist die Konsequenz aus der Kritik am Positivismus. Nicht weniger bedenklich als die Ausflucht des Antiszientivismus scheint mir die einspurige Attacke auf die technische Zivilisation. Ihr pflegt man Kultur als sinn- und formvolles menschliches Zusammenleben entgegenzustellen.

Seit Jean-Jacques Rousseau nicht bloß gegen das Unrecht, sondern gegen die angebliche Verkünstelung des Lebens im französischen Absolutismus, gegen das sinnlose, veräußerlichte Dasein, die Natur als kritische Instanz errichtet, ist das Bewußtsein von jenem Gegensatz allgemein geworden. Es wird Sie überraschen, daß wir der Zivilisationsmüdigkeit auch bei Kant, der sich ja Rousseau aufs tiefste und entscheidendste verpflichtet wußte, begegnen. So schreibt er: »Wir sind in hohem Grade durch Kunst und Wissenschaft kultiviert, wir sind zivilisiert bis zum Überlästigen, zu allerlei gesellschaftlicher Artigkeit und Anständigkeit«, und an anderer Stelle: »Die Idee der Moralität gehört zur Kultur. Der Gebrauch dieser Idee aber, welcher nur auf das Sittenähnliche in der Ehrliebe und die äußere Anständigkeit hinausläuft, macht bloß die Zivilisation aus.« Das klingt rousseauistisch, aber auch harmlos-klassifikatorisch genug. Jedoch glaube ich, daß die scheinbar nüchternen und pedantischen Formulierungen Kants mehr gesellschaftlich Wahres enthalten als die modernen Invektiven gegen die Zivilisation, deren berühmteste vielleicht das Porta-Nigra-Gedicht aus Georges »Siebentem Ring« enthält, wo ein im modernen Trier auferstandener Buhlknabe als Richter über die Neue Zeit auftritt. Kant setzt die Begriffe der Kultur und Zivilisation weder ins Verhältnis der bloßen zeitlichen Aufeinanderfolge noch in das eines einfachen Gegensatzes, sondern charakterisiert beide als zueinander gehörige, wenn auch einander widersprechende Elemente der fortschreitenden Vergesellschaftung. Er weiß, daß man das eine nicht ohne das andere haben kann; daß die innere Entfaltung des Menschen und seine Gestaltung der äußeren Welt wechselseitig voneinander abhängen, und daß es illusionär ist, ein Innenreich aufzurichten, das nicht zugleich in der Gestaltung des Wirklichen sich bewährt. Auch jene Gebilde der Vergangenheit, die wir Kultur nennen, längst auch jenes neunzehnte Jahrhundert, das einmal selbst als »Zivilisation« diffamiert war – alle »Kultur«epochen sind dazu nicht als bloßer Ausdruck des reinen Menschenwesens geworden, sondern durch den realen Lebensprozeß der Gesellschaft hindurch; auch die christliche, römische, griechische Kultur haben ihre höchst zivilisatorische Seite gehabt. Erst ein Bewußtsein, das daran verzweifelt, die menschliche Welt aus Freiheit und Bewußtsein zu gestalten, und sie darum wie Spengler nach Analogie mit pflanzenhaftem Werden und Vergehen beschreibt, kommt dazu, Kultur als Seelengebilde messerscharf von der Äußerlichkeit der Zivilisation zu trennen und gegen diese auszuspielen – oft genug nur, um damit dem wahren Feind das Tor zu öffnen, der Barbarei. Wer heute die Kultur auf Kosten der Zivilisation verherrlicht, hat es mehr mit der Anlage von Kulturschutzparks als mit der Humanität zu tun. Die zum Ausstellungsobjekt erniedrigten Giebel der alten Städte oder die dem Fremdenverkehr zuliebe wieder aufgebauten Barockhäuser passen nur allzu gut in den Betrieb der Autobusse und insgesamt in jene Zivilisation hinein, die sie denunzieren wollen.

Demgegenüber hat es etwas Befreiendes, daß ein Denker unserer Tage, dem man weder bequemen Fortschrittsoptimismus noch Oberflächlichkeit zuschreiben kann, die Trennung der beiden Begriffe ablehnt. In einer Spätschrift Sigmund Freuds, der »Zukunft einer Illusion«, stehen die Sätze:

»Die menschliche Kultur – ich meine all das, worin sich das menschliche Leben über seine animalischen Bedingungen erhoben hat und worin es sich vom Leben der Tiere unterscheidet – und ich verschmähe es, Kultur und Zivilisation zu trennen – zeigt dem Beobachter bekanntlich zwei Seiten. Sie umfaßt einerseits all das Wissen und Können, das die Menschen erworben haben, um die Kräfte der Natur zu beherrschen und ihr Güter zur Befriedigung der menschlichen Bedürfnisse abzugewinnen, andererseits alle die Einrichtungen, die notwendig sind, um die Beziehungen der Menschen zueinander und besonders die Verteilung der erreichbaren Güter zu regeln. Die beiden Richtungen der Kultur sind nicht unabhängig voneinander ...«[2]

Nun möchte ich nicht verschweigen, daß die zwei Begriffe, welche die Aufklärung von Kant bis Freud so nachdrücklich noch verbunden hat, mittlerweile in der Tat sich stets weiter voneinander entfernten. Wohl steht es nicht an, Kultur gegen die Zivilisation zu beschwören. Der beschwörende Gestus selber, die Exaltation der Kultur auf Kosten der Massengesellschaft, die beflissene Konsumtion der Kulturgüter als Bestätigung eines gehobenen seelischen Innenlebens sind unabtrennbar vom Zerfallscharakter der Zivilisation. Die Beschwörung der Kultur also ist ohnmächtig. Ebensowenig aber ist zu leugnen, daß der zivilisatorische Betrieb selber heute bis zum Unerträglichen den Menschen gegenüber sich verselbständigt hat, und daß diese kaum mehr ihrer selbst mächtig, sondern nur noch Exponenten des Apparats oder Zwangskonsumenten dessen geworden sind, was der Apparat ausspeit.

[2] Sigmund Freud, Ges. Werke, Bd. 14, London 1948, S. 326.

Aber dabei sollte der Gedanke nicht stehenbleiben. Die Aspekte der Zivilisation, an denen wir heute leiden, sind den gepriesenen Kulturen selbst schon eingeboren gewesen.

Das Chaotische und Beängstigende der gegenwärtigen Zivilisation hat seinen Ursprung weder in deren Begriff noch etwa in der Technik an sich selbst. Sondern die Technik hat in der modernen Gesellschaft eine spezifische Gestalt, eine Struktur, eine Stellung gewonnen, die zu den Bedürfnissen der Menschen in einem höchst gebrochenen Verhältnis steht. Nicht die Rationalisierung der Welt trägt Schuld an dem Unheil, sondern die Irrationalität dieser Rationalisierung. Die Technik besitzt die Menschen nicht nur leiblich, sondern auch geistig. So wie man in der Wirtschaftstheorie gelegentlich vom Geldschleier spricht, könnte man heute vom technischen Schleier sprechen. Der Traum der Zivilisierten ist nicht mehr die erlöste Welt, ja nicht einmal mehr das Schlaraffenland, wo jedem die gebratenen Tauben in den Mund fliegen, sondern die nächstbessere Auto- oder Fernsehmarke. Die falsche Ordnung der Ziele, der aus vielen Gründen niemand sich entziehen kann, keineswegs der technische Fortschritt selbst, sei es Auto oder Fernsehapparat, bedroht den Geist und heute bereits die materielle Fortexistenz der Menschheit. Freilich werden nun die Menschen selbst in einem solchen Maß von diesem Prozeß umklammert und geformt, daß es einigermaßen schwerfällt, den technischen Fortschritt – nun nicht von der Zivilisation, wohl aber von der Verdummung zu trennen. Dagegen hilft aber nicht die Rückkehr zur Kultur, die doch schimärisch bliebe, sondern die an Theorie geschulte Anstrengung, die Technik wahren menschlichen Zielen dienstbar zu machen.

Lassen Sie uns nun wieder zu jenem traditionellen Festredner zurückkehren, der die Veränderungen in der Situation des Akademikers seit der industriellen Revolution ignoriert. Die Unfreiheit, die er mit dem tönenden Bekenntnis zur sittlichen Autonomie zudeckt, reicht ins Herz der modernen Universität. Wie in der logischen Struktur der einzelnen Wissenschaft und des Gefüges der Wissenschaften setzt sie sich durch im Größenunterschied der finanziellen Mittel, die für geistige Bestrebungen und für friedens- und kriegswichtige Experimente zur Verfügung stehen, nicht zuletzt im Unterschied der sozialen Chancen des Nachwuchses. Vom anonymen gesellschaftlichen Apparat gewollt ist nicht der denkende Mensch, sondern der Funktionär. Der Wissenschaftler soll die Tatsachen beistellen und es bleibenlassen, über Zwecke zu spekulieren oder gar zu den jeweils geltenden in Widerspruch zu geraten. Wenn man freilich gegen das Dasein des Funktionärs, in der Wissenschaft wie anderswo, mit Verdammungsurteilen herzieht, so verstärkt man damit den Bann eher, als daß man ihn löst. Was für die Massengesellschaft zutrifft, daß nämlich die Masse über die

Masse schimpft und gerade dadurch die charakteristische Atmosphäre der sich im Grunde verachtenden Massengesellschaft erzeugt, gilt für den Funktionär erst recht. Das Dasein des Funktionärs, also des zunächst nicht sich selbst, sondern einer vorgegebenen Aufgabe Verantwortlichen, ist zum kennzeichnenden Phänomen deshalb geworden, weil es der gesellschaftlichen Tendenz nach keine andere Existenzform mehr gibt. Der wirklich Freie, der, der sein eigener Herr ist, wird immer mehr ein Relikt. Eher als diese Tendenz abzuschaffen, scheint es mir darauf anzukommen, daß jeder in sich immer wieder den Konflikt erfährt zwischen dem Anspruch der bestehenden Gesellschaft an ihn und andererseits dem eigenen Urteil und dem eigenen Willen. Wo es zu solchem Konflikt überhaupt kommt und wo er ehrlich ausgetragen wird, kann trotz allem von Verantwortung die Rede sein. Die Gefahr liegt wesentlich in der Schwächung der subjektiven Seite des Konflikts, das heißt des autonomen Urteils und Willens, im Rückgang der Fähigkeit, sich eine Vorstellung von Mensch und Welt zu machen, die nicht völlig hinter die Zeit zurückfällt. So wenig abschlußhaft die Vorstellung auch sein mag, sie muß so konsistent und offen sein, daß man sich zutraut, Entscheidungen nach ihr zu treffen. Dies Vertrauen in die Vernunft, die in einem selbst inkarniert ist, dieses Selbstvertrauen gehört zur Verantwortung, nicht weniger als die innere und äußere Freiheit, von der es untrennbar, ja mit der es eines ist. Wer aber von denen, die heute an Universitäten lehren, hätte nicht die Erfahrung gemacht, daß selbst unsere besten Studenten, auch die, die außergewöhnliche Einsicht in die öffentlichen Dinge und große kritische Fähigkeiten besitzen, darauf warten, daß die Initiative zum Handeln von anderen ausgeht. Die Generation ist sich wenig bewußt, wieviel von ihr selbst abhängt.

Kein Zweifel, wozu Studenten und insbesondere deutsche Studenten in Wirklichkeit angespornt werden, ist nicht etwa persönliches moralisches Urteil, durch das der einzelne den je propagierten sozialen und politischen Losungen, den Nah- und Fernzielen des Zeitgeistes Widerstand leisten könnte. Verwiesen ist vielmehr jeder auf die rasche Aneignung der technischen Mittel für seinen Beruf, nicht etwa auf die beste menschliche Verfassung, in der man ihn sinnvoll ausübt, und schließlich noch auf die – wohl im AStA zu erwerbende – frühe Kenntnis und Beherrschung parlamentarischer Spielregeln und der politisch administrativen Routine, die man nur allzu leicht mit der Begabung fürs Allgemeinwesen oder, wie es heißt, für Demokratie, verwechselt. Es wirkt alles zusammen, um dem schweifenden Gedanken den Weg abzuschneiden und statt dessen jeden auf behende Einordnung abzurichten. Die wirtschaftliche Unsicherheit, die knappen Geldmittel des einzelnen, die lockenden Stellungen in der vollbeschäftigten Industrie, die angewachsenen Stoffmassen und die Spezialisierung stacheln zu jener Eile und Eingleisigkeit an, mit der das Studium heute erledigt wird. Und die Universität selbst, mit dem Massenbetrieb in vielen Fakultäten und Fächern, mit den überfüllten Seminaren und überlasteten Professoren, bei denen zuweilen die Lehrtätigkeit nur die Teilnahme an Arbeitstagungen unterbricht, läßt in seltenen Fällen eine akademische Situation aufkommen, die zum Verweilen einlüde. Der circulus vitiosus vom Abgang der bedeutenden Lehrer und dem mangelnden Nachwuchs, die Unmöglichkeit kultivierten Umgangs zwischen Professoren und begabten Studenten, nicht zuletzt die engen ökonomischen Chancen einer rein akademischen Laufbahn und das damit verbundene Schwinden sozialer Geltung derer, die sich zu ihr entschließen, sind Symptome dafür, daß die Rolle der Universität im gesellschaftlichen Ganzen eine tiefgreifende Änderung durchmacht.

Es ist schwer, den Begriff der Verantwortung in demselben Sinne auf die heutige studentische Jugend anzuwenden wie auf manche frühere. Ich bin mir jedoch nicht im Zweifel darüber, daß trotz allem etwas Entscheidendes identisch geblieben ist. Die Verantwortung des Studenten liegt auch heute darin, daß er sich den entgeistenden Mächten nicht fügt, sondern sie erkennt. In einer Zeit, in der fast alle Worte, mit denen seine studentische Verantwortung einmal beschrieben werden konnte, wie kitschige Phrasen klingen, muß er doch die Konsequenz daraus ziehen, eine geistige Existenz gewählt zu haben. Ich sage der Student und zweifle nicht daran, daß angesichts der Masse der Studierenden nur für wenige die subjektiven und objektiven Voraussetzungen dazu bestehen, unter den unendlich erschwerten Bedingungen solche Verantwortung aufzubringen. Ich höre Sie sagen: Ja, was sollen wir denn tun? Zum Geist haben wir keine Zeit, es wird zuviel von uns verlangt, wir sind zu arm, um zu warten oder Umwege zu machen, und wir haben ohnedies das Vertrauen verloren in die hohen geistigen Güter, die meist nur dazu herhalten, daß man uns für irgendwelche Interessen im Gegensatz zu unseren eigenen einspannt. An all dem ist etwas Wahres, und ich bin der letzte, es mit einer Handbewegung abzutun. Aber ich möchte Sie doch veranlassen, einen Augenblick innezuhalten, ob Sie dabei sich bescheiden wollen. Steckt nicht in solchem Fatalismus zuweilen ein Stück Bequemlichkeit, die sich lieber von kritischer Anstrengung dispensieren möchte, und ist der Grund für das Unvermögen, so wahr er auch sein mag, nicht auch zuweilen ein Vorwand? Die Last des Lebens und die Mechanisierung seines Betriebs in der Gegenwart kann selber zur Ideologie werden für die, welche es eigentlich gar nicht anders möchten und ihr Gewissen damit beruhigen, daß es nicht anders geht. Denn was den Menschen geistige Distanz und Selbständigkeit verbietet, ist nicht nur ein ihnen Feindliches, Gewalttätiges, sondern zugleich auch ein Bequemes, auf das sie ansprechen, weil es in ihnen selbst schon vorgeformt ist. Die Fluchtbahn, die das Leben dem Studenten heute vorzeichnet, ist zugleich die Linie seines eigenen geringsten Widerstandes. Ihr nicht zu folgen, heißt Verantwortung. Sie kann bei solchen Reflexionen, wie den meinen, wahrlich nicht stehenbleiben, aber sie muß sie doch erst einmal anstellen. Denn der Druck, unter dem die Menschen leben, besteht zum Teil auch aus ihnen selbst.

Einverständnis mit der Geistfeindschaft bedroht heute den jungen Akademiker in einer sehr spezifischen Gestalt. Er kann aus ihr eine Weltanschauung machen, die sich für das Gegenteil von Weltanschauung hält. Was ich meine, möchte ich mit einem psychologischen Ausdruck benennen, der ursprünglich bestimmte seelische Rückbildungen bezeichnete, aber nachgerade eine neue Art von Norm charakterisiert. Ich warne Sie vor dem »Konkretismus«. Er besteht im Kleben am unmittelbar Vorhandenen, Greifbaren, im Unvermögen, über die je gegenwärtige Situation mit seinen Gedanken und Interessen hinauszugehen. Man verharrt in der Situation des Jungen, der im Basteln aufgeht und sich damit als Erwachsener vorkommt, bei einer Art von Verstand, den an der Uhr die Räder interessieren und nicht die Zeit, die sie mißt. Alle werden sozusagen zu Mechanikern. In der Theorie hängen sie ihre ganze Liebe an das, womit man als einem Zweifellosen schalten kann, sie wähnen ihre Sicherheit in dem zu finden, was ihnen absolut gewiß dünkt und womit man vor jeglicher Widerlegung geschützt ist. Sie verlieben sich in säuberliche Mittel, Methoden, Techniken und schätzen krampfhaft gering oder vergessen, was sie sich nicht mehr zutrauen und was doch im Grunde jeder sich einmal von Erkenntnis versprochen hat. Man kommt sich als Erwachsener vor, wenn man nicht träumt und mit Gedanken spielt. Wie oft habe ich gesehen, daß alte Professoren, nicht zuletzt in Verhandlungen mit Studenten über studentische Dinge, jünger waren und zu freieren Ansichten sich bekannten als die Studenten selbst. Dem Gedanken, der nicht unmittelbar verifiziert werden kann und der nicht praktisch sogleich umsetzbar ist, haftet das Odium des Windigen, Müßigen an. Die Formel, unerläßlich als Abkürzung der Fakten, soll nun durch die erwähnte Substitution der wissenschaftlichen Apparatur für die Wissenschaft den Gedanken ersetzen, der so zur bloßen Verdoppelung der Wirklichkeit und im Grunde überflüssig wird. Man verwechselt Hypothesen, die von Protokollsätzen bestätigt werden und dann verschwinden sollen, mit der dem einzelnen je erreichbaren Wahrheit, in der er leben und sterben kann. Ist nicht der Student notwendig Zeuge dafür, daß die Entfaltung der Vernunft und alle ihr zugeordneten Fähigkeiten dem eine Pflicht sind, der es ernst mit der Wahrheit meint, und gibt es ohne diese Überzeugung überhaupt ein Studium? Statt darauf sich zu besinnen, verläßt man sich – jenseits des Berufs im engeren Sinn – nicht so sehr auf die

Religion, denn auch diese appelliert ja ans Gewissen, das kultiviert oder trügerisch sein kann, und dessen Verfeinerung von ihr gefordert wird, sondern nur allzu oft auf kurzsichtige, materielle Interessen. Man wird zum Objekt der Meinungsmanipulation. Daß der Akademiker es nicht vermag, mit seinem fachlichen Urteil die Kraft und den Mut zur Einsicht in Fragen des Lebens auszubilden, hat zu jener Verbindung von Fachwissen und Obskurantismus geführt, die uns mit Grund vermuten läßt, daß die Gebildeten dem totalitären Wahnwitz der Vergangenheit gegenüber nicht immuner waren als die Ungebildeten und es auch in Zukunft nicht sein werden.

An seiner eigenen Wissenschaft soll der Student lernen, daß es in ihr ohne einen Überschuß an innerer Freiheit, ohne ein Spiel des Geistes, ohne jene Kraft des Subjekts, die über das Objekt hinausschießt, Erkenntnis des Objektiven überhaupt nicht gibt, sondern bloß Sterilität. Er sollte die Vereinigung von kritischer Prüfung der Tatsachen und produktiver Phantasie einüben, von Behutsamkeit und Scharfsichtigkeit, Liberalität und Einfühlungskraft, die man eben nirgends so wie im richtigen wissenschaftlichen Studium lernen kann. Und wenn es in den Hörsälen und Instituten nicht geht, dann im Umgang mit den ähnlich Gesinnten und über den Büchern – soweit es der Zeitdruck überhaupt noch gestattet, daß man sie anders als zum Memorieren für Prüfungen in die Hand nimmt. Dieses geistige Verhalten kann zur zweiten Natur werden. Von den Gegenständen des speziellen Gebiets wird es sich auf alles ausdehnen, womit man Umgang pflegt. Einmal hieß es Humanität. Nach dem Grauenvollen, das geschehen ist, und trotz ihm, kann ich von der Hoffnung nicht lassen, daß nicht bloß in den ersten Jahren, die auf den Zusammenbruch folgten, sondern sogar in kommenden Jahrzehnten die Universität jenes vergessene Verhalten wieder zum Ziel hat. Die Beschränkung des Studiums auf die Vorbereitung zur Verfassung historischer Kompendien oder der Erfindung von Geräten zur Atomzertrümmerung, ja selbst von Antibiotika, ist nicht genug, und Richter ohne Kraft der Identifikation bedeuten ohnehin Tod der Gerechtigkeit.

Man könnte argumentieren, die Universität allein sei nicht in der Lage, dem Studenten zu helfen, die Verantwortung zu lernen, von der hier die Rede ist. Gäbe es nicht noch viele andere Ursachen ihrer Unzulänglichkeit, darunter die spezifisch deutsche des Schicksals dieser Generation, die von mir selbst angeführten Elemente der Geistfeindschaft in dieser Zeit reichten wahrlich aus, sie darzutun. Die Universität kann heute nicht ersetzen, was früher einmal Familie, eine leidlich intakte kulturelle Tradition und vor allem der Umstand, daß es damals für den Studenten Muße gab, geleistet haben. Liegt hier nicht die Bedeutung der studentischen Gemeinschaften und vor allem der traditionellen Verbindungen, die vielleicht noch stärker als andere die Aufgabe betonen, die Menschen zur Verantwortung zu erziehen? Auch Freundschaft ist eine ihrer Parolen, und diese individualistische Kategorie mag eine der Ursachen gewesen sein, warum man sie im Dritten Reich auflöste, gleichviel ob sie sich völlig dem Regime anpaßten oder etwa verfolgte Bundesbrüder zu schützen suchten. Wie immer man zu ihren Auffassungen sich verhalten mag, die Verbindungen mildern auch heute die krasse Isoliertheit, in der viele Studenten nicht nur beim Beginn ihres Studiums sich finden. Sie arbeiten jener trüben Resignation entgegen, in deren Klima geistige Verantwortung kaum entstehen kann. Aber damit erschöpfen sich nicht die Fragen, die das Verhältnis von Verantwortung und akademischen Verbindungen aufwirft. Wie sehr seit je man Freundschaft zu institutionalisieren suchte, das Streben danach widerspricht zugleich ihrem Begriff. Die Stärkung der Verantwortung des einzelnen einem Bund gegenüber kann mit der Schwächung der Verantwortung vor dem eigenen Gewissen, Autonomie, zusammengehen. Wenn etwas nicht sich organisieren läßt, dann Freundschaft. Die festgelegte Form des Bundes, wie sehr sie aus der neuzeitlichen Einsamkeit erlöst, mag edlere, der Sache gerechtere Beziehungen, die spontan entstehen könnten, hemmen. Daß Bundesbrüder sich zu Stellungen verhelfen, daß die proklamierte Freundschaft vielfach nur Deckbild eines Zweckverbandes ist, scheint während der Vollbeschäftigung nicht notwendig bedenklich. Ein Unglück geschähe nur dann, wenn die Studenten im Hinblick auf entscheidende Fragen des persönlichen, gesellschaftlichen und politischen Lebens ihre Ideen sich nicht selbst, im Zusammenhang mit ihrer akademischen Ausbildung, erarbeiteten und für deren Änderung aus rationalen Gründen offen blieben, sondern sich festlegen ließen durch eine an sie herangebrachte Stereotypie. Die Chancen, daß es so geht, sind nicht gering. Je ohnmächtiger das Ich des einzelnen sich heute weiß, je mehr ihm die Möglichkeit der Realisierung in der Praxis verbaut ist, desto mehr hat es das Bedürfnis, sich selbst zu bestätigen und zu erhöhen. Aus innerer Unsicherheit und Schwäche verlangt es nach einem Kollektiv, als dessen Teil es sich stark fühlen kann. Dem kommen die Verbindungen entgegen, nicht bloß durch die Aufnahme des Individuums in den eigenen Verband, sondern durch die Tradition vom starken Staat und nationalen Selbstbewußtsein, für die sie einstehen. Es geht mir nicht um die Berechtigung oder Irrigkeit des Inhalts dieser Tradition. Ich halte sie persönlich für recht zeitgemäß, und das ist kein Kompliment. Aber es widerspricht meinem Begriff von geistiger Verantwortung, daß verdinglichte Ideen von dem, was Tugend, Staat und Menschheit sein soll, oder überhaupt ein fixiertes Leitbild die handfeste Voraussetzung jugendlicher Beziehungen bildet, anstatt Gegenstand kritischer Reflexionen zu sein. Gerade das macht meiner Ansicht nach den Studenten aus, daß er in diesen Dingen geöffnet ist und auch die gegensätzlichen Gedanken nicht ablehnt oder gar verdrängt, sondern sie so überwindet, daß auch noch ihre relative Wahrheit in seinem Geiste gerettet ist. Ich weiß, daß viele Mitglieder der Verbindungen darin gar nicht so unähnlich denken wie ich, aber gerade diese werden wissen, daß die Gefahr einer ganz anderen Dynamik besteht. Im Widerspruch zu dem, was an so vielen Stellen der Welt heute geübt wird, scheint mir die Vaterlandsliebe des Akademikers vor allem darin sich zu erweisen, daß er dem eigenen Volke die Wahrheit sagt, auch wenn er damit allein steht. Dieser Wille soll den Studenten anerzogen werden, und nicht etwa die Bereitschaft, sich dem großen Kollektiv, dem „Wir« zu überantworten, es zu glorifizieren, immer und ohne Überlegung gegen alles zu sein, was ihm konträr ist, und gar nicht zu erwägen, ob dessen Interesse auch das rechte ist. Volk und Staat in ihrer jeweiligen Gestalt sind nicht unmittelbar das Absolute, sondern endliche Größen und Mächte, die sich irren und ebenso das Falsche tun können wie das Gute und Heilvolle. Noch nicht einmal der dehnbare Begriff der Demokratie ist ein Maßstab, an den man sich halten kann, schon gar nicht aber das kollektive Selbstbewußtsein, dem sich die in ihrem Ich geschwächten Individuen so gerne überlassen wollen. Zu ihm gehört es, daß man vom eigenen Volk mit »Wir« redet, von den anderen aber im Singular. Wir haben es mit »dem« Amerikaner, »dem« Franzosen, »dem« Russen zu tun. Der Unterschied von Innen und Außen wird so gefaßt, daß auf das Innen das Licht und auf das Draußen das Dunkel fällt. Man denkt in Schwarzweiß, und der Fehler, wenn einer passiert, liegt entweder bei den anderen oder wenigstens an den Umständen, die man nicht kontrollieren konnte. Daß man zuerst den Irrtum im eigenen Inneren sucht, wie es die Religion mit Recht vom einzelnen erwartet, muß auch für das Kollektiv-Ich gelten. Es ist wahrlich nicht notwendig besser als er. Aber gerade weil sich das heute so bedrohte Selbstgefühl des Individuums durch Glorifizierung der größeren und stärkeren Totalität, zu der man gehört, so angenehm kompensieren läßt, bietet das kollektive so bequem sich an.

Wer jedoch für einen geistigen Beruf sich entschieden hat, sollte es vermögen, der allgemeinen Suggestion standzuhalten. Dieselbe Vernunft, die ihn in seinem Fach gegen Illusionen schützt und persönlichen Voreingenommenheiten gegenüber hellsichtig macht, soll er in den öffentlichen Angelegenheiten bewähren, und nicht wie die Massen, die es nicht anders gelernt haben, in die je gewünschte Begeisterung ausbrechen oder dem Unrecht gegenüber lethargisch bleiben. Er hat nichts Besseres als die Wahrheit. Wer auch immer dazu hilft, die Studenten im Bewußtsein und im Genusse solcher Verantwortung zu stärken, und dafür sorgt, daß sie den nationalen Massenrausch, den sie selbst nicht mehr nötig haben, auch im Volke heilen können, wer dazu beiträgt, sie in der Sokratischen Treue zum Gesetz und zugleich in der Sokratischen Unerbittlichkeit gegen es zu festigen, alle die Kräfte sind wohltätig. Wir wollen, sofern sie dazu gehören, die Verbindungen gewiß nicht ausschließen, wenn wir auch bezweifeln, daß etwa die Mensur das beste Mittel zu solcher Erziehung sei. Allzu leicht verleitet gerade der Wert, den man ihr beimißt, dazu, die Bereitschaft, Schläge um ihrer selbst oder der männlichen Tugend willen auszuteilen und einzustekken, an die Stelle der Tapferkeit der Wenigen zu setzen, die man nach Goethes aktuellem Wort seit je gekreuzigt und verbrannt hat.

Nachdem ich vom Begriff der Verantwortung theoretisch gesprochen habe, mögen Sie sich fragen, was Sie praktisch damit anfangen können. Sie denken an die inneren und äußeren Schwierigkeiten der Universität. Über die äußeren, besonders über diejenigen, die aus der notdürftigen Existenz so vieler Studenten stammen, wissen Sie so gut und noch besser Bescheid als ich selbst. In dieser Not setzt sich der hier kritisierte Hang der Gesellschaft durch, der der Großorganisation alle Macht gibt und den Willen des einzelnen bricht und zum rückhaltlosen Konformismus fertig macht. Es ist ein Trost, daß im Augenblick, nicht zuletzt dank der öffentlichen Hand, die materielle Lage der Studierenden sich sehr gebessert hat. Wenn aber die Verantwortung des Studenten im emphatischen Sinn kein flatus vocis, kein leerer Hauch der Stimme werden soll, dann muß nicht bloß der idiotische Druck auf den einzelnen Studenten, sondern der akademische Massenunterricht verschwinden. Wir bedürfen fürs edelste Geschäft eines Volkes, die Erziehung seiner Jugend und zumal ihrer höchsten Erziehung in Wissenschaft und Philosophie, des Vielfachen der Lehrstellen, die wir haben, und der Luxus darf nicht bloß an anderen Stellen unserer Gesellschaft, sondern er muß in den Instituten und Bibliotheken unserer Universitäten zu finden sein. Was aber die inneren Bedingungen angeht, so sind die Studenten und vor allem ihre gewählten Vertreter berufen, selbst an der Verwirklichung teilzunehmen. Ich denke nicht zuerst an die Mitwirkung in der Verwaltung des Gemeinschaftslebens, an die Universitätsfeste und Studentenhäuser, im Grunde ist auch das noch äußerlich. Wichtiger schon ist die zeitgemäße Ausgestaltung des Lehrplans, die Verringerung des geisttötenden Zwangs, die furchtbaren Stoffmassen aufzunehmen, auch wo sie gar nicht nötig sind, die Erleichterung des Studierens außerhalb der eigenen Fakultät, die Stärkung solcher Fächer, die zur Urteilsbildung über menschliche Probleme beitragen und auch zum Avancierten und Umstrittenen in Theorie und Kunst noch kompetent und liebevoll hinführen. Die Forderung, der Soziologie an den Universitäten den angemessenen Platz zu geben, betrifft nicht bloß den Unterricht. Wir bedürfen neben dem juristischen und Studienreferendar, neben dem Diplompsychologen, Diplomvolkswirt, Kaufmann usf. einer weiteren Art der akademischen Berufsausbildung. Theoretische und empirische Soziologie und Politik müßten in ihr den Kern bilden, juristische und ökonomische Kenntnisse obligatorisch sein und die Möglichkeit zur Promotion in der philosophischen oder wirtschaftswissenschaftlichen Fakultät bestehen. Ich bin überzeugt davon, Industrie und Verwaltung, Presse und Rundfunk nicht weniger als die Gewerkschaften, die Politik und Diplomatie würden diesem Typus des Akademikers wichtige Aussichten bieten, ganz abgesehen davon, daß diese Form des Studiums eine verjüngende Wirkung auf den Unterricht in manchen Fächern ausüben könnte. In jeder historischen Periode verändert sich die Konstellation der Kenntnisse und Fächer im Hinblick auf die Relevanz fürs Schicksal des Ganzen. Die philosophische Bedeutung, die die Physik im siebzehnten Jahrhundert besaß, gehört ihr im zwanzigsten nicht mehr ausschließlich. Soziologie, Tiefenpsychologie, neueste Geschichte hätten heute eine wichtige Rolle zu spielen. Daß sie in der Universität nicht immer die gebührende Pflege finden, rächt sich nicht nur bei der akademischen Ausbildung allein, sondern auch dadurch, daß sie dem Halbwissen überlassen bleiben und Fehlwege einschlagen, denn von ihnen absehen kann der Mensch unserer Tage nicht. Wie von Professoren, kann auch von Studenten die insistente Forderung und der produktive Vorschlag in Fragen des Lehrplans und der Prüfungsordnungen ausgehen.

Auch die Vertreter der Studentenschaft freilich, die Funktionäre, sollen bei aller administrativen Arbeit, durch deren Verrichtung sie dem Ganzen Opfer bringen, nicht zu bloßen Vollstreckern des Willens ihrer Körperschaft sich machen lassen. Sie müssen Personen bleiben, mit eigenen, stets wieder in Frage gestellten und doch jeweils bestimmten Ideen von dem, was die Universität trotz allem heute noch sein kann, und wie sie am besten die Vorbereitung auf den akademischen Beruf mit der für ein geistiges Dasein verbindet. Dann wird es sich schon zeigen, daß sie in den entscheidenden Fragen zwar vielleicht an manchen Stellen anstoßen, aber mit den besten Studenten und Professoren an einem Strang ziehen.

Das Anstoßen übrigens, den Zusammenstoß mit der Welt, soll man nicht suchen, aber es kommt darauf an, ihn nicht als absolutes Übel anzusehen und jedenfalls sich nicht schon innerlich zu ducken und gleichzuschalten, ehe er erfolgt. Das Entmutigende in unserer Zeit ist nicht so sehr der Druck als solcher, der auf den Menschen lastet, sondern die Gefügigkeit gegen ihn. Den Druck hat es auch früher gegeben, und die große Dichtung ist ein Aufschrei dagegen. Das Neue scheint mir, daß die Menschen heute nicht mehr das Leiden am gesellschaftlichen Zustand sich gestatten, sondern das, was ihnen angetan wird, sich selbst zu eigen machen, womöglich es noch selbst unterschreiben. Die Leidensfähigkeit am Schlechten aber gehört zu den Voraussetzungen, daß es besser wird. Auch heute wie zu allen Zeiten bilden die, die Verantwortung im hier gemeinten Sinne kennen, die Gebildeten im eigentlichen Sinn, eine Gemeinschaft, die keine besondere Organisation hinter sich weiß. Vielmehr erkennen sie einander in Organisationen und Gruppen, wie vor allem auch außerhalb ihrer. Die Universität aber sollte der Ort sein, von dem sie natürlicherweise herkommen. Weder die rein wissenschaftliche, noch die Berufsausbildung, noch etwa das sogenannte studium generale führen notwendig zur Verantwortung hin, und doch gibt es keinen besseren Weg dazu als eben die Universität. Es gilt, die dort erlernte Besinnung und Umsicht, die Sorgfalt der Beobachtung und Formulierung, die Phantasie und Initiative, die in echter Wissenschaft die Regel sind, auch auf jene Gegenstände anzuwenden, die man nicht exakt berechnen und endgültig bestimmen kann. In der Praxis des Lebens sind begründete Vorstellungen notwendig, die, auch wenn sie nicht endgültig sein können, an Unabhängigkeit den eigentlich wissenschaftlichen nicht nachgeben und in denen das Interesse jedes menschlichen Subjekts, das heißt also der Menschheit, nicht weniger gut aufgehoben ist als etwa im Fortschritt der Physik und Chemie. Das Band, das alle, die in solcher Anstrengung des Denkens begriffen sind und so zu urteilen versuchen, zusammenhält, auch wenn sie nicht den Vorzug des Studiums genossen haben, ist kein anderes als die Hoffnung, daß es nicht vergebens sei.

Drucknachweise

Ein neuer Ideologiebegriff: Archiv für die Geschichte des Sozialismus und der Arbeiterbewegung. Herausgegeben von Carl Grünberg, Band XV (1930), Seiten 1–34.

Die gegenwärtige Lage der Sozialphilosophie und die Aufgaben eines Instituts für Sozialforschung: Frankfurter Universitätsreden, Heft XXXVII, 1931, Seiten 3–16.

Zum Begriff der Vernunft: Frankfurter Universitätsreden, Heft 7, 1952, Seiten 193–204.

Ideologie und Handeln: Soziologische Forschung in unserer Zeit. Leopold von Wiese zum 75. Geburtstag. Herausgegeben von Karl Gustav Specht, Köln und Opladen 1951, Seiten 220–227.

Schopenhauer und die Gesellschaft: Schopenhauer-Jahrbuch. Herausgegeben von Arthur Hübscher, Band XXXVI, Frankfurt 1955, Seiten 49–57.

Soziologie und Philosophie: Soziologie und moderne Gesellschaft, Verhandlungen des 14. Deutschen Soziologentages, Stuttgart 1959, Seiten 27–38.

Philosophie als Kulturkritik: Der Monat XII (1960), Heft 138, Seiten 12–22.

Zum Begriff der Freiheit: Max Horkheimer, Um die Freiheit, Frankfurt 1962, Seiten 7–18.

Macht und Gewissen: Max Horkheimer, Um die Freiheit, Frankfurt 1962, Seiten 19–26.

Über den Zweifel: Dialog mit dem Zweifel. Herausgegeben von Gerhard Rein, Stuttgart 1969, Seiten 7–12 und 148–152.

Bemerkungen zur Liberalisierung der Religion: Hat die Religion Zukunft? Herausgegeben von Oskar Schatz, Graz 1971, Seiten 113–119.

Pessimismus heute: Schopenhauer-Jahrbuch. Herausgegeben von Arthur Hübscher, Band LII (1971), Seiten 1–7.

Schopenhauers Denken im Verhältnis zu Wissenschaft und Religion: Schopenhauer-Jahrbuch. Herausgegeben von Arthur Hübscher, Band LIII (1972), Seiten 71–79.

Anhang: Universität und Studium

Akademisches Studium: Frankfurter Universitätsreden, Heft 8, 1953, Seiten 5–13.

Begriff der Bildung: Frankfurter Universitätsreden, Heft 8, 1953, Seiten 14 bis 23.

Fragen des Hochschulunterrichts: Frankfurter Universitätsreden, Heft 8, 1953, Seiten 24–40.

Verantwortung und Studium: Physikalische Blätter X (1954), Heft 8, Seiten 337–348.